LE

CODE DE L'HOTELIER

LE

CODE DE L'HOTELIER

PAR

J. FERRÉ

AVOCAT A LA COUR D'APPEL DE PARIS,
ANCIEN MEMBRE DU CONSEIL DE L'ORDRE DES AVOCATS

———— ┤✳├ ————

DEUXIÈME ÉDITION

PUBLIÉE PAR LE SYNDICAT GÉNÉRAL DE L'INDUSTRIE HOTELIÈRE
ET DES GRANDS HOTELS DE PARIS

———— ┤✳├ ————

PARIS

LIBRAIRIE DALLOZ

11, rue Soufflot, 11

—

1914

AVANT-PROPOS

Le Code de l'hôtelier remonte à l'Exposition de
1889.

C'est assez dire qu'une nouvelle édition s'impose.

En effet, depuis vingt-quatre ans, l'industrie
hôtelière a pris un développement considérable.
Or ce développement entraîne, avec lui, des lois
et une jurisprudence au courant desquels nous
devons nous tenir; de même que la multiplicité des
voyages, les progrès de la locomotion, la transformation des villégiatures, soulèvent à chaque instant
des problèmes autrefois inconnus.

Nous avons soigneusement conservé ce qui a fait
le succès de notre ancienne édition, c'est-à-dire le
plan même du livre, et la table-dictionnaire qui
en constitue le côté pratique; mais nous y avons
ajouté les documents les plus modernes et même
mentionné les lois en préparation.

Ainsi, toute la vie professionnelle se déroule en
ces pages, depuis l'installation jusqu'à la cession
de l'établissement, depuis l'arrivée jusqu'au départ
du voyageur, depuis les incidents les plus minimes

de son séjour jusqu'aux responsabilités les plus graves qui pourraient en être la conséquence.

Chacun des détails, inhérents à ces multiples questions, est signalé par notre table, qui précise aussitôt les mesures à prendre, les formalités à observer, les droits à sauvegarder ou les devoirs à remplir.

Puissions-nous être quelque peu utile, disions-nous il y a vingt-quatre ans ! Notre ambition reste la même, et nous serons toujours heureux d'apporter notre petite pierre à l'édifice grandissant de l'Industrie hôtelière.

J. Ferré.

Art. Article.

Cass. Arrêt de la Cour de cassation.

D. P. Recueil périodique Dalloz.

R. Répertoire alphabétique Dalloz.

S. Supplément au Répertoire alphabétique Dalloz.

v° Verbo (mot).

Nota. — **Le Dictionnaire pratique Dalloz**, auquel renvoie le Code de l'hôtelier, explique l'ensemble du Droit français ; il permet de solutionner les nombreuses questions juridiques qui se présentent chaque jour dans la vie d'affaires, comme dans la vie privée.

En vente à la Librairie Dalloz, 11, rue Soufflot, Paris-V^e. (Spécimen sur demande.)

LE

CODE DE L'HOTELIER

LIVRE PREMIER

INSTALLATION DE L'HOTEL

CHAPITRE PREMIER

DÉFINITION LÉGALE DE LA PROFESSION. — CONDITIONS
REQUISES POUR L'EXERCER.

1. — Hôtelier. Définition de la profession. —
La profession d'hôtelier consiste à recevoir, loger et
nourrir les voyageurs, moyennant une rétribution en
argent.

Les différences dans la tenue de la maison où les
voyageurs sont reçus, dans la façon dont ils sont nourris et logés, et dans la nature même de la clientèle, ont
amené ces différentes expressions : *hôtelier, aubergiste, logeur,* qui constituent une classification nettement reconnue par le langage ordinaire.

Dans le langage juridique, ces distinctions n'existent pas ; et les mots : *hôtel, auberge, maison garnie,* sont légalement synonymes. Le terme général est : *hôtellerie ;* et l'idée commune, représentée par ces divers noms, est celle d'un établissement où l'on trouve, en payant, l'hospitalité.

Le langage administratif est plus égalitaire encore, car la préfecture de police comprend, dans son service des *garnis,* le plus étincelant *palace* et le bouge le plus obscur.

2. — Déclaration préalable à l'exercice de la profession.

— Le service des garnis dépend de la 1re division, 4e bureau.

C'est là que toute personne voulant louer en garni tout ou partie d'une maison, à Paris, ou dans le ressort de la préfecture de police, doit remplir les formalités prescrites par l'ordonnance du 25 octobre 1883.

Ce document, toujours en vigueur, a été confirmé dans son ensemble et précisé dans quelques détails, par de nouveaux actes administratifs, les 16 mai 1887, 22 juin 1904, 1er juillet 1905 et 19 octobre 1908 ; mais il reste, en somme, la base fondamentale des droits et obligations de l'hôtelier. Voici donc les premiers articles de cette ordonnance du 25 octobre 1883 :

« Art. 2. — Aucune maison ou partie de maison ne pourra être livrée à la location en garni qu'après une déclaration faite à la préfecture de police.

« Art. 3. — Cette déclaration devra être accompagnée :

« 1º De l'acte de naissance du déclarant ;

« 2º D'un certificat de résidence et de moralité délivré par le commissaire de police de sa circonscription ou par le maire de sa commune ;

« 3º D'un extrait de son casier judiciaire délivré depuis un mois au plus ;

« 4º D'un état indiquant le nombre des chambres devant être louées en garni, avec leurs dimensions exactes, ainsi que le nombre des lits contenus dans chacune d'elles. »

Sur cette déclaration, l'Administration fait faire une enquête ; et, à moins d'incidents ou de circonstances extraordinaires, elle délivre dans la huitaine, au déclarant, un récépissé dont l'importance est affirmée par les articles suivants de la même ordonnance.

3. — Récépissé de cette déclaration. Droits qui en résultent.

« Art. 4. — Le logeur ne pourra recevoir des locataires qu'à partir du jour où il lui aura été délivré, par la préfecture de police, un récépissé de sa déclaration. »

Aucune opération possible avant d'avoir cette sorte de diplôme. Et maintenant, comment est-il formulé ? comment l'obtient-on ?

« Art. 5. — Ce récépissé mentionnera les noms et prénoms du logeur, la rue et le numéro du garni, le nombre des pièces pouvant être louées et le nombre des locataires qu'elles pourront contenir.

« Il ne sera délivré que si le logeur présente, au point de vue de la moralité, des garanties satisfaisantes, et si les locaux proposés sont reconnus salubres dans les conditions énoncées ci-après. »

Nous trouvons donc là, tout à la fois, la nécessité d'une autorisation préalable et la sanction d'une bonne gestion, non seulement parce que cette autorisation ne sera accordée qu'aux personnes dignes de confiance, mais encore parce qu'elle sera supprimée si les règlements ne sont pas obéis.

En effet, l'article 25 dispose ainsi :

« ART. 25. — Le récépissé dont il est question à l'article 4 ci-dessus pourra être retiré en cas de non-exécution des prescriptions contenues dans la présente ordonnance. »

A Paris, les conflits entre un citoyen et l'autorité préfectorale, pour des formalités de ce genre, sont absolument rares et seraient, en tout cas, immédiatement soumis à qui de droit, sans que le particulier eût à redouter de personnelles représailles.

Mais en province, dans un village, l'hôtelier sera-t-il à la merci d'un maire qui, ne votant pas comme lui, refuserait de lui délivrer récépissé de sa déclaration?

Non, a répondu la chambre criminelle de la Cour de cassation, dans son arrêt du 21 mai 1898 : « Un arrêté municipal peut soumettre l'exercice de la profession du logeur en garni à la condition d'une déclaration préalable à la mairie, afin d'assurer la surveillance de la police municipale; mais il ne saurait subordonner l'exercice de cette profession à l'obtention d'un récépissé de la déclaration, qu'il dépendrait du maire d'accorder ou de refuser; car cette exigence serait contraire au principe de la liberté du commerce et de l'industrie. Dès lors, on ne saurait relever de contravention à l'encontre de celui qui ne s'est pas soumis à cette exigence; car, en ce qui la concerne, elle entache d'illégalité l'arrêté municipal. » (D. P. 1899. 1. 431.)

4. — Exercice illégal de la profession. — Les prescriptions, les formalités dont nous venons de parler, nombre de gens cherchent à s'y soustraire, exercent illégalement la profession, tiennent des garnis clandestins et, par cette concurrence déloyale, causent aux hôteliers honnêtes un très réel préjudice.

Il importe de signaler ces abus, d'autant plus coupables que la législation sur la matière ne laisse ni doute ni excuse.

L'ordonnance du 15 juin 1832, reproduite en ce point par celle de 1883, proclame, par son article premier, que :

« Sont considérées comme logeurs de profession, et, à ce titre, sont astreintes à l'exécution des dispositions législatives et réglementaires concernant les aubergistes, maîtres d'hôtels garnis et logeurs, toutes personnes qui louent en garni tout ou partie d'une maison, soit dans les termes et délais en usage pour les locations en garni, soit dans les termes et délais déterminés par le droit commun pour les locations en général. »

Ainsi, les textes sont formels : la nécessité de la déclaration, l'obtention du récépissé, l'exécution des prescriptions dont nous parlerons plus tard, s'imposent à « toutes personnes qui louent en garni tout ou partie d'une maison ».

La Cour de cassation a statué, dans ce sens, le 5 décembre 1891 (D. P. 1892. 1. 394) :

« Le *propriétaire* qui occupe une partie de sa maison et loue le surplus en garni, peut être considéré comme un *logeur en garni,* tenu d'inscrire sur un registre les noms de ses locataires, s'il loue à des passagers et non à des locataires permanents. »

Il va sans dire que cette obligation d'inscrire le nom des locataires entraîne, avec elle et par elle-même, toutes les autres charges de la profession. Cette jurisprudence a été suivie par le tribunal d'Orthez, dans une décision rapportée au journal *la Loi,* le 4 octobre 1892.

Mais notons bien que l'arrêt ci-dessus ne vise que les *passagers,* et non les locataires permanents.

L'ordonnance du 19 novembre 1831 était plus radicale : elle assimilait aux hôteliers tous ceux « qui louent des appartements, portions d'appartements ou chambres meublés à des étrangers à la ville de Paris, même à des individus qui y font leur résidence habituelle ».

C'était aller trop loin. Et, le 16 mai 1903, la Cour de cassation a maintenu sa doctrine : « Celui qui loue en garni, pour un temps fixe d'une certaine durée, à des personnes sédentaires, n'est pas soumis aux obligations que l'article 475 du Code pénal impose aux logeurs ou loueurs en garnis de profession. » (*Gazette du Palais* du 23 juin 1903.)

Même réduites aux passagers, les contraventions sont encore trop nombreuses.

5. — Préjudice causé par les garnis clandestins. — Or chaque contravention entraîne un triple dommage :

Dommage pour l'État : car, en l'absence de déclaration, la patente due n'est pas payée ;

Dommage pour la société : car, en l'absence de surveillance administrative, ces garnis clandestins sont un asile ouvert aux malfaiteurs les plus dangereux ;

Dommage, enfin, pour l'hôtelier exerçant régulièrement son industrie : car les charges et les obligations, auxquelles il s'est soumis, rendent pour lui la lutte inégale avec le commerçant peu scrupuleux qui s'est soustrait à la loi.

Et pourtant, à Paris, dans les quartiers neufs, par exemple, et en province, dans certaines villes d'eaux, combien de propriétaires, de gérants ou de concierges, en attendant les locataires sérieux, se livrent à une véritable exploitation en louant en garni tout ou partie d'un immeuble, sans se conformer aux règlements !

6. — Moyens de défense contre ces abus. —
Contre ces abus, le ministère public doit invoquer les
articles 475 et 478 du Code pénal, ainsi que les lois,
ordonnances et arrêtés sur la question.

Mais l'hôtelier, ainsi lésé dans ses intérêts, pourra-t-il
agir personnellement, en vertu de l'article 1382 du Code
civil, et intenter un procès à ce concurrent d'un nouveau genre ?

En principe, nous répondons : Non. La liberté du
commerce s'y oppose. Il n'y a point ici de monopole
armant le privilégié contre tout intrus ; il n'y a que certaines formalités imposées par l'autorité publique, et l'autorité publique seule peut poursuivre leur inobservation.

Car c'est seulement de contraventions que l'hôtelier
se plaindrait dans l'espèce, et elles ne lui serviraient
point à baser une action en justice.

L'article 1382, en effet, est ainsi conçu : « Tout fait
quelconque de l'homme qui cause à autrui un dommage oblige celui par la faute duquel il est arrivé à le
réparer. »

Il ne suffit donc pas d'une simple omission, comme
l'absence de déclaration, n'entraînant pas directement et
par elle-même un dommage appréciable ; la loi exige
un fait, une faute, un acte dirigé contre l'hôtelier,
comme une entrave matérielle à son commerce ou un
détournement de clientèle bien caractérisé.

Si nous sommes dans l'un de ces derniers cas, le procès est possible ; sinon, non.

L'abus est-il donc sans remède ?

Non, encore. Et voici une des nombreuses circonstances où le Syndicat général de l'industrie hôtelière
interviendra très utilement dans l'intérêt commun de la
corporation, comme dans l'intérêt privé d'un seul de ses
adhérents.

Averti par les intéressés, le syndicat fera son enquête, et s'il se trouve en présence d'une exploitation véritable et contraire aux règlements, il ne devra pas hésiter un instant à signaler les faits à l'autorité compétente.

7. — Succursales exceptionnelles. Dépendances de l'hôtel. — Nous n'avons pas besoin de recommander la prudence et la modération.

Souvent une fête, une exposition, un événement extraordinaire attire, sur un point du territoire, des voyageurs en si grand nombre, que les hôtels du pays deviennent insuffisants pour les loger. Alors, de simples particuliers, non pour faire concurrence, mais au contraire pour venir en aide aux hôteliers, mettent à la disposition de ces derniers des chambres toutes meublées où leurs clients trouveront place.

Nous estimons que ces chambres doivent être considérées comme une succursale, une dépendance de l'hôtel, et nous n'imposerions à ces particuliers, que légalement le client ne connaît pas, ni l'exécution des ordonnances de police, ni la nécessité de la déclaration, qui n'est exigée que pour la mise en œuvre d'une réelle industrie.

Mais, en revanche, nous conseillons à l'hôtelier la plus grande circonspection dans le choix de ces *dépendances;* car si c'est avec lui que se règle la note, c'est sur lui que pèse la responsabilité édictée par les articles 1952 et 1953 du Code civil.

8. — Déclaration en province pour exercer la profession. — Cette déclaration, nous l'avons dit, est la formalité unique, mais indispensable, pour l'exercice régulier de la profession dans Paris et la banlieue.

En province et dans les colonies françaises, l'hôtelier observera les règlements prescrits par l'autorité locale.

S'ils sont conformes aux ordonnances ci-dessus visées, s'ils exigent, comme ici, une déclaration préalable, elle devra, selon les principes administratifs, être faite au commissaire de police, ou au maire dans les pays qui ne possèdent point de commissariat, et l'hôtel ne sera ouvert qu'après le récépissé ou l'autorisation dont nous avons parlé, mais sous les garanties de l'arrêt précité du 21 mai 1898.

9. — Caractère personnel de l'autorisation. — Cette autorisation est absolument personnelle ; elle n'est point attachée au fonds de commerce et ne pourrait être vendue avec lui. Ainsi l'a décidé la cour de Paris, dans un arrêt de la 5e chambre, rendu le 6 juillet 1887. L'acquéreur ne saurait donc en aucun cas se prévaloir de cette autorisation antérieure contre son vendeur, et il devra renouveler lui-même toutes les démarches auprès de la préfecture de police pour être en droit d'exercer son industrie. L'article 6 de l'ordonnance du 19 octobre 1908 est, en effet, bien formel : « La déclaration doit être renouvelée toutes les fois que le garni sera tenu par un nouvel exploitant. »

10. — Sociétés pour l'exploitation des hôtels. — S'il s'agit d'une société fondée pour l'acquisition et l'exploitation d'un hôtel, cette autorisation sera demandée et accordée selon la forme juridique et le caractère légal de la société.

Mais, à ce propos, rappelons à nos lecteurs, comme avis général, les termes de l'article 44 de la loi du 24 juillet 1867, sur les sociétés :

« Les administrateurs sont responsables, conformément aux règles du droit commun, individuellement ou solidairement, suivant le cas, envers la société ou envers les tiers, soit des infractions aux dispositions de la présente loi, soit des fautes qu'ils auraient commises dans leur gestion... »

Ces fautes sont spécifiées par la jurisprudence, suivant les causes qui lui sont soumises. Par exemple, le tribunal civil de la Seine, dans un jugement de la 3e chambre, rendu le 21 juillet 1891, a décidé ceci :

« Les administrateurs d'une société anonyme, qui a pour but l'acquisition et l'exploitation d'un hôtel meublé, commettent une faute lourde, engageant leur responsabilité, en n'assurant pas contre l'incendie l'immeuble, objet du contrat.

« Et ils ne peuvent échapper à cette responsabilité sous prétexte qu'un administrateur délégué aurait été choisi parmi les membres du conseil d'administration et devrait seul supporter les conséquences de son acte personnel. »

En effet, dit la sentence, « il résulte de la discussion de la loi du 24 juillet 1867 que le législateur a voulu, au cas où les membres du conseil, administrateurs délégués, se substitueraient un des leurs, qu'ils restassent responsables de son administration aussi bien que lorsqu'ils choisiront un étranger.

« Aux termes de l'article 44 de ladite loi, les membres du conseil d'administration sont responsables individuellement et solidairement, envers la société et les tiers, des fautes commises dans leur gestion, conformément aux articles 1382 et 1992 du Code civil, et particulièrement d'un défaut de surveillance.

« Dans ces conditions, X... et les autres membres du conseil, qui se l'étaient substitué et devaient surveiller son administration, sont solidairement responsables de la faute commise, du défaut de vigilance imputable à eux, comme à X... » (*Gazette des tribunaux* du 31 décembre 1891.)

Nous ne saurions donc trop recommander aux administrateurs de ces sociétés la plus grande prudence pour eux-mêmes, la plus active vigilance pour les autres.

Mais ne prévoyons pas les malheurs de si loin.

Nous supposons toutes les formalités préliminaires remplies régulièrement, la déclaration faite, le récépissé délivré, l'autorisation obtenue. Veillons maintenant à l'installation de notre hôtelier.

CHAPITRE II

11. — Acquisition de l'établissement. — Les
soins les plus minutieux, la plus grande attention doivent
être apportés dans la discussion, la rédaction et la signature de cet acte fondamental : l'acquisition de l'hôtel.

L'obscurité d'une clause, l'oubli d'une condition, la
moindre défectuosité du contrat, peuvent entraîner de
sérieux ennuis, des procès sans fin et de véritables
ruines.

Aussi conseillons-nous très nettement l'acte notarié.
Les frais étant à la charge de l'acheteur, le vendeur n'a
aucun motif pour s'opposer à cette combinaison ; car il
peut, sans augmentation de dépenses, se faire également
assister de son notaire, et l'intervention de ces deux
officiers publics sauvegardera tous les intérêts.

C'est là, pour l'acquéreur, une sécurité qui a bien son
prix.

Celui-ci cependant, par une économie fort mal entendue, se contente trop souvent d'un acte sous signatures
privées, rédigé par tel ou tel intermédiaire dont l'expérience et, parfois même, la délicatesse ne présentent
point toutes garanties.

L'imprudence est d'autant plus grave que ce contrat,
le plus ordinairement, donne lieu et doit répondre aux

questions les plus compliquées sur la vente, le louage, la cession de bail, les assurances, et que, si un procès survient, l'acheteur ne saurait arguer de son ignorance pour échapper aux conséquences de l'acte qui le lie.

En effet, suivant les principes généraux de notre droit civil, il est censé connaître la loi; et, selon la jurisprudence, il est réputé n'avoir traité qu'après mûre réflexion, examen attentif de l'immeuble et sérieuse étude des règlements professionnels.

Est-ce vrai? Exagérons-nous le danger? Hélas! non; et les exemples ne sont que trop fréquents.

12. — Éviction partielle. Mesures de police. — Sans chercher bien loin, sans remonter aux causes de nullité, qui vicient absolument la vente, prenons le cas le plus banal et les décisions relativement récentes, c'est-à-dire l'acquisition du fonds de commerce avec droit au bail des lieux où il s'exploite, et les arrêts rendus par la cour d'appel de Paris, les 29 juillet, 2 août 1886 et 6 juillet 1887 :

La vente a eu lieu dans les termes d'usage, avec toutes les garanties de droit.

Mais aucune stipulation particulière, aucune réserve spéciale, n'ont été insérées au sujet des ordonnances de police.

La vente a bien eu pour objet le fonds de commerce.

Mais elle n'indique point le nombre des chambres et des lits qu'il comprend.

Enfin les formules s'y succèdent avec une apparence juridique, mais sans la moindre précision.

Et c'est sur la foi d'un pareil traité que l'acquéreur prend possession de l'hôtel et en commence l'exploitation.

Tout à coup, injonction de la préfecture de police ou de l'autorité locale d'avoir à supprimer un certain nombre de chambres ne remplissant pas les conditions d'hygiène exigées par tel ou tel règlement, et notamment par la dernière ordonnance du 19 octobre 1908.

13. — Situation légale de l'hôtelier devant cette éviction. — Quel va être le droit de l'hôtelier, ainsi privé d'une partie de ses bénéfices?

Contre l'administration?

Il n'a, le plus souvent, qu'à exécuter l'ordre donné ou les travaux commandés.

Mais contre son vendeur?

Celui-ci lui doit des garanties.

Lesquelles? « Toutes les garanties de droit, » répond le contrat dans sa banalité.

Or la jurisprudence précise avec soin le sens de cette stipulation : « Ces garanties, dit-elle, ne s'appliquent évidemment qu'aux choses qui pourraient survenir du fait du vendeur et par sa faute, et empêcher l'exploitation totale ou partielle de l'établissement qu'il cédait; mais les mesures prises par la préfecture de police ne sont pas du fait du vendeur et ne sauraient être mises à sa charge. » (Lèbre, *Fonds de commerce.*)

Pour le rendre responsable, il eût fallu une clause formelle l'obligeant à garantir l'acquéreur même contre les conséquences de ces mesures.

Eh bien, non seulement cette clause formelle est très rarement insérée, mais encore nous lisons dans tous les actes que : « L'acheteur s'oblige à supporter toutes les charges de ville et de police auxquelles semblable exploitation est tenue, de façon que le vendeur ne soit jamais inquiété ni recherché pour quelque cause que ce soit. » (Même ouvrage.)

Et, comme ce sont là des *charges de police,* l'hôtelier ne pourra invoquer en sa faveur une garantie trop vague-

ment stipulée, tandis que le vendeur invoquera contre
lui l'obligation très nette qui vient d'être rappelée.

Telle est la conséquence immédiate d'une rédaction
défectueuse.

Mais, nous dit-on, il y a éviction.

Le terme n'est pas juridiquement exact

Éviction de quoi?

La majorité des contrats est, comme nous l'avons
signalé, absolument muette sur le détail et le nombre
de chambres, cabinets, pièces et lits compris dans la
vente.

Ce qui est aliéné, c'est le fonds de commerce, dans le
sens général du mot. Or, même diminué, ce fonds de
commerce existe encore entre les mains de l'acheteur.
Légalement donc, il n'y a point éviction de la chose
vendue.

L'acquéreur ne pourrait se plaindre que d'un trouble
partiel. Mais, d'une part, il n'a, pour faire cesser ce
trouble, qu'à exécuter les travaux prescrits, et c'est le
cas le plus ordinaire ; d'autre part, et c'est l'argument
décisif, il ne doit pas ignorer les règlements sur les
hôtels garnis ; il a dû visiter attentivement, avant d'en
prendre livraison, l'hôtel qu'il achetait (Paris, 12 mai
1888, D. P. 89. 2. 228).

Il a donc connu la précarité de la vente à lui consentie, et, d'après les articles 1626 et suivants du Code
civil, il ne peut réclamer de dommages-intérêts à raison
de l'éviction partielle de l'objet vendu, lorsqu'il a connu,
au moment de l'acquisition, la cause de cette éviction,
à moins que le vendeur n'ait également connu le danger
qui en résultait et ne se soit, par une clause formelle,
engagé à en garantir l'acquéreur.

Un jugement rendu par le tribunal de commerce de la
Seine le 17 août 1886, et rapporté par la *France judi-*

ciaire de septembre suivant, résume fort nettement la situation :

« Attendu que D..., en achetant le fonds de commerce du défendeur, ne pouvait ignorer les règlements et ordonnances qui régissent l'exploitation des hôtels garnis ; qu'il n'a été fait par le demandeur aucune réserve, ni objection à propos de l'application de ces ordonnances ou règlements ; que le défendeur n'a usé d'aucune dissimulation ; qu'il appert, au contraire, des documents qu'un inventaire a été dressé ; que D... a ainsi connu les dimensions et les dispositions de chacune des pièces qu'il a toutes visitées ; qu'il a donc pu voir si les dispositions des lieux étaient dans les conditions requises, et s'il pouvait être inquiété par l'Administration, en raison de certaines dispositions des chambres et cabinets de l'établissement qu'il achetait ; que, si le défendeur a cédé son établissement avec toutes les garanties de droit, et notamment d'éviction, cette garantie ne peut s'appliquer qu'aux choses qui peuvent survenir de son fait et s'opposer, par sa faute, à l'exploitation partielle ou totale de l'établissement qu'il cédait ;

Attendu que, si dans l'espèce il a été enjoint au demandeur de ne plus louer certaines chambres de son établissement par application des règlements anciens, ces mesures prises par la préfecture de police, par suite d'épidémie, ne sont pas du fait du vendeur, et ne peuvent être mises à sa charge ; qu'il y a eu là, en somme, un fait du prince et non un vice caché de la chose vendue ; qu'aucun reproche ne saurait être adressé au défendeur et que, dans ces conditions, il y a lieu de repousser la demande. »

Tel est le dernier état de la jurisprudence. Nous avions bien quelque raison d'attirer l'attention du lecteur sur des conséquences aussi graves. Et il suffit pour cela, que le vendeur n'ait usé d'aucune dissimulation.

Il en serait autrement au cas de vice caché ou de fausses déclarations.

C'est ainsi que la 5e chambre de la cour de Paris a jugé, le 19 juin 1894, que l'acheteur d'un fonds de commerce peut, lorsqu'un chiffre d'affaires déterminé lui a été promis par son vendeur et n'a jamais été réalisé par lui, obtenir une réduction proportionnelle sur son prix d'achat. (*Gazette des tribunaux* du 22 juillet 1894.)

14. — De même, en cas de vice caché. — Voici en effet l'espèce, assez particulière, visée par un arrêt de la cour de Paris, 6e chambre, en date du 6 novembre 1892 :

« L'état de vétusté de coffres de cheminées constitue un vice caché de la chose vendue lorsque cet état n'est pas apparent et que l'observateur le plus vigilant ne peut découvrir le vice inhérent à la chose vendue. »

En conséquence, *le vendeur d'un fonds d'hôtel meublé* est tenu de la garantie à raison des défauts de la chose vendue, lorsque, quelques jours après sa prise de possession, l'acquéreur a dû, par suite de l'état de vétusté et de dégradation des coffres de cheminées, procéder d'urgence, non pas à des réparations ordinaires, mais à une réfection totale des cheminées, laquelle a eu pour conséquence d'entraver temporairement l'exploitation de son fonds de commerce ;

« L'acquéreur, subissant une éviction partielle, est fondé à réclamer une réduction sur le prix de vente. » (Journal *le Droit,* 30 janvier 1893.)

Quoi qu'il en soit, il importe de bien savoir :

1° Ce que l'on achète ;

2 — Code de l'hôtelier.

2º De qui l'on achète ;

3º Comment on achète.

15. — Fonds de commerce, caractère juridique.

— 1º Ce que l'on achète, c'est un fonds de commerce. Or le fonds de commerce est généralement considéré comme une universalité de fait, composée de l'ensemble des éléments qui servent à un commerçant pour l'exercice de sa profession. (Dalloz, *Dictionnaire pratique de droit*, vº *Fonds de commerce.*)

Ces éléments, dit M. Lèbre, sont le plus souvent réunis ; mais cependant on peut acheter un établissement qui vient d'être créé et qui n'a pas encore d'achalandage ; ou bien seulement l'agencement et les marchandises d'un hôtel fermé depuis plusieurs mois et qui n'a plus de clientèle ; ou bien, au contraire, l'achalandage seul, après un incendie qui a détruit l'immeuble, le matériel et les marchandises.

Les dettes et créances sont-elles comprises dans la transmission du fonds ?

Non, suivant l'usage constant, et à moins de convention spéciale, lorsque cette transmission se fait par un acte de vente.

Mais si elle se fait par testament, si le propriétaire d'un fonds le lègue tel quel, en bloc, à titre universel, et sans préciser autrement sa volonté, l'interprétation de cette volonté sera qu'il a compris dans ce legs les dettes et les créances. (Lèbre, *Traité des fonds de commerce.*)

Les divers éléments dont se compose le fonds de commerce constituent juridiquement un ensemble *mobilier*.

De là, immédiatement, cette double conséquence :

1º Le fonds de commerce appartenant à l'un des époux, avant le mariage, ou lui provenant de succession ou de donation, tombe dans la communauté, si le donateur ou le contrat de mariage n'en a disposé autrement ;

2° Le fonds de commerce n'est pas susceptible d'hypothèque, et son prix doit être distribué au marc le franc entre les créanciers, sans avoir égard à la date de leurs titres.

De là aussi l'intérêt de distinguer entre le fonds et l'immeuble où il s'exploite, lorsque l'un et l'autre ont le même propriétaire.

16. — Nantissement. — Mais, s'il n'est pas susceptible d'hypothèque, le fonds de commerce peut faire l'objet d'un nantissement. Ce principe avait été posé par la loi du 1er mars 1898, à laquelle a succédé celle du 17 mars 1909, modifiée elle-même par la loi du 5 juillet 1913.

Dans l'état actuel de la législation, le nantissement d'un fonds de commerce doit être constaté par écrit. La loi exige un acte authentique ou un acte sous seing privé dûment enregistré.

Ce nantissement doit être inscrit sur un registre public tenu au greffe du tribunal de commerce dans le ressort duquel le fonds est exploité. Vis-à-vis des tiers cette inscription est nécessaire, mais suffisante pour assurer la conservation des privilèges du créancier gagiste.

L'inscription doit être prise, à peine de nullité du nantissement, dans la quinzaine de l'acte constitutif.

Les formalités relatives à cette inscription sont indiquées dans l'article 24 de la loi du 17 mars 1909, et les détails d'exécution de ces dispositions ont été réglés par décret du 28 août 1909 (D. P. 1909. 4. 99).

L'inscription conserve le privilège du créancier gagiste

pendant cinq années à compter du jour de sa date. L'inscription doit être renouvelée avant l'expiration de ce délai de cinq ans ; faute de quoi, son effet cesse. Mais l'omission du renouvellement n'anéantit pas le privilège ; le créancier peut donc prendre une nouvelle inscription tant que le fonds est encore entre les mains du débiteur, et même, s'il a été aliéné, jusqu'à l'inscription du privilège du vendeur.

L'inscription garantit, au même rang que le principal, deux années d'intérêts.

Le commerçant qui donne son fonds en nantissement ne peut comprendre dans le contrat tous les éléments du fonds indistinctement. Les seuls qui soient susceptibles d'être grevés, dans les formes de la loi du 17 mars 1909, sont les suivants : l'enseigne, le nom commercial, le droit au bail, la clientèle et l'achalandage, le mobilier commercial, le matériel ou l'outillage servant à l'exploitation du fonds, les brevets d'invention, les licences, les marques de fabrique et de commerce, les dessins et modèles industriels, et généralement les droits de propriété industrielle, littéraire ou artistique, qui y sont attachés.

Cette énumération est limitative. Il s'ensuit que plusieurs éléments importants du fonds de commerce sont exclus du nantissement. Tel est le cas pour les créances, les marchandises, les marchés à livrer et autres traités, les loyers payés d'avance, les livres de commerce et la correspondance, l'immeuble où s'exploite le fonds.

Si le fonds est donné en gage, sans désignation précise des éléments qui le composent, le nantissement ne porte que sur certains éléments incorporels, à savoir : l'enseigne et le nom commercial, le droit au bail, la clientèle et l'achalandage.

Le nantissement d'un fonds de commerce confère au créancier gagiste un privilège assorti d'un droit de préférence et d'un droit de suite. Mais il ne donne pas à ce créancier le droit de se faire attribuer le fonds en payement et jusqu'à due concurrence. Le seul mode de réalisation qui lui est offert est donc la vente aux enchères publiques.

Enfin, le rang des créanciers gagistes entre eux est déterminé par la date de leurs inscriptions. Les créanciers inscrits le même jour viennent en concurrence.

Tel est, résumé dans ses points capitaux, le nantissement et ses conséquences.

La multiplicité des sujets traités en cet ouvrage ne nous permet pas, en effet, une étude approfondie de chacune des questions intéressant l'industrie hôtelière. Nous ne pouvons que renvoyer les lecteurs, pour les détails, soit au texte même des lois nouvelles que nous avons citées en tête de ce paragraphe, soit au *Dictionnaire pratique de Droit de Dalloz*, v° *Fonds de commerce*, et v° *Nantissement*.

Arrivons maintenant à l'un des principaux éléments du fonds de commerce, nous voulons parler du matériel.

17. — Matériel. — Mais ce matériel va encore entraîner des difficultés nouvelles, exiger tout au moins une nouvelle distinction, car il peut, selon les cas, être considéré comme meuble ou déclaré immeuble par destination.

En effet, dit Dalloz, « quand le juge aura constaté que la maison dans laquelle est établie une hôtellerie a été construite ou arrangée à cet effet par le propriétaire, il pourra décider que les meubles mis par ce propriétaire pour le service et l'exploitation de son hôtellerie sont immeubles par destination, et, par suite, constater ceux de ces meubles qui ont et ceux qui n'ont pas cette destination nécessaire. »

Car il faut, pour que le mobilier soit immobilisé, qu'il soit non seulement utile, mais *nécessaire* à l'exploitation, de telle sorte que, les meubles supprimés, l'exploitation devienne impossible dans le bâtiment tel qu'il a été aménagé. (Lèbre, *Fonds de commerce*, p. 11.)

L'immobilisation ne s'appliquerait pas aux provisions et aux vins destinés aux voyageurs ; ces objets ne sont pas attachés au fonds, ce sont des marchandises achetées pour être revendues.

Cette distinction a une influence capitale sur la loi et la procédure à appliquer en matières de saisie, d'assurances, de contrat de mariage, et notamment en ce qui concerne les droits respectifs des créanciers hypothécaires et chirographaires.

Il existe une autre garantie qui peut faciliter un emprunt sur le mobilier commercial, le matériel ou l'outillage : c'est le *warrant-hôtelier*. La loi du 8 août 1913 précise les conditions dans lesquelles cet emprunt peut être effectué. Nous en parlerons en son lieu et place.

18. — Vendeur, capacité civile. — S'il importe de connaître matériellement et légalement ce que l'on achète, il n'est pas moins essentiel de bien savoir de qui l'on achète, et si le vendeur a la libre disposition de l'objet vendu. La vente d'un fonds de commerce est régie par le droit commun. Or l'article 1594 du Code civil est ainsi conçu :

« Tous ceux auxquels la loi ne l'interdit pas peuvent acheter ou vendre. »

Bien plus, comme la vente dont nous nous occupons en ce moment est un acte commercial, la femme autorisée par son mari à faire le commerce, le mineur habilité à faire le commerce, peuvent, lorsque leur intérêt l'exige, vendre régulièrement l'établissement qu'ils étaient aptes à acheter et à exploiter. Ainsi l'a décidé la cour de Paris, le 22 juillet 1858.

Mais la femme, non autorisée de son mari ou de justice, ne peut acheter ni vendre un fonds de commerce, alors même qu'elle serait séparée de biens, car ce n'est pas là un acte de simple administration.

Et s'il s'agit d'un mineur non habilité, devenu propriétaire d'un établissement par succession ou donation, son tuteur pourra vendre cet établissement ; mais, quand la valeur dépassera mille cinq cents francs, il devra remplir les formalités imposées par la loi du 2 février 1880 pour la vente des meubles incorporels appartenant à des mineurs. Nous avons vu, en effet, que le plus souvent, pris en lui-même, le fonds de commerce est un meuble incorporel ; il faudra donc, pour la régularité de la vente, l'autorisation du conseil de famille et l'homologation du tribunal.

Enfin, l'individu pourvu d'un conseil judiciaire ne peut pas aliéner sans l'assistance de ce conseil. (Code civil, art. 513.)

Quant à l'interdit, il est assimilé au mineur pour sa personne et pour ses biens : les lois sur la tutelle des mineurs s'appliquent à la tutelle des interdits. (Code civil, art. 509.)

19. — Erreur et dol. — Nous avons dit qu'en troisième lieu il faut bien savoir comment on achète, et nous conseillons à l'acheteur une prudence d'autant plus grande qu'il lui est souvent fort difficile de se prémunir absolument contre les manœuvres employées par son vendeur ou par l'intermédiaire de ce dernier.

A la vérité, l'article 1109 du Code civil nous déclare qu'il n'y a pas de traité valable, si le consentement n'a été donné que par *erreur,* ou s'il a été extorqué par violence ou surpris par *dol.*

Mais, d'une part, l'erreur n'est une cause de nullité de la convention que lorsqu'elle tombe sur la substance même de la chose qui en est l'objet (Code civil, art. 1110).

Et, d'autre part, le dol n'a les mêmes conséquences que quand les manœuvres pratiquées par le vendeur sont telles qu'il est évident que, sans ces manœuvres, l'acheteur n'aurait pas contracté. (Code civil, art. 1116.)

Ainsi donc, la simple dissimulation ou atténuation des défauts d'un fonds de commerce, l'attribution de qualités qu'il n'a pas, ne constituent pas un dol pouvant entraîner une responsabilité légale, si elles ne sont accompagnées ni de moyens frauduleux employés pour induire l'acheteur en erreur, ni d'affirmations précises présentant un caractère particulier de tromperie.

Ajoutons que le dol ne se présume pas, qu'il doit être prouvé, et que cette preuve présente souvent de grandes difficultés.

Enfin, continue M. Lèbre, p. 25 : « Le dol pratiqué par un tiers ne rend pas la vente annulable ; il faut qu'il ait été pratiqué par le vendeur lui-même, que celui-ci y ait participé directement ou tout au moins indirectement, par exemple, en ne prévenant pas l'acheteur des manœuvres du tiers dont il a connaissance. Dans tous les cas, le vendeur aurait une action en dommages-intérêts contre le tiers.

« Le dol pratiqué par le mandataire légal ou conventionnel du vendeur (tuteur ou agent d'affaires, etc.) est, en ce qui concerne l'action en nullité, censé avoir été commis par le vendeur lui-même. Mais le vendeur, s'il n'a point participé au dol, n'est pas responsable des dommages-intérêts à raison du dol commis par son mandataire. »

De telle sorte que, souvent, l'acheteur n'aurait qu'un recours illusoire contre un insolvable.

Cette ressource, fort aléatoire, de demander des dommages-intérêts à l'auteur ou au complice du dol est cependant la seule qui soit laissée à l'acquéreur, en cas de *dol incident*, c'est-à-dire quand les manœuvres l'ont amené, non pas à acheter absolument, mais à accepter des conditions plus désavantageuses en le trompant sur la valeur du fonds.

Tels sont les dangers qui l'entourent au moment où il va contracter de si graves obligations.

20. — Obligations de l'acheteur. — En effet, dès que l'accord est conclu sur le fonds et le prix, la vente est parfaite entre les contractants, quoique le fonds n'ait pas encore été livré ni le prix payé. (Code civil, art. 1583.)

Dès ce moment, les obligations réciproques naissent à la charge du vendeur et de l'acheteur.

Ce dernier, seul, nous occupe en ce chapitre. Nous réservons les autres questions pour la fin de cet ouvrage, quand nous supposons l'hôtelier prenant sa retraite et cédant son établissement.

Ainsi donc, à défaut de convention contraire, du jour de la vente les *risques* sont pour l'acquéreur. C'est lui qui supporte les conséquences de tout événement ultérieur portant atteinte partielle ou totale à la prospérité du fonds. (Code civil, art. 1624 et 1138.)

L'acquéreur doit *payer les frais de l'acte de vente* et ceux de l'*enregistrement*.

Il doit *prendre livraison* de l'établissement vendu, à l'époque fixée ; et, si l'on n'a pas fixé d'époque, aussitôt après la vente.

Il doit *payer le prix* aux jour et lieu fixés par la convention ; si la convention est muette à cet égard, le payement est effectué aux lieu et jour de la livraison.

Enfin, si le prix est stipulé payable à termes, les versements se font au domicile de l'acheteur ; car, en principe, c'est le domicile du débiteur que l'article 1247 a indiqué comme lieu de payement.

Dans le cas où des *saisies-arrêts* ont été pratiquées par les créanciers du vendeur, l'acquéreur doit faire *offre* à ce dernier à charge de mainlevée, et, à défaut, il consigne le prix à la Caisse des dépôts et consignations.

De même si une *saisie-exécution* empêche l'acquéreur d'être mis en possession, il ne sera tenu de verser son prix au vendeur que contre mainlevée de cette saisie ; mais il faudra toujours offrir et consigner les fonds.

21. — Titre de successeur. — L'acquéreur doit encore, à un point de vue général, empêcher toute confusion de se produire entre son prédécesseur et lui, et éviter de rien faire qui puisse laisser supposer que son vendeur participe toujours à la gestion de l'établissement. Il a le droit et le devoir de se donner comme *successeur* de son vendeur.

Les tiers, dit M. Lèbre, auxquels l'acquéreur aurait inspiré confiance par des indications de nature à laisser supposer la participation du vendeur à l'exploitation actuelle pourraient trouver là les éléments d'une poursuite.

D'autre part, le vendeur serait autorisé à demander la suppression de toutes indications de cette nature et à réclamer des dommages-intérêts s'il justifiait d'un préjudice résultant de l'usage que l'acheteur a fait de son nom.

22. — Nom. — En effet, a déclaré la 9ᵉ chambre de la cour de Paris dans son arrêt du 20 novembre 1897, le nom constituant une propriété inaliénable et imprescriptible, on doit admettre, en matière de cession de fonds de commerce, que le successeur ne peut, à moins de stipulation formelle, faire usage du nom de son prédécesseur. En conséquence, et alors même qu'en fait il en aurait fait usage pendant de longues années, les héritiers du cédant sont toujours en droit d'en demander la suppression dans les enseignes, papiers à lettres et factures. (*Gazette des tribunaux* du 24 juin 1898.)

Même en cas de stipulation formelle autorisant l'acheteur à employer le nom de son vendeur, il faut encore compter avec le droit des tiers.

Or voici l'arrêt rendu le 9 mars 1891 par la cour de Paris, 2ᵉ chambre :

« Si l'acquéreur d'un fonds de commerce a le droit de conserver sur son enseigne le nom de son prédécesseur, c'est à la condition que ce nom ne puisse causer aucune confusion entre la maison de commerce par lui acquise et une autre maison portant le même nom et exerçant la même industrie.

« Par suite, le commerçant qui, exerçant le même négoce, porte le même nom, est en droit d'exiger que l'acquéreur de l'autre fonds ajoute son propre nom, comme successeur, à l'enseigne antérieurement existante. » (*Gazette des tribunaux* du 27 juin 1891.)

Mais l'acquéreur d'un hôtel, connu sous le nom du vendeur, est en droit de se servir de ce nom commercial pour désigner la maison quand et partout où il le juge à propos. Cette dénomination commerciale devient, telle quelle, sa propriété. Ainsi l'a décidé la cour de Paris, le 26 avril 1881. Il suffira d'ajouter, pour être à l'abri de toute réclamation : « Un tel, successeur. »

23. — Publication de la vente. — Enfin la *publication de la vente* rentre-t-elle dans les obligations de l'acquéreur ?

Juridiquement, non ; car cette publication n'est exigée par aucune loi. Mais comme de nombreuses difficultés peuvent surgir au moment de la transmission, et que notre but est précisément de les éviter, en pratique nous conseillons à l'acquéreur de publier la vente avec indication de domicile pour les oppositions, et d'attendre le délai de dix jours avant de payer son prix.

L'absence de publication peut même entraîner plus que des difficultés, de véritables responsabilités à l'encontre de l'acquéreur. Nous trouvons, en effet, dans la *France judiciaire,* un arrêt de cassation du 21 novembre 1881, qui pose ainsi le principe :

« L'acheteur d'un fonds de commerce qui, au lieu d'en prendre possession, l'a laissé en location au vendeur, sans donner à son acquisition aucune publicité et sans en informer les fournisseurs, est à bon droit condamné, solidairement avec son vendeur, au payement des livraisons que des fournisseurs ont continué de faire à l'établissement sur la foi d'un gage dont, par le fait de l'acheteur, ils avaient ignoré la disparition. »

Cette publication de la vente par l'acquéreur rentre d'ailleurs dans les usages constants, et, en matière commerciale, il est toujours prudent de s'y conformer.

24. — Droit au bail. — Toujours selon l'usage, la cession du droit au bail est jointe à la vente du fonds de commerce.

Certes, il peut arriver que cette vente comprenne
également l'immeuble où s'exploite l'industrie, et c'est
un des cas pour lesquels nous avons distingué le caractère mobilier et le caractère immobilier des choses vendues. Mais nous nous occupons de ce qui se fait le plus
souvent. Or, dans les conventions journalières, la cession du droit au bail est l'accessoire obligé de la vente du
fonds. Elle suit le sort de cette vente. Elle forme avec
elle un tout indivisible, et la confection de deux actes
séparés ne changerait point cette situation légale.

De même que pour la vente nous cherchions ce que
l'on achète, nous définirons ici ce qui est cédé.

Ce qui est cédé, *c'est le droit au bail restant à
courir.*

Quant au droit à un renouvellement ou à une prolongation du bail, il n'est pas implicitement compris
dans la vente; et l'on doit, à cet égard, consulter et
apprécier la commune intention des parties contractantes.

La stipulation de prolongation de bail insérée dans
l'acte d'acquisition peut être considérée comme une
condition suspensive, dont la défaillance entraînera la
nullité de la vente elle-même.

Ou bien, si le vendeur s'est engagé à obtenir du propriétaire une prolongation de bail, il a promis ainsi son
propre fait et s'expose à des dommages-intérêts pour le
cas où il n'aura pas réussi.

Mais là encore des procès peuvent surgir, et le plus
prudent serait de faire intervenir à l'acte le propriétaire,
qui, aux conditions débattues et acceptées, consentirait
cette prolongation.

Il peut arriver que le contrat soit absolument muet
sur la cession du bail. Dans ces conditions, que faudra-
t-il décider ?

Les cours de Rouen et de Paris ont jugé qu'alors est compris dans ce contrat le droit à la jouissance des lieux, si elle n'est pas d'une importance ou d'une durée démesurée avec l'objet même de la vente. Mais c'est là une appréciation de fait qui peut varier selon les circonstances. Il est donc bien préférable de s'en expliquer formellement.

25. — Obligations du cessionnaire du bail. — Nous avons vu les obligations de l'hôtelier comme acquéreur de l'établissement. Comme cessionnaire du droit au bail, ses obligations sont générales ou particulières.

Il doit, en effet, se soumettre aux lois qui régissent les locations et aux conditions spéciales du bail qui lui est cédé.

Le locataire ne peut changer la *destination ;* « mais, dit Dalloz, remarquons ce mot, qui n'est pas synonyme de disposition. Tous les jours, surtout en fait de locaux propres à l'industrie ou au commerce, la *disposition* est changée, précisément pour mieux se rapporter à la *destination ;* le propriétaire ne peut donc pas avoir le droit de s'opposer à un changement de forme qui serait reconnu rentrer dans la destination, sans attaquer la solidité, sans altérer la valeur vénale, ni le revenu ou la facilité de relouer après le bail, s'il n'y a pas une clause expresse du bail qui défende tout changement, et si le preneur offre et donne caution dé remettre les lieux dans leur premier état, lors de sa sortie ; si, en un mot, le propriétaire n'a pas d'intérêt à s'y opposer. »

Cette citation résume nettement la doctrine sur ce point.

Mais c'est changer la destination que de modifier l'exploitation, si cette modification porte atteinte au revenu éventuel de la maison ou à sa moralité.

Quant à la définition du mot *destination*, elle ne saurait, en cette matière, être donnée d'une façon générale et absolue. Il faut, pour chaque contrat, s'en référer à l'intention commune du vendeur et de l'acheteur.

26. — Loyers. — Parmi ces devoirs que le locataire trouve indiqués dans le Code ou dans son bail, nous rencontrons, en première ligne, le payement des loyers : obligation tellement stricte, que la Cour de cassation, le 21 mai 1892, a déclaré ceci :

« L'effet résolutoire de la clause d'un bail, portant qu'en cas de non-payement d'un terme de loyer, à l'échéance et un mois après un commandement de payer demeuré infructueux, le bail sera résilié de plein droit, ne peut être paralysé par des offres réelles faites par le preneur, après l'expiration du délai d'un mois à partir du commandement prévu par la clause précitée. » (*Gazette des tribunaux* du 7 mai 1892.)

27. — Diminution des loyers. — Nous avons parlé plus haut de l'éviction partielle du fonds vendu. Mais il peut se faire que des travaux, ordonnés par l'Administration ou nécessités par la nature même de l'immeuble, privent le locataire, momentanément seulement, d'une partie des lieux loués.

Aura-t-il droit, dans ce cas, à une diminution de loyer, ou à des dommages-intérêts ?

Un jugement de la 7ᵉ chambre du tribunal civil de la Seine, rendu le 1ᵉʳ juin 1892, a posé le principe en ces termes :

« Le locataire, privé de la jouissance d'une partie de la chose louée, en vertu d'une mesure prise par l'autorité, ne peut réclamer à son propriétaire ni dommages-intérêts, ni réduction de loyer, quand cette mesure n'est que la conséquence du mode d'exploitation et de jouissance de ce locataire.

« Conséquemment, si le bailleur a loué à un logeur qui, dans un but de lucre, a réduit l'étendue des pièces destinées à l'habitation, c'est le preneur qui doit, à ses frais, donner satisfaction aux prescriptions de l'Administration. » (*Gazette des tribunaux* du 14 septembre 1892.)

Nous trouvons, dans le même sens, un autre jugement de la 3ᵉ chambre du même tribunal du 5 février 1892. (*Le Droit* du 27 février 1892.)

Ces décisions s'inspirent d'ailleurs de l'arrêt prononcé le 9 janvier 1891 par la 3ᵉ chambre de la cour, de Paris, qui complète la question, en y ajoutant les grosses réparations.

Voici le résumé de cet arrêt :

« Doivent rester à la charge du locataire les travaux de *salubrité*, rendus nécessaires, par suite d'injonctions administratives, dans un immeuble loué à usage d'hôtel meublé et consistant notamment dans une distribution nouvelle des chambres, pour leur donner le cube d'air exigé par les règlements déjà en vigueur à l'époque où le bail a été consenti.

« Mais les travaux de grosses réparations, nécessités non par la nature de l'industrie du locataire, mais par l'état de l'immeuble, tels que le remplacement des planchers hors d'usage, doivent être supportés par le bailleur.

« Le preneur n'a droit ni à des dommages-intérêts, ni à une réduction de loyer à raison de l'exécution de ces travaux, s'ils ont eu pour conséquence, en raison de la plus-value donnée à l'immeuble loué, de lui procurer un accroissement des recettes qu'il réalisait dans son industrie. » (*La Loi* du 31 décembre 1891.)

28. — Loyers d'avance. — La question des loyers d'avance a donné lieu à de nombreuses discussions.

Nous croyons pouvoir les résumer ainsi :

Le propriétaire a droit à des garanties ; mais pourquoi ces garanties deviennent-elles entre ses mains un capital dont il touche le revenu ? Pourquoi ce capital ne serait-il pas déposé à la Caisse des dépôts et consignations, et pourquoi les intérêts qu'il produit ne seraient-ils pas versés au locataire, au lieu de rester entre les mains du bailleur ?

Telle est la théorie dont l'exposé a été déjà soumis aux pouvoirs publics.

Mais tant qu'une loi nouvelle ne sera pas intervenue sur ce point, le droit commun subsiste, ses principes et la liberté des conventions doivent être respectés.

C'est dans ces conditions actuelles que la garantie a été demandée et consentie, il n'y a qu'à exécuter le contrat.

La question mérite une sérieuse étude, et nous ne pouvons qu'attirer sur elle l'attention des législateurs.

29. — Intermédiaires. — Le lecteur voudra bien reconnaître, à la fin de ce chapitre, que nous avions quelque raison de l'exhorter à l'extrême prudence. Nous avons, pour ces actes si importants, conseillé le ministère officiel des notaires. Mais il faut compter avec l'usage ; le plus souvent, les ventes dont nous venons de parler se font par des agences ou des courtiers spéciaux, et nous croyons devoir compléter nos recommandations en précisant ici les obligations de ces intermédiaires vis-à-vis de l'acquéreur.

Dans la pratique, en effet, leur situation légale varie selon les périodes du contrat. Ils sont, au début, mandataires du vendeur ; nous examinerons plus tard dans

3 — Code de l'hôtelier.

quelles conditions ; mais, la vente conclue, ils deviennent en même temps mandataires de l'acquéreur, et c'est le point que nous voulons étudier en ce moment.

L'intermédiaire ne se borne pas à mettre en rapport les deux intéressés. Il se charge des publications, indique son domicile pour les oppositions, reçoit de l'acheteur le prix de vente et le distribue aux créanciers du vendeur.

Il agit ainsi dans l'intérêt de l'acquéreur qui veut se libérer valablement, et il devient responsable de ses fautes vis-à-vis de ce 'dernier.

Un arrêt rendu par la cour de Paris, le 14 août 1872, confirme un jugement prononcé le 4 novembre 1871 par le tribunal de commerce de la Seine dans les termes que voici :

« L'agent d'affaires qui, étant intermédiaire pour la vente d'un fonds de commerce, s'est chargé, vis-à-vis de l'acheteur, de faire toutes les publications nécessaires et de recevoir à son domicile la signification des oppositions qui seraient faites, est tenu, *à peine de dommages-intérêts*, de rapporter à ses frais mainlevée d'une opposition dont la signification lui a été remise et qu'il n'a pas fait connaître à son mandant, qui, dans l'ignorance du fait, a payé son prix au terme convenu. » (Lèbre, *Fonds de commerce*.)

Ainsi l'irrégularité imputable à l'intermédiaire, soit dans la libération vis-à-vis du vendeur, soit dans la distribution du prix aux créanciers, donne à l'acquéreur une action en dommages-intérêts contre ce mandataire négligent.

A ce point de vue encore, le choix de cet intermédiaire est des plus importants, et sa solvabilité comme son honorabilité doivent présenter les plus sérieuses garanties.

CHAPITRE III

30. — Assurances contre l'incendie. — Le but
de cet ouvrage étant de mettre les hôteliers en garde
contre les risques professionnels, nous attirons l'attention des lecteurs sur cette question si importante de
l'incendie.

Déjà, nous avons signalé le jugement du 31 juillet
1891 (tribunal civil de la Seine, 3ᵉ chambre), disant
que les administrateurs d'une société anonyme, qui a
pour but l'exploitation d'un hôtel meublé, commettent
une faute lourde, engageant leur responsabilité, en
n'assurant pas contre l'incendie l'immeuble, objet du
contrat.

Cette sévérité trouve sa justification dans la gravité
même des intérêts en jeu.

Écoutez plutôt cet arrêt de la cour de Paris du
17 janvier 1850, qu'aucune décision plus récente n'a
modifié :

« Les aubergistes sont, *de plein droit*, responsables
du dommage ou de la perte des effets des voyageurs,
aussi bien lorsque ce dommage provient d'*incendie* que
dans le cas où il provient de toute autre cause. La
présomption légale est que l'accident a eu lieu par la
faute de l'aubergiste; c'est à lui, pour être déchargé de

la responsabilité, à prouver qu'aucun fait d'imprudence ou de négligence ne lui est imputable, et que le dommage est le résultat d'une force majeure. »

Preuve souvent impossible, conséquences souvent ruineuses pour l'hôtelier.

La plus vulgaire prudence impose donc cette précaution de se garantir contre un tel sinistre.

Or deux hypothèses peuvent se présenter : 1° aucun contrat d'assurance n'existe au moment de l'acquisition ; 2° le vendeur était déjà assuré.

31. — Assurances en cours, continuation et résiliation. — Ce dernier cas étant le plus fréquent, nous l'étudierons tout d'abord.

« Le contrat d'assurance, dit M. de Lalande, n'engendre entre la compagnie et l'assuré que des droits et obligations personnels : obligation de payer la prime, d'un côté ; obligation de payer l'indemnité, de l'autre côté. Eh bien, si nous supposons la vente d'un immeuble assuré, le vendeur peut transporter sur la tête de son acquéreur la créance qui résulte de son droit à indemnité ; mais il ne saurait céder, sans l'agrément de la compagnie, à ce même acquéreur, l'obligation de payer la prime. La situation est celle-ci : l'acquéreur n'étant point légalement obligé envers la compagnie au payement des primes, celle-ci n'est pas tenue davantage de remplir l'obligation corrélative qui consiste à réparer le dommage d'incendie.

« Si donc aucune stipulation relative à la continuation de l'assurance, en cas de mutation de propriété, n'a été faite dans la police, l'acquéreur, qui n'a pas fait connaître cette mutation à la compagnie, est déchu du droit à indemnité. »

Tel est le principe, et ce que nous disons de l'immeuble, nous le disons également du mobilier et des marchandises garnissant le fonds de commerce; la règle est la même en ce qui concerne l'assurance.

32. — Intervention nécessaire de la compagnie. — L'acheteur prudent fera donc, concurremment avec le vendeur, sa déclaration à la compagnie et obtiendra d'elle un avenant-transfert qui sauvegardera tous les intérêts.

La compagnie doit nécessairement intervenir dans la convention.

En effet, continue M. de Lalande, « si le vendeur a, de sa propre initiative et sans y être obligé par la police, fait prendre à l'acquéreur l'engagement de continuer l'assurance en cours, cette stipulation est valable et lie certainement l'acquéreur; mais, au regard de l'assureur, elle est *res inter alios acta* et comme inexistante, tant que la mutation n'a pas été régulièrement portée à la connaissance de la compagnie, qui, à ce moment, acceptera ou refusera le nouvel assuré.

« Jusque-là, l'acquéreur n'a point droit à l'indemnité, en admettant, bien entendu, que le sinistre soit survenu après l'expiration du délai imparti pour déclarer la mutation.

« Par le même motif, la prime ne pourrait être réclamée qu'au vendeur, si elle vient à échoir avant la déclaration. » (Tribunal de commerce de la Seine du 23 décembre 1874.)

33. — Conditions imposées par la compagnie en cas de vente. — Mais il peut arriver que la compagnie ait, dans la police, imposé à l'assuré l'obligation de faire prendre à l'acquéreur l'engagement de continuer l'assurance, sans exiger de ce dernier une déclaration après son acquisition.

Alors l'acquéreur a droit à l'indemnité, de même qu'il sera actionné directement en payement des primes ; car, en achetant dans ces conditions, il a complété, par l'apport de son consentement, la convention existant déjà entre le vendeur et la compagnie. Nous trouvons ici la volonté de tous les intéressés nettement exprimée.

Dans d'autres circonstances, c'est à l'acquéreur que la police impose l'obligation de faire connaître son contrat à la compagnie. Il n'y a qu'à exécuter cette clause.

Souvent les compagnies se réservent, en ce cas, la faculté de résilier. C'est leur droit ; mais si elles n'en usent pas, l'acquéreur doit toucher l'indemnité lorsqu'un sinistre survient ; à moins, bien entendu, qu'il n'ait pas fait sa déclaration à l'assurance ; car celle-ci, n'ayant pas été mise en demeure de continuer ou de résilier, peut invoquer la déchéance.

C'est toujours le même principe : concours des trois volontés en cause.

Si enfin l'acheteur ne veut pas continuer l'assurance ou désire rompre avec la compagnie choisie par le vendeur, il devra s'entendre avec ce dernier pour la résiliation et le payement : 1° de l'année en cours ; 2° d'une autre année de primes à titre d'indemnité de résiliation.

34. — Deuxième hypothèse. Assurance nouvelle, nature du contrat. — Prenons maintenant l'autre hypothèse : aucune assurance n'existe au moment de la vente.

Nous avons démontré l'intérêt qu'avait l'acquéreur à faire ce contrat. Examinons-en les conditions légales.

Il est, tout ensemble, de droit strict et de bonne foi.

Formé par l'accord de deux volontés, il impose à chacune d'elles l'exécution rigoureuse des clauses qu'il renferme, lorsqu'elles sont claires et n'offrent aucune ambiguïté.

D'autre part, fondé sur l'équité, il doit, en cas de doute, être interprété non seulement d'après l'intention commune, mais d'après le droit commun, la nature des stipulations et l'usage reçu; la présomption étant, dit Émérigon, que l'on entend s'y conformer, si l'on n'y a pas expressément dérogé.

35. — Capacité légale pour contracter une assurance. — Pour faire assurer une chose, il faut avoir la capacité légale de s'engager, c'est-à-dire n'être pas dans la catégorie de ceux auxquels la loi l'interdit.

Mais l'assurance étant plutôt un acte d'administration que d'aliénation, le mineur émancipé peut faire ce contrat. C'est là d'ailleurs une dépense utile, puisqu'elle tend à la conservation de son patrimoine.

Dans le même ordre d'idées, un individu pourvu d'un conseil judiciaire peut conclure une assurance, même sans l'assistance de son conseil.

De même pour la femme séparée de biens; pour la femme mariée sous le régime dotal, en ce qui touche ses biens paraphernaux; pour la femme autorisée à faire le commerce, en ce qui concerne les objets de ce commerce.

Dans les limites de cet ouvrage, nous devons nous borner à présenter au lecteur les principes généraux qu'il lui importe plus particulièrement de connaître.

Ainsi, d'après une jurisprudence constante, le droit de contracter une assurance appartient à toute personne qui a un intérêt à la conservation de la chose. Le dépositaire peut la faire assurer, quand même il n'aurait pas pris envers le propriétaire l'angagement des cas fortuits; sa qualité lui impose le devoir de faire ce qu'il croit utile à son commettant.

L'hôtelier, comme dépositaire, agira donc prudemment en faisant assurer les bagages du voyageur, même en dehors de tout engagement avec ce dernier.

Si l'acquéreur du fonds de commerce a acheté en même temps l'immeuble où il s'exploite, il est bien évident qu'il peut le faire assurer, comme son mobilier personnel ou industriel, ses provisions, marchandises, etc.

36. — Droits du locataire sur l'assurance de l'immeuble. — Mais, le plus souvent, il n'est que principal locataire, et pourtant l'incendie de la maison entraînera sa ruine.

Quel est son droit, et comment ses intérêts se règleront-ils avec ceux du propriétaire?

MM. Agnel et de Corny, dans leur *Manuel général des assurances*, répondent à cette double question :

« Il a été décidé que le locataire d'un établissement industriel a droit et qualité pour faire assurer, en son nom personnel, les bâtiments comme le mobilier de cet établissement; c'est à lui que les indemnités, en cas de sinistre, doivent être payées, et non au propriétaire, lors même que l'assurance aurait été faite en vertu d'une clause du bail, sauf le recours du propriétaire contre le locataire, en vertu de la présomption de faute établie par l'article 1733 du Code civil. »

Que dit cet article?

« Le preneur répond de l'incendie, à moins qu'il ne prouve :

« Que l'incendie est arrivé par cas fortuit, ou force majeure, ou par vis de construction;

« Ou que le feu a été communiqué par une maison voisine. »

Cependant un arrêt rendu par la cour de Colmar, le 23 avril 1838, ajoute : « Si le locataire d'un établissement industriel a fait assurer contre tous risques, en son nom personnel, le bâtiment et le mobilier, et si un incendie, par le feu du ciel ou par cas fortuit, cause un grand dommage au propriétaire et peu ou point de dommage au locataire, celui-ci, à l'abri de la présomption de faute établie par l'article 1733, est réputé avoir fait assurer, en vertu d'un mandat tacite du propriétaire, à qui profite alors l'indemnité. »

C'est là une décision toute d'équité, qui peut varier selon les différents cas. Nous avons voulu seulement indiquer les bases sur lesquelles ces difficultés pouvaient se régler entre locataires et propriétaires.

Dans un grand nombre de traités, la principale location est accompagnée d'une promesse de vente relative à l'immeuble loué. Il est évident que cette clause donne au locataire un droit absolu de faire assurer la maison. Il y a, en effet, un double intérêt comme preneur actuel et comme propriétaire futur. La situation est très nette à son égard.

Il est non moins évident que le locataire a le droit de faire assurer le *risque locatif,* comme le *risque du voisinage,* et le *recours des locataires contre les propriétaires.* (Code civil, art. 1721.)

37. — Quelles choses peuvent être assurées. — Après avoir parlé des personnes capables de conclure une assurance, disons, en un mot, quelles choses peuvent être assurées :

Toutes les choses mobilières et immobilières susceptibles d'être détruites par le feu.

L'hôtelier peut même faire assurer des objets qui ne lui appartiennent pas encore, ou dont il n'est pas encore dépositaire.

Nous lui avons, en effet, conseillé de garantir ainsi contre les risques de l'incendie les bagages du voyageur. Or il n'y aura certes pas un contrat nouveau pour chaque valise ou pour chaque touriste, de même que la police ne sera pas renouvelée avec les provisions, les marchandises ou le mobilier de l'hôtel.

Voici donc, légalement, comment on procède :

L'assuré explique nettement la situation ; il apprécie la valeur et la nature des objets soumis, selon lui, aux risques du feu, dans son établissement.

L'assureur détermine ce qu'il entend garantir.

Le contrat ainsi formé doit, par ses clauses, fournir à chaque intéressé les moyens suffisants de contrôle.

Et alors, « en cas de sinistre, l'assuré ne sera tenu que de justifier de l'existence, au moment de l'incendie, des marchandises ou des meubles et de la nature de ceux assurés. » (Agnel et de Corny, *Manuel des assurances.* — Pardessus, *Cours de droit commercial,* p. 2.)

L'importance d'un tel contrat ne saurait échapper au lecteur. Les conséquences en sont d'autant plus graves qu'elles varient à l'infini, selon les sociétés et la rédaction de leurs polices.

38. — Choix des compagnies. Courtiers. Précautions à prendre. — Aussi recommandons-nous encore la plus minutieuse attention dans le choix des compagnies, et surtout dans le choix des intermédiaires, car nous les retrouvons ici sous le nom de courtiers.

Toujours en quête d'une nouvelle prime, le courtier

tombe brusquement au milieu des ennuis innombrables causés par l'achat et l'installation de votre hôtel. Ces ennuis, il vient vous en éviter une partie. Cette grosse préoccupation de l'assurance, il vous l'épargne. En quatre coups de crayon, il a tout évalué, tout prévu, tout conclu. Il ne vous demande rien ; au contraire, il vous fait une remise, des avantages spéciaux ; vous n'avez qu'à signer ; vous signez. Le tour est joué, le courtier disparaît, et vous restez condamné à dix ans d'assurance forcée !

Vous voilà lié pour dix ans envers une compagnie de solvabilité douteuse ou à des conditions dont vous n'avez pas apprécié la portée.

Il est, fort heureusement, de très honorables exceptions, et nous pourrions nommer certains agents généraux d'assurances, certains intermédiaires auxquels les intérêts les plus considérables peuvent être abandonnés en pleine sécurité d'esprit.

Ce sont ceux-là qu'il faut connaître et rechercher, c'est à ceux-là seulement qu'il faut vous adresser.

Moins soucieux du courtage que de leur dignité, ils vous mettront en garde contre les inconvénients que présente, dans tel ou tel cas, tel ou tel système, telle ou telle société. Non seulement ils vous laisseront le temps de lire les nombreux articles de votre police, mais ils vous donneront sur ses clauses toutes les explications désirables ; et quand vous apposerez votre signature, cette fois, au moins, ce sera en parfaite connaissance de cause.

39. — Obligations de l'assuré. — Or la nature des engagements pris justifie ces mesures de prudence.

Examinons, en effet, avec l'excellent *Manuel des*

assurances que nous avons cité plus haut, les trois périodes distinctes que va traverser le contrat, c'est-à-dire :

Le moment où la police est signée ;

Le temps pendant lequel l'assurance suit son cours ;

L'époque à laquelle le sinistre a eu lieu.

40. — Premièrement, au moment du contrat, la personne qui veut se faire assurer doit déclarer et faire mentionner dans la police :

1° *Sa qualité :* propriétaire, locataire, tuteur, femme séparée de biens, mandataire, etc. ;

2° L'assurance ou les *assurances préexistantes* sur les mêmes objets, les doubles assurances, les réassurances, les charges d'alignement ou de démolition auxquelles les bâtiments peuvent être soumis ;

3° La nature des bâtiments, leur destination, les meubles ou marchandises qu'ils renferment ;

4° La contiguïté avec d'autres bâtiments où l'on exerce des industries qui présentent des risques pour le feu ; le voisinage de l'objet assuré avec un risque dangereux.

L'absence ou la fausseté de ces déclarations enlève tout droit à indemnité.

41. — Deuxièmement, pendant la durée du contrat, l'assuré doit :

Payer la prime aux époques indiquées ;

Déclarer à la compagnie les nouvelles assurances qu'il ferait sur les mêmes objets ;

Dénoncer à l'assureur tous les changements qui peuvent modifier les risques ; et ce, dans les délais impartis par la police et à peine de déchéance.

42. — Troisièmement, lorsqu'un sinistre est arrivé, il faut :

1° Le déclarer immédiatement à la compagnie, dans les termes du contrat, et au juge de paix de son canton, selon les indications de la police d'assurance ;

2° Fournir, dans les délais fixés et sans exagération, l'état des dommages encourus.

Et, comme toujours, l'inexécution de ces obligations priverait l'assuré de tout recours contre l'assureur.

43. — Sort de l'assurance en cas de décès, vente, cessation de commerce. — Enfin, d'après la plupart des polices :

En cas de *décès* de l'assuré, l'assurance continue de plein droit en faveur des *héritiers,* qui seront tenus solidairement du payement des primes, tant que l'héritier dans le lot duquel sont tombés les objets assurés n'a pas fait transférer par avenant la police à son nom.

En cas de *vente* ou donation des objets assurés, le vendeur ou le donateur devra, dans le délai stipulé, remettre à la compagnie l'engagement écrit des nouveaux propriétaires de continuer l'assurance ; faute de quoi, le délai passé, la police sera résiliée de plein droit, et l'assuré sera tenu de payer à la compagnie, outre les primes échues, une somme égale à une année de prime à titre d'indemnité de résiliation.

Pareille indemnité est due à la compagnie en cas de *cessation de commerce* avant l'expiration de la police.

En cas de *liquidation* ou de *faillite,* l'assuré ou ses ayants cause devront, dans le délai fixé par la police, déclarer la liquidation ou la faillite à la compagnie ; faute de quoi, ils n'auront droit, en cas de sinistre, à aucune indemnité.

D'autre part, et comme principe absolu, l'assurance ne

peut jamais être une cause de bénéfice pour l'assuré ; elle ne lui garantit que l'indemnité du préjudice réel qu'il a éprouvé.

Telles sont les obligations générales auxquelles il est soumis. Quant aux clauses spéciales, nous ne pouvons que répéter ce qui a été dit plus haut : bien choisir l'agent et la société, et ne signer qu'à bon escient.

44. — Changement modifiant les risques. — Mais nous attirons tout particulièrement l'attention du lecteur sur l'importance de déclarer à la compagnie tous les *changements qui peuvent modifier les risques :* augmentation du nombre de chambres, du mobilier, de l'éclairage ; installations nouvelles de salons, fumoirs, cuisines ; aménagements nouveaux dans l'hôtel ; transport des objets assurés dans d'autres lieux que ceux désignés par la police, etc. ; en un mot, tout ce qui aggrave le risque, même quand cette aggravation a lieu dans l'immeuble contigu à celui assuré, tout ce qui modifie l'assurance des recours locatifs, de voisins ou de propriétaire, etc., doit être déclaré à l'assureur.

Il y a là une source de difficultés et de procès contre lesquels on ne saurait trop se mettre en garde.

Et maintenant, un autre conseil qui touche plus directement à l'exercice de la profession.

45. — Incendie causé par le voyageur ou le personnel de l'hôtel. — L'incendie peut être occasionné par les voyageurs ou par le personnel de l'hôtel.

En ce cas, et d'après les termes généraux du contrat, les compagnies prétendent exercer un recours contre l'auteur ou les auteurs du sinistre. Cela complique et retarde les règlements de l'indemnité. L'hôtelier est exposé à de graves ennuis et à un gros préjudice.

Nous lui recommandons alors de faire insérer dans sa police, comme conditions particulières, les clauses ci-après :

« La compagnie renonce au recours qu'en cas d'incendie elle pourrait être en droit d'exercer contre les locataires, *voyageurs* ou consommateurs occupant l'établissement.

« Cette renonciation est consentie moyennant un supplément de prime... (à fixer d'accord).

« La compagnie renonce gratuitement au recours que, en cas d'incendie, elle pourrait être fondée à exercer contre le personnel de l'établissement, le cas de malveillance excepté. » (Agnel et de Corny, *Manuel des assurances.*)

En effet, l'hôtelier, étant responsable de son personnel et ayant dù le choisir avec soin, ne peut pas exiger une renonciation au recours aussi complète que pour le voyageur.

46. — Voyageur victime de l'incendie. — Supposons, à présent, que ce voyageur soit non plus l'auteur, mais la victime de l'incendie. Il s'adressera à l'hôtelier, et à lui seul, pour obtenir réparation du dommage causé.

Comme le porte l'arrêt cité au commencement de ce chapitre, « l'aubergiste est de plein droit responsable ; il est légalement présumé en faute, sauf le cas de force majeure, dont la preuve lui incombe. »

L'hôtelier est donc personnellement débiteur, sauf ses droits contre l'assurance ; mais si celle-ci avait elle-même un recours contre tel autre voyageur ou employé, le règlement n'en finirait pas. De là l'intérêt des clauses conseillées ci-dessus.

47. — Incendie causé par des locataires de l'immeuble. — Souvent aussi, l'immeuble où s'exploite le fonds de commerce comprend, en dehors des voyageurs et du personnel, des locataires distincts occupant, par exemple, des boutiques ou d'autres portions de la maison.

L'incendie va donner lieu à des discussions entre locataires, et entre locataires et propriétaires. Ici, nous rentrons dans le droit commun, et, si la police d'assurance n'a pas prévu le point en litige, nous ne pouvons que nous en référer à la loi du 5 janvier 1883, modifiant ainsi l'article 1734 du Code civil :

« S'il y a plusieurs locataires, tous sont responsables de l'incendie, proportionnellement à la valeur locative de la partie de l'immeuble qu'ils occupent ;

« A moins qu'ils ne prouvent que l'incendie a commencé dans l'habitation de l'un d'eux, auquel cas celui-là seul est tenu ; ou que quelques-uns ne prouvent que l'incendie n'a pu commencer chez eux, auquel cas ceux-là seuls n'en sont pas tenus. »

Nous ne nous lancerons point dans de plus amples développements ; car, pour rester pratique, ce livre ne doit traiter que les questions intéressant directement la profession, et ces questions sont si nombreuses, que nous sommes forcés de résumer chaque sujet.

48. — Assurances contre les accidents. — Voici d'ailleurs un autre élément de responsabilités, presque inconnu il y a quinze ans, et qui prend, chaque jour, une importance plus considérable.

Nous voulons parler de l'accident. L'accident développé par les multiples progrès du transit et de l'industrie, et trop souvent exploité, au nom des victimes, par certains spéculateurs qui, moyennant un prélèvement forfaitaire sur l'indemnité future, s'entendent merveilleusement à *monter* un procès.

L'assurance viendra parer à ce danger.

Supposons, par exemple, un hôtelier employant des chevaux et voitures ou des automobiles pour le service de la gare ou les excursions de ses clients. Pendant ces courses, un passant ne peut-il être renversé, blessé ou tué? au contraire, ne voit-on point parfois un charretier maladroit accrocher l'omnibus de l'hôtel; estropier un des chevaux, endommager fortement l'automobile?

Ce sont là risques inhérents à la circulation même, et susceptibles d'entraîner de grosses pertes ou de lourds dommages-intérêts.

Eh bien, l'hôtelier trouvera facilement à s'assurer contre les accidents causés aux tiers par ses chevaux et voitures, aussi bien que contre les dégâts et blessures causés par les tiers à ces mêmes voitures et chevaux.

Moyennant une prime relativement minime, il achètera ainsi sa tranquillité, à la seule condition de ne pas oublier nos recommandations précédentes sur le choix de la compagnie ou de l'intermédiaire. Méfions-nous du trop bon marché ; on n'en a jamais que pour son argent.

49. — Accidents du travail. — Mais si les accidents, dits de droit commun, peuvent entraîner de sérieuses préoccupations pour l'hôtelier, son attention doit être encore plus impérieusement attirée par la loi du 9 avril 1898, concernant les responsabilités des accidents dont les ouvriers et employés sont victimes dans leur travail.

L'article premier de cette loi énumérant un certain nombre d'industries, plus spécialement visées par elle, on s'était demandé tout d'abord si l'industrie hôtelière rentrait dans cette nomenclature.

La question ne se pose plus aujourd'hui.

La loi du 12 avril 1906 est formelle : « La législation sur les responsabilités des accidents du travail est étendue à toutes les entreprises commerciales. »

Ainsi les accidents survenus par le fait du travail, ou à l'occasion du travail, à tout employé d'hôtel, donnent droit, au profit de la victime ou de ses représentants, à une indemnité à la charge du chef d'entreprise, à la condition que l'interruption de travail ait duré plus de quatre jours.

Et notons que, pour obtenir cette indemnité, l'employé n'a point à établir une faute quelconque du patron, comme sous l'empire de l'article 1382 du Code civil. Il n'a qu'à prouver l'accident, survenu par le fait ou à l'occasion du travail.

50. — Qu'est-ce donc qu'un accident ?

Dalloz (*Dictionnaire pratique de Droit*, v° *Accidents du travail*) nous donne la définition suivante :

« L'*accident* est une atteinte au corps humain, provenant de l'action soudaine et violente d'une force extérieure.

« L'accident se distingue de la maladie en ce qu'il a toujours une *cause extérieure* et que cette cause se manifeste toujours d'une façon *soudaine* et *violente*. » (v° *Accidents du travail*, n° 40.)

La loi du 9 avril 1898 ne visant que les accidents, il s'ensuit que les maladies professionnelles, auxquelles on ne saurait assigner une origine et une date déterminées, sont exclues du bénéfice de cette loi (Req. 23 juillet 1902, D. P. 1903. 1. 274).

Mais, malgré ces restrictions, les charges qui, de ce fait, pèsent sur l'hôtelier, restent toujours assez lourdes pour qu'il n'hésite pas un seul instant à contracter cette assurance spéciale contre les accidents du travail.

51. — Droits des employés. — Rappelons, en effet, les droits de l'employé, tels qu'ils sont fixés par l'article 3 de la loi qui nous occupe.

« ART. 3. — Dans les cas prévus à l'article 1er, l'ouvrier ou employé a droit :

« Pour l'incapacité absolue et permanente, à une rente égale aux deux tiers de son salaire annuel ;

« Pour l'incapacité partielle et permanente, à une rente égale à la moitié de la réduction que l'accident aura fait subir au salaire ;

« Pour l'incapacité temporaire, si l'incapacité de travail a duré plus de quatre jours, à une indemnité journalière, sans distinction entre les jours ouvrables et les dimanches et jours fériés, égale à la moitié du salaire touché au moment de l'accident, à moins que le salaire ne soit variable ; dans ce dernier cas, l'indemnité journalière est égale à la moitié du salaire moyen des journées de travail pendant le mois qui a précédé l'accident. L'indemnité est due à partir du cinquième jour après celui de l'accident ; toutefois, elle est due à partir du premier jour si l'incapacité de travail a duré plus de dix jours. L'indemnité journalière est payable aux époques et lieu de paye usités dans l'entreprise, sans que l'intervalle puisse excéder seize jours.

« Lorsque l'accident est suivi de mort, une pension est servie aux personnes ci-après désignées, à partir du décès, dans les conditions suivantes :

« A. — Une rente viagère égale à 20 pour 100 du salaire annuel de la victime pour le conjoint survivant non divorcé ou séparé de corps, à la condition que le mariage ait été contracté antérieurement à l'accident.

« En cas de nouveau mariage, le conjoint cesse d'avoir droit à la rente mentionnée ci-dessus ; il lui sera alloué, dans ce cas, le triple de cette rente à titre d'indemnité totale.

« B. — Pour les enfants, légitimes ou naturels, reconnus avant l'accident, orphelins de père ou de mère, âgés de moins de seize ans, une rente calculée sur le salaire annuel de la victime à raison de 15 pour 100 de ce salaire s'il n'y a qu'un enfant, de 25 pour 100 s'il y en a deux, de 35 pour 100 s'il y en a trois, et de 40 pour 100 s'il y en a quatre ou un plus grand nombre.

« Pour les enfants, orphelins de père et de mère, la rente est portée pour chacun d'eux à 20 pour 100 du salaire.

« L'ensemble de ces rentes ne peut, dans le premier cas, dépasser 40 pour 100 du salaire ni 60 pour 100 dans le second.

« C. — Si la victime n'a ni conjoint ni enfant dans les termes des paragraphes A et B, chacun des ascendants et descendants qui était à sa charge recevra une rente viagère pour les ascendants et payable jusqu'à seize ans pour les descendants. Cette rente sera égale à 10 pour 100 du salaire annuel de la victime, sans que le montant total des rentes ainsi allouées puisse dépasser 30 pour 100.

« Chacune des rentes prévues par le paragraphe C est, le cas échéant, réduite proportionnellement.

« Les rentes constituées en vertu de la présente loi sont payables à la résidence du titulaire, ou au chef-lieu de canton de cette résidence, et, si elles sont servies par la Caisse nationale des retraites, chez le préposé de cet établissement désigné par le titulaire.

« Elles sont payables par trimestre et à terme échu ; toutefois, le tribunal peut ordonner le payement d'avance de la moitié du premier arrérage.

« Ces rentes sont incessibles et insaisissables.

« Les ouvriers étrangers, victimes d'accidents, qui cesseraient de résider sur le territoire français, recevront, pour toute indemnité, un capital égal à trois fois la rente qui leur avait été allouée.

« Il en sera de même pour leurs ayants droit étrangers, cessant de résider sur le territoire français, sans que toutefois le capital puisse alors dépasser la valeur actuelle de la rente d'après le tarif visé à l'article 28.

« Les représentants étrangers d'un ouvrier étranger ne recevront aucune indemnité si, au moment de l'accident, ils ne résidaient pas sur le territoire français.

« Les dispositions des trois alinéas précédents pourront, toutefois, être modifiés par traité, dans la limite des indemnités prévues au présent article, pour les étrangers dont les pays d'origine garantiraient à nos nationaux des avantages équivalents.

52. — Obligations du patron. — L'article 11,
sous peine d'amendes édictées par l'article 14, impose
au chef d'entreprise les obligations ci-après :

« ART. 11. — Tout accident ayant occasionné une incapacité de travail doit être déclaré dans les quarante-huit
heures, non compris les dimanches et jours fériés, par le
chef d'entreprise ou ses préposés, au maire de la commune
qui en dresse procès-verbal et en délivre immédiatement
récépissé.

« La déclaration et le procès-verbal doivent indiquer, dans
la forme réglée par décret, les nom, qualité et adresse du
chef d'entreprise, le lieu précis, l'heure et la nature de
l'accident, les circonstances dans lesquelles il s'est produit,
la nature des blessures, les noms et adresses des témoins.

« Dans les quatre jours qui suivent l'accident, si la victime n'a pas repris son travail, le chef d'entreprise doit
déposer à la mairie, qui lui en délivre immédiatement récépissé, un certificat de médecin indiquant l'état de la victime,
les suites probables de l'accident et l'époque à laquelle il
sera possible d'en connaître le résultat définitif. »

Or ces déclarations seront faites, ces dérangements
seront évités, ces responsabilités seront couvertes par
la compagnie d'assurances, qui, moyennant une prime
basée sur le salaire de l'employé, garantit complètement l'employeur contre toutes éventualités.

C'est une augmentation des frais généraux ; mais, ce
sacrifice une fois accompli, c'est la tranquillité absolue.

Le lecteur comprendra que, dans un modeste manuel,
nous ne pouvons indiquer que les grandes lignes d'aussi
nombreux sujets.

Nous venons d'étudier ainsi brièvement les conditions juridiques de l'installation professionnelle ; occupons-nous maintenant des ·conditions matérielles de
cette installation.

CHAPITRE IV

53. — Mesures de salubrité. — Les aubergistes, hôteliers et logeurs en garni sont soumis aux règlements de police qui, dans chaque localité, peuvent être faits par l'autorité municipale.

De ces règlements, les plus importants par leurs conséquences sont ceux relatifs à la salubrité. (Dalloz, *Dictionnaire pratique de Droit*, v° *Salubrité publique*.)

54. — Loi du 15 février 1902. — La loi du 13 avril 1850, qui dominait encore toute cette matière lors de notre première édition, a été abrogée par l'article 31 de la loi du 15 février 1902, « relative à la protection de la santé publique. »

Nous reviendrons sur les détails de ses dispositions, quand nous traiterons les questions soulevées par la maladie ou la mort du voyageur ; mais nous devons, dès maintenant, signaler quelques articles visant les conditions générales d'installation et d'exploitation :

55. — « ARTICLE PREMIER. — Dans toute commune, le maire est tenu, afin de protéger la santé publique, de déterminer, après avis du conseil municipal et sous forme d'arrêtés municipaux portant règlement sanitaire :

« 1° Les précautions à prendre, en exécution de l'article 97

de la loi du 5 avril 1884, pour prévenir ou faire cesser les
maladies transmissibles, visées à l'article 4 de la présente
loi, spécialement les mesures de désinfection ou même de
destruction des objets à l'usage des malades ou qui ont été
souillés par eux, et généralement des objets quelconques
pouvant servir de véhicule à la contagion ;

« 2° Les prescriptions destinées à assurer la salubrité des
maisons et de leurs dépendances, des voies privées, closes
ou non à leurs extrémités, *des logements loués en garni* et
des autres agglomérations quelle qu'en soit la nature, notamment les prescriptions relatives à l'alimentation en eau
potable ou à l'évacuation des matières usées. »

Ainsi l'usage de toute eau reconnue malsaine est
interdite par arrêté du maire. Les puits ou citernes dont
l'eau serait déclarée non potable par le comité d'hygiène
seront immédiatement fermés.

« ART. 2. — Les règlements sanitaires communaux ne font
pas obstacle aux droits conférés au préfet par l'article 99 de
la loi du 5 avril 1884.

« Ils sont approuvés par le préfet, après avis du conseil
départemental d'hygiène. Si, dans le délai d'un an à partir
de la promulgation de la présente loi, une commune n'a pas
de règlement sanitaire, il lui en sera imposé un d'office
par un arrêté du préfet, le conseil départemental d'hygiène
entendu.

« Dans le cas où plusieurs communes auraient fait connaître leur volonté de s'associer, conformément à la loi du
22 mars 1890, pour l'exécution des mesures sanitaires, elles
pourront adopter les mêmes règlements qui leur seront
rendus applicables suivant les formes prévues par ladite
loi.

« ART. 3. — En cas d'urgence, c'est-à-dire en cas d'épidémie ou d'un autre danger imminent pour la santé publique,
le préfet peut ordonner l'exécution immédiate, tous droits
réservés, des mesures prescrites par les règlements sanitaires
prévus par l'article premier. L'urgence doit être constatée
par un arrêté du maire, et, à son défaut, par un arrêté du
préfet, que cet arrêté spécial s'applique à une ou plusieurs

personnes ou qu'il s'applique à tous les habitants de la commune. »

Voici maintenant des dispositions qui intéressent plus directement le sujet que nous étudions en ce chapitre :

56. — « Art. 11. — Dans les agglomérations de 20000 habitants et au-dessus, aucune habitation ne peut être construite sans un permis du maire constatant que, dans le projet qui lui a été soumis, les conditions de salubrité prescrites par le règlement sanitaire, prévu à l'article premier, sont observées.

« A défaut par le maire de statuer dans le délai de vingt jours, à partir du dépôt à la mairie de la demande de construire dont il sera délivré récépissé, le propriétaire pourra se considérer comme autorisé à commencer les travaux.

« L'autorisation de construire peut être donnée par le préfet en cas de refus du maire.

« Si l'autorisation n'a pas été demandée ou si les prescriptions du règlement sanitaire n'ont pas été observées, il est dressé procès-verbal. En cas d'inexécution de ces prescriptions, il est procédé conformément aux dispositions de l'article suivant.

« Art. 12. — Lorsqu'un immeuble, bâti ou non, attenant ou non à la voie publique, est dangereux pour la santé des occupants ou des voisins, le maire ou, à son défaut, le préfet, invite la commission sanitaire prévue par l'article 20 de la présente loi à donner son avis :

« 1° Sur l'utilité et la nature des travaux ;

« 2° Sur l'interdiction d'habitation de tout ou partie de l'immeuble jusqu'à ce que les conditions d'insalubrité aient disparu.

« Le rapport du maire est déposé au secrétariat de la mairie à la disposition des intéressés.

« Les propriétaires, usufruitiers ou usagers, sont avisés au moins quinze jours d'avance, à la diligence du maire et par lettre recommandée, de la réunion de la commission sanitaire, et ils produisent, dans ce délai, leurs observations.

« Ils doivent, s'ils en font la demande, être entendus par la commission, en personne ou par mandataire, et ils sont appelés aux visites et constatations de lieux.

« En cas d'avis contraire aux propositions du maire, cet avis est transmis au préfet, qui saisit, s'il y a lieu, le conseil départemental d'hygiène.

« Le préfet avise les intéressés, quinze jours au moins d'avance, par lettre recommandée, de la réunion du conseil départemental d'hygiène et les invite à produire leurs observations dans ce délai. Ils peuvent prendre communication de l'avis de la commission sanitaire, déposé à la préfecture, et se présenter en personne, ou par mandataire, devant le conseil ; ils sont appelés aux visites et constatations de lieux.

« L'avis de la commission sanitaire ou celui du conseil d'hygiène fixe le délai dans lequel les travaux doivent être exécutés, ou dans lequel l'immeuble cessera d'être habité en totalité ou en partie. Ce délai ne commence à courir qu'à partir de l'expiration du délai de recours ouvert aux intéressés par l'article 13 ci-après, ou de la notification de la décision définitive intervenue sur le recours.

« Dans le cas où l'avis de la commission n'a pas été contesté par le maire, ou, s'il a été contesté, après notification par le préfet de l'avis du conseil départemental d'hygiène, le maire prend un arrêté ordonnant les travaux nécessaires ou portant interdiction d'habiter, et il met le propriétaire en demeure de s'y conformer dans le délai fixé.

« L'arrêté portant interdiction d'habiter devra être revêtu de l'approbation du préfet.

57. — « Art. 13. — Un recours est ouvert aux intéressés contre l'arrêté du maire devant le conseil de préfecture, dans le délai d'un mois à dater de la notification de l'arrêté. Ce recours est suspensif.

« Art. 14. — A défaut de recours contre l'arrêté du maire ou si l'arrêté a été maintenu, les intéressés qui n'ont pas exécuté, dans le délai imparti, les travaux jugés nécessaires, sont traduits devant le tribunal de simple police, qui autorise le maire à faire exécuter les travaux d'office, à leurs frais, sans préjudice de l'application de l'article 471, paragraphe 15, du Code pénal.

« En cas d'interdiction d'habitation, s'il n'y a pas été fait droit, les intéressés sont passibles d'une amende de 16 francs à 500 francs et traduits devant le tribunal correctionnel, qui autorise le maire à faire expulser, à leurs frais, les occupants de l'immeuble.

« ART. 15. — La dépense résultant de l'exécution des travaux est garantie par un privilège sur les revenus de l'immeuble, qui prend rang après les privilèges énoncés aux articles 2101 et 2103 du Code civil.

« ART. 16. — Toutes ouvertures pratiquées pour l'exécution des mesures d'assainissement, prescrites en vertu de la présente loi, sont exemptes de la contribution des portes et fenêtres pendant cinq années consécutives, à partir de l'achèvement des travaux.

« ART. 17. — Lorsque, par suite de l'exécution de la présente loi, il y aura lieu à la résiliation des baux, cette résiliation n'emportera, en faveur des locataires, aucuns dommages et intérêts. »

Mais qui qualifiera d'insalubrité ? — La loi elle-même et les arrêtés municipaux. La loi, dans son article premier, stipule que « l'arrêté municipal a pour but de déterminer des prescriptions destinées à assurer la salubrité des maisons,... *des logements loués en garni.* Donc, c'est la non-conformité de l'immeuble ou des logements aux prescriptions du règlement sanitaire qui constitue la présomption d'insalubrité, et qui motive, en droit, l'intervention de l'autorité publique.

Aussi le maire, soit par lui-même, soit par ses agents, pourra se transporter dans l'immeuble incriminé, et toute liberté d'accès devra lui être réservée.

59. — Comment les choses se passeront-elles à Paris ? L'article unique de la loi du 7 avril 1903 nous répond en ces termes : « Le préfet de police a, dans ses attributions, à Paris : 1° la surveillance, au point de vue sanitaire, des logements loués en garni ; 2° les précautions à prendre pour prévenir ou faire cesser les maladies transmissibles, etc. »

Donc, au point de vue sanitaire, pour tout ce qui concerne l'installation de l'hôtel ou du garni, l'hôtelier devra s'en référer aux ordonnances de police, dont la dernière est du 19 octobre 1908.

60. — Elle abroge, par son article 30, « toutes les dispositions des ordonnances antérieures qui seraient contraires aux dispositions de la présente, » et statue ainsi pour les garnis existants à Paris au **22 juin 1904**, et dans les communes du département de la Seine, lors de la publication de cette ordonnance :

« Art. 11. — Le nombre des locataires qui pourront être reçus dans chaque chambre sera proportionnel au volume d'air qu'elle contiendra : ce volume ne sera jamais inférieur à 14 mètres cubes par personne. »

Ce cube d'air minimum a été porté à 18 mètres cubes pour les garnis à établir dans les immeubles construits à Paris antérieurement au **22 juin 1904**, et à **20** mètres cubes par personne pour les garnis à établir dans les immeubles construits à Paris après la publication de l'ordonnance du **22 juin 1904**, et dans les communes du département de la Seine après la publication de la présente ordonnance (articles 25 et 27).

61. — **Imperméabilité. Propreté.** — L'article 12 de l'ordonnance du 19 octobre 1908 est ainsi conçu :

« Le sol des chambres dans les étages situés au-dessus du rez-de-chaussée sera imperméable ou imperméabilisé et disposé de façon à permettre de fréquents lavages.

« Le sol des locaux sis au rez-de-chaussée, au-dessus des caves ou des terre-pleins, devra toujours être imperméable.

« Les murs, les cloisons et les plafonds seront enduits en

plâtre ; ils seront maintenus en état de propreté et, de préférence, peints à l'huile ou badigeonnés à la chaux.

« Les peintures seront lessivées ou renouvelées au besoin tous les ans.

« On ne pourra garnir de papier que les chambres à un ou deux lits, et ce papier sera remplacé toutes les fois que cela sera jugé nécessaire. »

Les articles 13 et 14 prescrivent les mesures à prendre pour la ventilation des chambres et contre l'humidité des murs.

L'article 15 s'exprime ainsi :

« Il est interdit de louer en garni des chambres qui ne seraient pas éclairées directement ou qui ne prendraient pas air et jour sur un vestibule ou sur un corridor éclairé lui-même directement.

« Les pièces qui prendraient air et jour sur un vestibule ou sur un couloir éclairé directement devront être pourvues d'une cheminée ou de tout autre moyen d'aération permanente.

« Les chambrées et les chambres qui contiendraient plus de deux personnes devront toujours être éclairées directement. »

L'article 16 interdit de louer des caves et des sous-sols en garni.

61 *bis*. — Puis l'ordonnance se préoccupe des dangers d'incendie.

« ART. 17. — Les cheminées et conduits de fumée doivent être établis dans de bonnes conditions au point de vue du danger d'incendie. Les conduits auront des dimensions ou des dispositions telles, que la chaleur produite ne puisse être la cause d'une incommodité grave pour les habitants de la maison.

« Les conduits seront, en outre, entretenus en bon état et nettoyés ou ramonés fréquemment. »

Et l'article 18 stipule qu'aucune chambre à coucher ne pourra être traversée par un tuyau de fumée en métal.

Nous revenons aux mesures d'hygiène avec les articles suivants :

62. — Cabinets d'aisances. — L'article 19 exige un cabinet d'aisances pour vingt personnes.

« ART. 20. — Ces cabinets, peints au blanc de zinc et tenus dans un état constant de propreté, seront suffisamment aérés et éclairés directement.

« Un réservoir ou une conduite d'eau en assurera le nettoyage. A défaut de réservoir ou de conduite d'eau, une désinfection journalière sera opérée au moyen d'une solution, par exemple de sulfate de fer, à raison de 50 grammes par litre d'eau, dont quelques litres seront toujours laissés dans les cabinets.

« Les cabinets devront être munis d'appareils à fermeture automatique fonctionnant autrement que par le poids des matières. Si l'Administration le juge nécessaire, un siphon obturateur sera établi au-dessus de cette fermeture.

« Le sol sera imperméable et disposé en cuvette, inclinée de manière à ramener les liquides vers le tuyau de chute et au-dessus de l'appareil automatique.

« Les prescriptions, contenues dans les trois paragraphes précédents, ne sont pas applicables dans les immeubles où les matières de vidanges sont directement écoulées à l'égout.

« Les urinoirs, s'il en existe, doivent être construits en matériaux imperméables et imputrescibles, pourvus d'effets d'eau suffisants, ou entretenus et désinfectés par tout autre moyen équivalent, et munis, avant leur raccordement sur la conduite d'évacuation, d'une occlusion hermétique et permanente. »

L'article 21 indique dans quelles conditions de propreté devront être entretenus les corridors, paliers, escaliers, etc.

63. — **Eaux de lavage.** — Voici le texte de l'article 22 :

« Les orifices de décharges des eaux usées dans les cours, écuries ou remises, éviers, vidoirs, postes d'eau, lavabos ou toilettes, baignoires, etc., devront être pourvus chacun d'une occlusion hermétique et permanente avant le raccordement sur le tuyau de descente ou le conduit d'évacuation. »

64. — **Eau potable.** — Enfin l'article 23 traite ainsi cette importante question :

« Chaque maison louée en garni sera pourvue d'une quantité d'eau potable suffisante pour assurer la propreté et la salubrité de l'immeuble et pour subvenir aux besoins des locataires. »

Si nous avons tenu à rappeler, dans leur texte même, les prescriptions de l'ordonnance du 19 octobre 1908, c'est que ce manuel ne s'adresse pas uniquement aux grands hôtels, et que, comme nous l'avons déjà dit, la préfecture englobe, sous ce titre de *garnis*, les *majestic* les plus luxueux et les établissements les plus modestes.

D'ailleurs, tout ce qui touche à l'hygiène et à la salubrité est d'un intérêt général. Aussi l'article 31 veille énergiquement à ce que ces recommandations soient suivies d'effet.

« Un service spécial d'inspecteurs de la salubrité des garnis est chargé de s'assurer que les conditions exigées par la présente ordonnance sont remplies. Les logeurs sont tenus de recevoir ces inspecteurs aussi souvent qu'ils se présenteront. »

Or, dans le cas où l'hôtelier serait tenté de ne pas se soumettre à leurs prescriptions il n'oubliera point que l'ordonnance du 25 octobre 1883 reste toujours en vigueur sur ce chapitre, et que son article 25 donne à l'Administration le droit de retirer au récalcitrant le récépissé dont nous avons parlé au début de ce volume, récépissé sans lequel il lui est interdit de recevoir des voyageurs ou des locataires.

65. — Punaises. — Au surplus, l'hôtelier a un intérêt personnel et direct à la bonne tenue de son établissement. D'abord la clientèle saura bien vite le récompenser de ses soins à cet égard ; puis, en cas de vente de son fonds avec cession de bail, il se mettra ainsi à l'abri de réclamations dangereuses et coûteuses dont la jurisprudence a consacré le principe.

Voici, comme exemple, un arrêt rendu par la cour de Nancy, le 15 janvier 1898, et publié dans le journal *la Loi* du 3 février suivant :

« Le preneur d'un hôtel meublé, infesté par des cafards et par des punaises, est en droit de demander au bailleur des dommages-intérêts et l'exécution des travaux et mesures nécessaires pour arriver à la suppression de ce grave inconvénient, alors que ledit inconvénient existait avant son entrée en jouissance et qu'il n'a pu s'en rendre compte avant de prendre possession des lieux.

« Pour tenir lieu des dommages-intérêts incombant au bailleur, sous forme des travaux et indemnité, le loyer annuel peut être réduit notablement jusqu'à la fin du bail. Dans ce cas, le preneur devra, pour l'avenir, se débarrasser, à ses risques, périls et frais, des insectes dont il se plaint. »

66. — Mesures d'ordre intérieur. — Ne quittons pas notre ordonnance du 19 octobre 1908 sans signaler les mesures d'ordre intérieur qu'elle impose et qu'il n'est pas moins important de bien connaître et observer, puisque leur inexécution entraînerait les mêmes conséquences et les mêmes sanctions que celles dont nous avons parlé pour les mesures de salubrité. L'article 7 est ainsi conçu :

« Le logeur devra placer extérieurement, et conserver constamment sur la porte d'entrée de la maison, un tableau indiquant que tout ou partie de la maison est loué en garni ; les lettres de ce tableau ne devront pas avoir moins de 0^m,08 de hauteur ; elles seront noires sur fond jaune.

« Art. 8. — Le logeur doit numéroter les appartements ou chambres meublés. »

67. — Numéros des chambres. — L'ordonnance du 15 juin 1832 disait seulement dans son article 2 : « Les aubergistes, maîtres d'hôtels garnis et logeurs, *sont invités* à numéroter leurs appartements ou chambres meublés. »

Aujourd'hui, l'invitation est devenue une prescription formelle, qui s'explique tout naturellement avec le nombre croissant des voyageurs, l'agrandissement des hôtels et la multiplicité des logements contenus dans chaque établissement.

Sans cela, toute surveillance, tout contrôle, toute organisation seraient absolument impossibles, et cette mesure est commandée par l'intérêt général aussi bien que par l'intérêt personnel de l'hôtelier.

Nous conseillons donc de numéroter toutes les pièces, même celles qui sont ordinairement réunies pour former un appartement, comme deux chambres et un salon.

Supposons, en effet, une grande affluence de voyageurs : l'appartement se divise aussitôt ; les portes de communication se ferment ; le salon se transforme en chambre à coucher, et ces trois pièces sont occupées par trois clients différents.

Il importe donc qu'elles aient chacune un numéro distinct, une sonnerie particulière et comme une existence séparée, au point de vue du service, de la note et de la responsabilité.

La *responsabilité*, c'est le grand mot pour le propriétaire d'hôtel ; c'est le problème toujours menaçant, auquel nous consacrerons un chapitre spécial, mais que nous retrouvons à chaque instant, à tout propos, et qui semble étendre sur cet ouvrage entier ses redoutables questions.

Lisez seulement l'article 1953 du Code civil :

« Les aubergistes ou hôteliers sont responsables du vol ou du dommage des effets du voyageur, soit que le vol ait été fait ou que le dommage ait été causé par les domestiques et préposés de l'hôtellerie, ou par des étrangers allant et venant dans l'hôtellerie. »

Nous indiquerons plus tard les conséquences graves que peut avoir cet article, même avec les atténuations considérables apportées par les lois nouvelles ; mais, pour le moment, sa conclusion pratique est celle-ci : Fermez bien vos portes !

68. — Portes de communication. — Et d'abord les portes de communication entre les différentes pièces doivent être toujours soigneusement fermées. Le propriétaire de l'hôtel en gardera les clefs et ne les fera ouvrir que quand un même client retiendra, pour sa famille ou pour lui, soit un appartement, soit plusieurs chambres à la suite l'une de l'autre.

En dehors de ces conditions particulières, ces portes resteront fermées à double tour.

5 — Code de l'hôtelier.

69. — Portes à deux battants. — Si elles ont deux battants, il faudra prendre encore de plus grandes précautions.

Deux tours de clef, en effet, n'empêcheront pas de disjoindre la serrure par une simple poussée, si les verrous verticaux n'ont pas été mis dans le seuil et le linteau, ou si ces verrous peuvent être manœuvrés par le voleur.

Il faut donc : 1° les tenir fermés avec le plus grand soin ; 2° ôter au voleur toute possibilité d'agir sur eux.

Pour arriver à ce but, et selon le sens dans lequel se fait l'ouverture, dans le cas où les verrous verticaux sont apparents et permettent la manœuvre indiquée plus haut, nous conseillons d'en placer des deux côtés de la porte. Chaque voyageur assurera ainsi la clôture de sa chambre.

S'il s'agit, au contraire, de constructions nouvelles, il sera prudent d'employer le verrou à coquille, qui, caché entre les deux battants, ne sera atteint que quand l'un des d'eux sera déjà ouvert ; ou bien encore la barre unique, également verticale, fonctionnant au moyen d'un bouton pouvant être fixé par une clef ; ou, enfin, tout autre système donnant la solution du problème posé.

70. — Balcons. — Les balcons sont aussi pour les malfaiteurs un passage facile d'un appartement dans un autre, surtout l'été, quand le client, en sortant, a laissé sa fenêtre ouverte.

Le propriétaire d'hôtel agira donc sagement en faisant établir, entre les portions du balcon correspondant à chacune des pièces, des séparations que lui seul pourra enlever ou modifier, selon l'importance de la location, et qui garantiront d'une façon sérieuse sa responsabilité comme la sécurité de ses locataires.

Il est encore une autre considération : n'oublions jamais, en effet, que le voyageur est un hôte ; qu'il doit se trouver comme chez lui, à l'abri de tout danger, de tout dommage, aussi bien que de tout regard indiscret. C'est là, pour l'établissement qui se respecte, une question de convenance et de bonne tenue, dont sa réputation profitera justement.

Ainsi donc, que chaque fenêtre ait ses persiennes ou ses volets ; qu'il soit impossible de voir d'une chambre dans une autre, ou par une porte qui serait mal jointe, ou par une serrure qui ne serait pas aveuglée au moyen d'un système spécial ; que les cloisons soient suffisamment épaisses pour que le repos du client ne puisse être troublé ; en un mot, que l'hôtelier, sur tous ces points, ait pour les voyageurs et leurs familles les soins et les attentions qu'il serait en droit d'exiger pour lui-même ou pour ceux qui lui sont chers.

71. — Portes d'entrée des chambres. — Garanti contre ses voisins, le locataire doit l'être également contre les allants et venants que l'on voit trop souvent rôder dans les couloirs.

Ces *rats d'hôtel*, comme on les appelle aujourd'hui, opèrent surtout pendant le sommeil du voyageur qui a négligé de fermer sa porte à double tour, ou surtout au verrou.

Car, disons-le bien vite, c'est encore le verrou qui est le meilleur mode de clôture. Souvent le voyageur ne l'emploie pas. Aussi ne saurions-nous trop propager l'excellente idée de certains hôteliers qui ont fait mettre, aux portes des chambres louées à leurs clients, un verrou avec cette inscription : « Verrou de nuit. »

Cette précaution a un double avantage : 1° elle attire l'attention du voyageur sur la nécessité de s'enfermer chez lui, et diminue ainsi les risques de vol ; 2° elle atténue sérieusement la responsabilité de l'hôtelier ; car, en cas de soustraction, le voyageur est en faute de n'avoir point profité de l'avis qui lui était donné ; et cette négligence réduit d'autant le chiffre des dommages-intérêts qui pourraient lui être accordés.

Que si cette inscription spéciale répugne à certains établissements, il faut au moins qu'un verrou, bien apparent et solidement installé, soit à la facile disposition du client. Cela peut être fait sans que l'élégance de la chambre y perde rien.

Mais nous devons nous préoccuper aussi de la fermeture extérieure, pour laquelle la clef seule est employée.

72. — Clefs des chambres. — En conséquence, les portes d'entrée des chambres seront munies d'une serrure solide, ne fonctionnant qu'à l'aide de la clef particulière à chaque pièce.

Cette clef aura un numéro correspondant à celui de *la seule* porte qu'elle doit ouvrir.

Car il est de jurisprudence constante qu'en cas de vol, la responsabilité de l'hôtelier est beaucoup plus gravement engagée, si l'on établit que, chez lui, on pouvait pénétrer dans plusieurs chambres avec la même clef.

73. — Doubles clefs. — Pour le cas où le client aurait emporté ou égaré la sienne, le propriétaire de l'hôtel possédera des doubles clefs et des passe-partout. Mais cette réserve, placée en lieu sûr, sous sa surveillance personnelle, ou confiée à la garde d'un préposé spécial, ne devra jamais être employée que dans des circonstances exceptionnelles et avec la plus grande attention.

A ces conditions, le droit d'avoir des doubles clefs est indiscutable.

En effet, l'hôte est, chez l'hôtelier, dans sa maison, à sa table, abandonné à sa foi ; l'hôtelier ne répond pas moins des effets de l'hôte renfermés dans sa chambre que de ceux qui auraient été déposés par ce dernier entre ses propres mains ; la double clef ne peut donc avoir ainsi aucun inconvénient.

74. — Obligation pour le voyageur de remettre sa clef quand il sort. — Mais, toutes les fois qu'il sort de son logement, le voyageur doit remettre sa clef à l'hôtelier. S'il ne la remet pas, s'il la perd, s'il la donne à quelque étranger à la maison qui, du dehors, s'introduise dans sa chambre, si même il la laisse à sa porte et que, dans l'une ou l'autre de ces hypothèses, un vol soit commis, la responsabilité du propriétaire de l'établissement sera considérablement diminuée ou n'existera même plus, en sorte que le voyageur n'aura aucun recours, ou un recours presque nul, pour obtenir réparation du préjudice souffert.

Cette remise de clef est même obligatoire. Nous verrons, en effet, qu'à toute heure de jour et de nuit, une visite de police peut être faite. Il faut donc qu'en l'absence des voyageurs, l'hôtelier ait le moyen d'entrer dans leurs appartements, si l'autorité le requiert.

D'autre part, il n'a point le droit de retenir la clef du client et de l'empêcher de rentrer dans sa chambre, à moins que celui-ci n'ait tenté de partir sans payer, en emportant ses effets.

De ces principes admis par tous les auteurs, et notamment par Agnel, Massé et Carré, il résulte que la clef doit être, tout à la fois, à la garde de l'hôtelier et à la disposition du voyageur.

75. — Tableau des clefs. — Ce résultat, contradictoire en apparence, sera facilement obtenu. Il y aura, soit dans le bureau même de l'hôtel, soit dans une pièce surveillée par un employé spécial, un ou plusieurs tableaux munis de numéros et de crochets où chaque locataire déposera et reprendra la clef de sa chambre.

Nous avons vu parfois ces tableaux dans un vestibule ou dans un passage, en dehors du bureau et sans portier préposé à leur garde. C'est là une imprudence grave. Le premier venu peut alors prendre une clef et commettre un vol.

Souvent aussi, le matin ou le soir, quand les domestiques font les appartements, pendant le premier déjeuner ou pendant la table d'hôte, ils prennent toutes les clefs d'un ou plusieurs étages, et laissent pêle-mêle celles dont ils ne se servent pas actuellement, sur une table, une fenêtre ou une banquette. Cela est encore très mauvais, car cela permet à un malfaiteur d'exercer sa coupable industrie, en s'emparant d'une de ces clefs ainsi abandonnées.

Dans certains grands hôtels où chaque étage a son service particulier, le tableau des clefs se trouve à chaque palier. Il faut alors une surveillance constante du garçon d'étage, et ce mode de procéder ne nous paraît pas absolument prudent.

76. — Porte de l'hôtel. — Nos recommandations sur la sécurité des chambres s'appliquent naturellement aussi à la porte d'entrée de l'hôtel.

Le jour, elle est ouverte, et toute personne qui arrive doit être immédiatement aperçue soit du bureau, soit de la loge du concierge ou du portier, car cette dernière appellation a été reprise dans les établissements les plus importants.

La nuit, cette porte, soigneusement fermée, ne devra laisser passage qu'aux clients reconnus par le veilleur pour habiter l'hôtel ; et le service sera organisé de telle façon qu'un sérieux contrôle puisse être exercé.

Chaque propriétaire d'hôtel prendra, selon· l'importance de sa maison, les mesures qui lui paraîtront présenter, à cet égard, le plus de garanties.

77. — Mais il serait insuffisant de confier la sûreté de ses hôtes à un concierge endormi, ouvrant à tout appel, sans se préoccuper des personnes qui entrent ou qui sortent, sans s'inquiéter même de savoir si les unes ou les autres ont refermé les portes derrière elles

Or, que de vols se commettent ainsi ! L'un des malfaiteurs pénètre dans l'immeuble ; les autres restent dans la rue, prêts, par la porte entre-bâillée, à donner l'alarme ou à recevoir les objets dérobés. De véritables déménagements se sont opérés de la sorte, et, la retraite étant assurée, chacun s'en est allé le plus facilement du monde.

Aussi approuvons-nous fort le système de sonnerie électrique qui commence à jouer dès que la porte s'ouvre et ne cesse qu'après sa fermeture. Par ce moyen, l'attention du gardien est tenue en éveil, et la responsabilité de l'hôtelier se trouve diminuée d'autant.

Car il n'a fallu qu'un détail de cette nature pour que cette responsabilité fût retenue dans un arrêt de la cour de Riom, rendu le 30 juin 1908.

Un voyageur se plaignait d'un vol, exécuté dans des circonstances que les difficultés rendaient quelque peu étranges. D'autre part, l'hôtelier semblait avoir pris toutes les mesures possibles de prudence. Mais, dans la nuit même où le vol avait été commis, un individu s'était fait ouvrir la porte de l'hôtel, sans que son identité ait pu être établie. Ce seul point de l'instruction a déterminé la condamnation de l'hôtelier au remboursement d'une somme relativement importante.

Par conséquent, une fois de plus, fermez vos portes, et toutes vos portes, non seulement celles de l'hôtel, mais encore celles des annexes, dépôts, remises, garage d'automobiles.

78. — **Garage d'automobiles.** — L'hôtelier qui veut offrir cet avantage à sa clientèle doit donner tous ses soins à l'installation et à la surveillance de ce garage.

En effet, il ne faut jamais oublier qu'aux termes de l'article 1952 du Code civil : « les aubergistes ou hôteliers sont responsables, comme dépositaires, des effets apportés par le voyageur qui loge chez eux. »

Or, bien que, matériellement, ce soit l'automobile qui apporte le voyageur, juridiquement ce véhicule est compris dans les effets apportés par le client. Et comme l'article 1953 précise que les aubergistes ou hôteliers sont « responsables du vol ou du dommage des effets du voyageur, soit que le vol ait été fait ou que le dommage ait été causé par les domestiques et préposés de l'hôtelier, ou par des étrangers allant et venant dans l'hôtellerie », le lecteur entrevoit facilement les dangers qu'entraîneraient une installation défectueuse, un défaut d'espace ou d'éclairage, une fermeture trop rudimentaire ou une surveillance insuffisante.

79. — La responsabilité s'étend non seulement sur les voitures elles-mêmes, mais aussi sur tous les objets laissés dans ces voitures par les voyageurs ou leurs préposés.

C'est la loi, et aucune convention particulière ne saurait y déroger.

Donc, si dans une manœuvre quelconque, un chauffeur accroche et détériore une automobile voisine, le propriétaire de cette dernière, pour obtenir réparation du préjudice, s'adressera directement à l'hôtelier « responsable du dommage des effets du voyageur, lors même que ce dommage a été causé par des étrangers allant et venant dans l'hôtellerie ». Et les mêmes principes s'appliquent avec la même rigueur au cas de vol d'objets placés dans les coffres ou poches de la voiture au garage.

L'hôtelier aura son recours contre l'auteur du dommage ou du vol ; mais, le plus souvent, que vaudra ce recours ?

Le garage, source de bénéfices, peut devenir, on le voit, source de gros ennuis. Qu'il soit, en tout cas, bien disposé, bien éclairé, bien fermé, et surtout bien surveillé.

Car, à côté des précautions matérielles d'installation qui ont fait l'objet de ce chapitre, il y a les précautions d'installation morale, si l'on peut employer cette expression, c'est-à-dire les soins à apporter dans le choix d'un personnel irréprochable, sans lequel il n'y aurait aucune sécurité ni pour l'hôtelier ni pour ses hôtes.

CHAPITRE V

80. — Personnel. — Pour apprécier l'importance de la question et le soin qui doit présider au choix du personnel, il suffit de placer à côté de l'article 1953, déjà si rigoureux, les termes généraux de l'article 1384 du Code civil :

« ART. 1384. — On est responsable non seulement du dommage que l'on cause par son propre fait, mais encore de celui qui est causé par le fait des personnes dont on doit répondre.

« Les maîtres et les commettants sont responsables du dommage causé par leurs domestiques et préposés dans les fonctions auxquelles ils les ont employés. »

81. — Si bien, qu'un vol étant commis par un des garçons ou par une femme de chambre, ce n'est pas seulement la responsabilité professionnelle, c'est encore la responsabilité de droit commun qui viennent écraser le malheureux hôtelier.

Car nous lisons dans Dalloz (S. v° *Responsabilité*, n° 714) : que la loi restrictive de la responsabilité n'a rien changé aux principes consacrés par le Code civil, lorsqu'une faute a été commise par l'hôtelier lui-même ou *par les personnes dont il doit répondre*. Mais c'est au voyageur à prouver l'existence de cette faute, et si cette preuve n'est pas faite, c'est la loi du 18 avril 1889 qui doit être appliquée avec son maximum. (Bordeaux, 20 mai 1892, D. P. 93. 2. 382.)

Hâtons-nous, d'ailleurs, de proclamer ici la haute probité des employés d'hôtels. Certes, il peut y avoir de regrettables exceptions, mais nous les croyons rares ; car, depuis vingt-deux ans, nous avons eu bien des procès de vols, et jamais les coupables n'appartenaient au personnel.

La condition de ce personnel est régie par les conventions particulières entre employeurs et employés, et par des lois générales dont nous rappelons brièvement les principales dispositions.

82. — Loi sur les retraites ouvrières. (Dalloz, *Dictionnaire pratique de Droit*, v° *Retraites ouvrières*.) — Cette loi, promulguée le 5 avril 1910, s'exprime ainsi :

« ARTICLE PREMIER. — Les salariés des deux sexes de l'industrie, du commerce, des professions libérales et de l'agriculture, les serviteurs à gages, les salariés de l'État, qui ne sont pas placés sous le régime des pensions civiles ou des pensions militaires, et les salariés des départements et des communes bénéficieront, dans les conditions déterminées par la présente loi, d'une retraite de vieillesse.

« ART. 2. — La retraite de vieillesse est constituée par des versements obligatoires et facultatifs des assurés, par des contributions des employeurs et par des allocations viagères de l'État.

« Les versements obligatoires des salariés, comme les contributions des employeurs, sont établis sur les bases suivantes :

« Les versements annuels seront de neuf francs (9 fr.) pour les hommes, six francs (6 fr.) pour les femmes et quatre francs cinquante centimes (4 fr. 50) pour les mineurs au-dessous de dix-huit ans, soit par journée de travail : trois centimes

(3 cent.), deux centimes (2 cent.) et un centime cinq millimes (1 cent. 5).

« La retraite est constituée à capital aliéné; toutefois, si l'assuré le demande, les versements prélevés sur son salaire seront faits à capital réservé.

« La contribution de l'employeur reste exclusivement à sa charge, toute convention contraire étant nulle de plein droit.

« Un règlement d'administration publique déterminera la situation des salariés qui travaillent à façon, aux pièces, à la tâche ou à domicile.

« Art. 3. — Les versements des salariés sont prélevés sur le salaire par l'employeur lors de chaque paye.

« Chaque assuré reçoit gratuitement une carte personnelle d'identité, ainsi que des cartes annuelles destinées à l'apposition de timbres constatant les versements effectués obligatoirement pour son compte ou facultativement par lui-même.

« Le montant total du prélèvement et de la contribution patronale est représenté par un timbre mobile que l'employeur doit apposer sur la carte de l'assuré.

« Pour les salariés intermittents, les versements obligatoires seront effectués sur la base des versements mensuels, dans les conditions qui seront déterminées par un règlement d'administration publique sans pouvoir dépasser les limites fixées au paragraphe 3 de l'article 2 de la présente loi.

« Les sociétés de secours mutuels, les caisses d'épargne ordinaires et les autres caisses prévues à l'article 14 de la présente loi peuvent se charger de l'encaissement des versements obligatoires ou facultatifs de leurs adhérents, si ceux-ci en font la demande.

« Elles peuvent recevoir d'avance les versements obligatoires des assurés à condition de les inscrire sur leurs cartes avec une mention spéciale.

« Dans ce cas, les employeurs s'acquittent de leurs contributions par l'apposition d'un timbre mobile. »

. . . .

La loi entre ensuite dans de nombreux détails, intéressant plus particulièrement les employés; mais, comme cet ouvrage a surtout pour but de guider les hôteliers sur leurs droits et leurs devoirs, on ne s'étonnera pas

que nous nous préoccupions d'abord de ce qui concerne
les patrons.

Nous arrivons donc tout de suite à l'article 23 de cette
loi :

« Art. 23. — L'employeur ou l'assuré par la faute duquel
l'apposition des timbres, prescrite par la présente loi, n'aura
pas eu lieu, sera passible d'une amende égale aux versements
omis, prononcée par le juge de simple police, quel qu'en soit
le chiffre, sans préjudice de la condamnation, par le même
jugement, au payement de la somme représentant les versements à sa charge, et qui sera portée au compte individuel
de l'assuré.

« L'amende sera versée au fonds de réserve. L'employeur
qui a été dans l'impossibilité d'apposer le timbre prescrit
pourra se libérer de la somme à sa charge, en la versant à la
fin de chaque mois, directement ou par la poste, au greffier
de la justice de paix ou à l'organisme, reconnu par la loi,
auquel sera affilié l'assuré.

« Tous les trois mois, le greffier déposera les sommes par
lui touchées à la Caisse des dépôts et consignations. »

Cette double question du prélèvement sur les salaires
et de l'apposition des timbres avait amené de sérieuses
controverses, dues, en partie, à l'interprétation que certaines circulaires ministérielles entendaient faire de la
loi. Mais un arrêt rendu par la chambre civile de la Cour
de cassation, le 11 décembre 1911, a nettement posé
les principes. (D. P. 1912. 1. 83.)

83. — Nous ne pouvons mieux faire que de reproduire, ici, le remarquable commentaire de cet arrêt que
Me Georges de Ségogne, le très distingué avocat à la
Cour de cassation, a publié dans le *Bulletin du Syndicat
général de l'industrie hôtelière*, en février 1912 :

« En premier lieu, la Cour de cassation rappelle le
principe fondamental de la triple contribution prévue par

l'article premier. L'ouvrier, pas plus que le patron, ne saurait s'affranchir de l'obligation de contribuer à la constitution de sa retraite par des versements personnels. Tout système qui aboutirait directement ou indirectement à dispenser l'ouvrier de l'accomplissement de cette obligation et ferait retomber sur le patron la part incombant à l'ouvrier, serait contraire aux bases essentielles posées par l'article premier.

« En second lieu, l'arrêt se plaçant en face de l'article 3, décide que le prélèvement sur le salaire, lors de chaque paye, de la contribution ouvrière devant être constaté par l'apposition d'un timbre mixte sur la carte délivrée par l'Administration, suppose la présentation de la carte par l'employé, ou tout au moins le consentement de l'employé qui n'a pas encore de carte, prélèvement, en vue de l'apposition ultérieure des timbres, après la délivrance de la carte.

« Au contraire, le prélèvement ne devra ni ne pourra être effectué d'office par l'employeur, lorsque l'ouvrier, possesseur ou non d'une carte, refusera, lors de la paye, de la présenter ou de subir la retenue. Dans ce cas, le patron, qui ne peut pas se faire juge de la légitimité de la résistance de son employé, sera tenu de payer le salaire intégral et n'aura aucune retenue à exercer.

« La Cour de cassation appuie notamment son interprétation sur le texte de l'article 23 (amendement Guillier et Cordelet), qui lui a paru décisif. Dans le paragraphe premier, cet article, dit-elle, prévoyant la non-apposition du timbre par la faute de l'employeur ou de l'employé, punit cette faute d'une amende et de la condamnation du contrevenant, ouvrier ou patron, au payement de la somme représentant les versements à sa charge. Cette condamnation, quand elle frappe l'employé coupable, implique que le prélèvement n'a pas pu

avoir lieu par la faute de l'ouvrier qui n'a pas présenté
sa carte.

« Le paragraphe 2 du même article suppose également,
dans la même hypothèse, que le patron n'a pas
à exercer le prélèvement. Demeuré tenu de sa propre
contribution patronale, il a la faculté de se libérer de
cette contribution, qui constitue la somme à sa charge,
en la versant au greffe de la justice de paix. Ces mots
« somme à sa charge » ont le même sens que dans le
paragraphe premier, c'est la somme dont le patron est
débiteur pour sa part, et rien que cette somme.

« La Cour de cassation insiste sur le caractère facultatif
dudit versement dont le but est de faciliter à l'employeur
la libération de sa contribution personnelle.

« Comme conclusion, la chambre civile déclare que
cette faculté de libération particulière suppose que l'impossibilité
d'apposer le timbre prescrit, faute de présentation
de la carte, a affranchi l'employeur de l'obligation
de prélever sur le salaire les versements à la charge de
l'employé.

« Cet arrêt si net mettra fin aux controverses et aux
conflits que la doctrine émise par M. le ministre du travail
avait provoqués.

« Les principes qu'il pose trouveront leur application
en matière pénale aussi bien qu'en matière civile. Car
on ne saurait admettre que l'employeur puisse être poursuivi
comme coupable de la non-apposition des timbres,
seul délit prévu par la loi, lorsque la carte ne lui a pas
été présentée. Cette circonstance est, par elle-même, la
preuve de l'impossibilité d'apposer le timbre.

« On a prétendu que la Cour de cassation avait, par
son arrêt, rendu inapplicable la loi des retraites. C'est
là une erreur absolue. La Cour de cassation a, au contraire,
adopté la seule interprétation qui sauvegarde le

principe essentiel de la double et égale contribution du patron et de l'ouvrier, et qui maintienne à la loi le caractère d'une loi de prévoyance. Avec l'interprétation du ministre, toute la charge de la loi retombait, en fait, sur le patron; et la loi devenait une loi d'assistance.

« L'arrêt a simplement remis les choses en leur place, rétabli l'égalité entre le patron et l'ouvrier et rappelé au ministre du travail que, si l'employeur était tenu de respecter la loi, l'employé avait les mêmes devoirs et pouvait, comme le patron, y être contraint par une voie légale, à savoir : la poursuite devant les tribunaux de simple police. »

A propos de cette poursuite, le même *Bulletin du Syndicat général de l'industrie hôtelière,* dans son numéro de mars 1912, publie un intéressant jugement, rendu, le 30 janvier 1912, par la 11ᵉ chambre du tribunal de la Seine.

Un sieur L..., négociant en confections, occupe diverses ouvrières qui n'avaient pas pris le livret exigé par la loi. Il s'était entendu condamner à 26 francs 46 centimes d'amende, montant des retenues, disait le magistrat de simple police, que le patron aurait dû opérer sur les salaires de ses employées et comprendre dans sa déclaration de versement.

Le tribunal correctionnel, statuant en appel, a infirmé cette condamnation par une décision dont voici les principaux motifs :

« Attendu, dit le jugement, que, d'après l'article 23 de la loi, la peine ne peut être prononcée que si le défaut d'apposition du timbre résulte d'une faute de la personne poursuivie ;

« Attendu que si les timbres mixtes n'ont pas été apposés en vue de la retraite des ouvrières dénommées au procès-verbal, la faute est imputable non pas à L..., mais aux ouvrières elles-mêmes, qui ont négligé de se munir d'une carte, d'où il suit que L... n'est passible d'aucune peine ;

« Attendu que le fait de n'avoir pas versé au greffe de la justice de paix le prélèvement prévu par la loi sur le salaire des ouvriers ne peut être assimilé au défaut d'apposition des timbres, seule contravention prévue par l'article 23 ;

« Que, au surplus, ce même article, dans son deuxième alinéa, ne donne au patron (qui a été dans l'impossibilité d'apposer le timbre prescrit) la faculté de verser au greffe de la justice de paix que la somme mise à sa charge, c'est-à-dire sa propre contribution et non un prélèvement causant au salaire une réduction que le patron ne saurait, de sa propre autorité, imposer à son ouvrier... »

Ce jugement applique, une fois de plus, les principes adoptés par la chambre civile de la Cour de cassation dans l'arrêt que nous venons de citer; et le conseil des prud'hommes de Marseille avait déjà statué dans le même sens, le 25 juillet 1911. (D. P. 1911. 2. 266.)

84. — **Loi sur le repos hebdomadaire.** (Dalloz, *Dictionnaire pratique de Droit,* v° *Police du travail.*) — Le législateur n'a pas seulement voulu assurer l'avenir du travailleur; il a tenu à le protéger, dans le présent, contre tout labeur excessif, et c'est ainsi que, dès le 13 juillet 1906, a été promulguée la « loi établissant le repos hebdomadaire en faveur des employés et ouvriers ».

En voici les principaux articles :

« ARTICLE PREMIER. — Il est interdit d'occuper plus de six jours par semaine un même employé ou ouvrier dans un établissement industriel ou commercial ou dans ses dépendances, de quelque nature qu'il soit, public ou privé, laïque ou religieux, même s'il a un caractère d'enseignement professionnel ou de bienfaisance.

6 — Code de l'hôtelier.

« Le repos hebdomadaire devra avoir une durée minima de vingt-quatre heures consécutives.

« Art. 2. — Le repos hebdomadaire doit être donné le dimanche.

« Toutefois, lorsqu'il est établi que le repos simultané, le dimanche, de tout le personnel d'un établissement serait préjudiciable au public ou compromettrait le fonctionnement normal de cet établissement, le repos peut être donné, soit constamment, soit à certaines époques de l'année seulement, ou bien :

« a) Un autre jour que le dimanche à tout le personnel de l'établissement ;

« b) Du dimanche midi au lundi midi ;

« c) Le dimanche après-midi avec un repos compensateur d'une journée par roulement et par quinzaine ;

« d) Par roulement à tout ou partie du personnel.

« Des autorisations nécessaires devront être demandées et obtenues, conformément aux prescriptions des articles 8 et 9 de la présente loi.

« Art. 3. — Sont admis de droit à donner le repos hebdomadaire par roulement, les établissements appartenant aux catégories suivantes :

« 1° Fabrication de produits alimentaires destinés à la consommation immédiate ;

« 2° Hôtels, restaurants et débits de boissons. »

. . . .

La nomenclature continue, mais sans intérêt direct pour notre lecteur.

85. — Les articles 11 et suivants ont, pour lui, au contraire, une réelle importance. Donnons-en d'abord le texte :

« Art. 11. — Les inspecteurs et les inspectrices du travail sont chargés, concurremment avec tous officiers de police judiciaire, de constater les infractions à la présente loi.

. . . .

« Art. 12. — Les contraventions sont constatées dans des procès-verbaux qui font foi jusqu'à preuve contraire.

« Ces procès-verbaux sont dressés en double exemplaire, dont l'un est envoyé au préfet du département, et l'autre déposé au parquet.

« Art. 13. — Les chefs d'entreprises, directeurs ou gérants qui auront contrevenu aux prescriptions de la présente loi et des règlements d'administration publique relatifs à son exécution, seront poursuivis devant le tribunal de simple police et passibles d'une amende de cinq à quinze francs (5 à 15 fr.).

« L'amende sera appliquée autant de fois qu'il y aura de personnes occupées dans des conditions contraires à la présente loi, sans toutefois que le maximum puisse dépasser cinq cents francs (500 fr.).

« Art. 14. — Les chefs d'entreprises seront civilement responsables des condamnations prononcées contre leurs directeurs ou gérants.

« Art. 15. — En cas de récidive, le contrevenant sera poursuivi devant le tribunal correctionnel et puni d'une amende de seize à cent francs (16 à 100 fr.).

« Il y a récidive lorsque, dans les douze mois antérieurs au fait poursuivi, le contrevenant a déjà subi une condamnation pour une contravention identique.

« En cas de pluralité de contraventions entraînant ces peines de la récidive, l'amende sera appliquée autant de fois qu'il aura été relevé de nouvelles contraventions, sans toutefois que le maximum puisse dépasser trois mille francs (3 000 fr.). »

Enfin le décret du 24 août 1906 contient certaines prescriptions qui ne doivent pas être oubliées.

86. — Affiches et régistres. — Voici comment s'exprime le décret :

« Article premier. — Dans tous les établissements spécifiés à l'article premier de la loi du 13 juillet 1906, où le repos collectif n'est pas assuré le dimanche, des affiches indiquant les jours et heures du repos hebdomadaire donné aux employés et aux ouvriers, doivent être apposées par les soins des chefs d'entreprises, directeurs ou gérants.

« Dans ces mêmes établissements, lorsque le repos n'est

pas donné collectivement à tout le personnel, le chef d'entreprise, directeur ou gérant, doit inscrire sur un registre spécial les noms des employés et ouvriers soumis à un régime particulier de repos et indiquer ce régime. Pour chacune de ces personnes, le registre doit faire connaître le jour et éventuellement les demi-journées choisies pour son repos.

« ART. 2. — L'affiche doit être facilement accessible et lisible.

« Un duplicata en est envoyé avant sa mise en service à l'inspecteur du travail de la circonscription.

« Le registre est tenu constamment à jour. Il reste à la disposition de l'inspecteur et doit être communiqué aux employés et ouvriers qui en font la demande. Il est visé par l'inspecteur au cours de ses visites. »

Ces visites, l'hôtelier ne peut y mettre obstacle, sous peine d'une amende de 100 à 500 francs (art. 16 de la loi précitée).

Mais il a le droit imprescriptible de discuter, devant la justice, les procès-verbaux de l'inspecteur; d'exiger qu'ils contiennent les éléments imposés par la loi et la liberté de la défense; de s'opposer juridiquement à tout abus d'autorité.

87. — Procès-verbaux des inspecteurs du travail. — En effet, par une fâcheuse tendance, les inspecteurs du travail, et surtout les officiers de police judiciaire, en arrivaient à dresser des procès-verbaux d'ensemble, sans aucune précision, constatant que, dans tel établissement, le repos hebdomadaire n'était pas observé, et chiffrant, au jugé, le nombre des contraventions, d'après un examen superficiel ou même une simple conversation.

Une jurisprudence, aujourd'hui constante, a fait bonne justice de pareils procédés, en annulant radicalement les procès-verbaux aussi légèrement rédigés.

C'est l'hôtel Gassion qui donna l'exemple de la résistance légale ; et voici dans quels termes statuait le tribunal de simple police de Pau, le 22 juillet 1908 :

« Attendu que le procès-verbal, qui sert de base à la poursuite, *n'indique pas les noms* des six employés de l'hôtel Gassion à qui n'aurait pas été donné le repos hebdomadaire dans la journée du 6 juin 1908 ;

« Attendu que si le législateur impose au chef d'entreprise l'obligation de tenir un registre spécial, aux fins d'un contrôle nécessaire pour assurer l'exécution de la loi, il est, par contre, de toute justice que le chef d'entreprise puisse puiser, dans le fonctionnement même de ce contrôle, le moyen de contrôler à son tour si les noms des employés, auxquels il lui est fait grief de n'avoir pas donné le repos hebdomadaire, figurent sur le registre spécial et, à ces fins, de s'assurer qu'il y a identité de personnes entre lesdits employés et ceux dont le droit au repos à un jour déterminé résulte des indications dudit registre au regard du nom de chaque employé ;

« Attendu, dès lors, que l'*absence de désignation par leur nom* des six employés dont s'agit constitue une *lacune grave qui ne permet au prévenu ni d'exercer une utile défense, ni, le cas échéant, de faire la preuve contraire ;*

« Attendu que, pour permettre au juge d'appliquer les sanctions édictées par la loi, il faut, de toute nécessité, que les procès-verbaux rapportent la *constatation d'un acte de travail de l'employé, constatation matérielle, indispensable,* qui n'a pas été faite dans l'espèce, et à défaut de laquelle les six contraventions dont s'agit doivent être considérées comme non établies par le procès-verbal servant de base à la poursuite. » (*Bulletin du Syndicat de l'industrie hôtelière,* septembre 1908.)

Le tribunal correctionnel de Lille adoptait pleinement

cette doctrine, le 5 décembre 1908. (Affaire Brulé, hôtel de la Paix.)

A Paris, cependant, le danger grandissait. Bien que les instructions ministérielles désignassent spécialement, comme officiers de police judiciaire, les commissaires de police, maires et adjoints, juges de paix, officiers de gendarmerie, certaines contraventions étaient relevées par de simples employés de commissariat, sans constatation d'acte de travail, sans désignation nominale du travailleur, et le tribunal de simple police prononçait des amendes sur de tels documents.

Le syndicat prit en main la cause des hôteliers et, sur appel, fit infirmer ces condamnations, annuler les procès-verbaux et acquitter les prévenus. (Tribunal correctionnel de la Seine, 11e chambre, 15 mars 1910, 23 juillet 1910, 15 novembre 1910, 5 décembre 1911.)

88. — Sévérité de la loi. — La loi est assez sévère par elle-même, pour que son exécution ne soit pas abandonnée à la fantaisie ou au zèle excessif d'un agent subalterne et non assermenté.

En effet, la chambre criminelle de la Cour de cassation, par son arrêt du 2 février 1907, a posé ces principes rigoureux :

L'hôtelier, qui ne donne pas à ses employés le repos hebdomadaire de vingt-quatre heures consécutives, tel qu'il est prescrit par l'article premier de la loi du 13 juillet 1906, contrevient à cette loi, alors même que ces employés, eu égard au temps de repos qui leur est laissé chaque jour, jouiraient, en fait, de plus de vingt-quatre heures de repos par semaine. (Crim. 2 févr. 1907, D. P. 1907. 1. 307.)

Et, quelles que soient les difficultés qu'un chef d'entreprise puisse rencontrer pour se procurer un personnel

de remplacement, elles ne sauraient constituer l'excuse
de force majeure qui suppose l'impossibilité absolue de
se conformer à la loi. (Même arrêt.)

Nos législateurs ont reconnu la nécessité de certaines
modifications, et, dans la séance du 23 mars 1907, un
projet de revision a été voté par 277 voix contre 61.

Mais nous attendons toujours; et toujours le ministère
public nous répond : « Tant qu'une loi existe, elle doit
être observée! »

89. — **Employés étrangers.** — L'hôtelier, qui
emploie des étrangers, doit s'assurer qu'ils ont satisfait
à la loi relative au séjour des étrangers en France et à
la protection du travail national. (Dalloz, *Dictionnaire
pratique de Droit*, v° *Étranger*.)

En effet, cette loi, promulguée le 8 août 1893, contient, entre autres, deux articles particulièrement inté-
ressants :

« ARTICLE PREMIER. — Tout étranger non admis à domicile,
arrivant dans une commune pour y exercer une profession,
un commerce ou une industrie, devra faire à la mairie une
déclaration de résidence en justifiant de son identité dans les
huit jours de son arrivée. Il sera tenu, à cet effet, un registre
d'immatriculation des étrangers, suivant la forme déterminée
par un arrêté ministériel.

« Un extrait de ce registre sera délivré au déclarant dans
la forme des actes de l'état civil, moyennant les mêmes droits.

« En cas de changement de commune, l'étranger fera viser
son certificat d'immatriculation, dans les deux jours de son
arrivée, à la mairie de sa nouvelle résidence.

« ART. 2. — Toute personne qui emploiera sciemment un
étranger non muni du certificat d'immatriculation sera passible des peines de simple police. »

Donc, encore des contraventions! mais des contraventions d'une nature spéciale et que le mot *sciemment*
de cet article 2 nous permet de discuter, de faire même

écarter, comme il est advenu le 18 juin 1896, devant le tribunal de simple police de Douai, où le juge de paix a acquitté le prévenu par les motifs suivants (affaire Hiolin) :

« Attendu qu'aux termes de l'article 2 de la loi du 8 août 1893, toute personne qui emploiera sciemment un étranger non muni du certificat d'immatriculation sera passible des peines de simple police ;

« Attendu qu'en opposition avec le caractère général des contraventions qui reposent sur la constatation d'un fait matériel pour la constitution duquel la volonté n'est pas nécessaire, celle prévue dans ledit article 2 de la loi du 8 août 1893 implique par le mot « sciemment » une intention réfléchie et volontaire de la part de la personne qui peut être poursuivie en vertu des dispositions de ladite loi ;

« Attendu qu'il n'est pas allégué dans la citation que ç'a été sciemment que le prévenu ait employé une bonne étrangère non munie du certificat d'immatriculation ;

« Que, pourtant, la contravention prévue par l'article 2 de la loi du 8 août 1893 ne consiste pas dans l'emploi d'un étranger, mais dans cet emploi fait sciemment ;

« Qu'appliquer les dispositions de la loi sans tenir compte du mot « sciemment » serait méconnaître l'intention formelle exprimée par le législateur. »

Toutefois, pour éviter des ennuis et des frais inutiles, nous conseillerons à l'hôtelier de prendre de sérieux renseignements avant aucune poursuite.

90. — Congédiement d'un employé. — Mais les renseignements les plus sérieux, aussi bien sur la nationalité que sur les qualités professionnelles, n'empêchent point toujours les incidents multiples qui amèneront une rupture entre patron et employé.

Dans quelles conditions va-t-elle s'opérer ?

91. — Contrat écrit. — S'il existe des conditions écrites, ou un échange de lettres équivalent à un traité formel, il n'y a qu'à exécuter ce traité et à payer l'indemnité prévue au cas de résiliation.

Rien ne s'oppose, en effet, à ce que cette indemnité soit fixée par le contrat même qui lie l'employeur et l'employé. Ainsi l'a déclaré, à plusieurs reprises, le tribunal de commerce de la Seine, 3 juin 1893, 9 septembre 1892. (*Gazette des tribunaux* du 29 septembre 1892.)

92. — Détermination de durée. — Si, à défaut de stipulation précise, l'engagement a été convenu pour une durée déterminée, comme cela se fait, par exemple, dans les hôtels de saison, la rupture prématurée de cet engagement peut donner lieu à indemnité, en l'absence de motifs suffisants de renvoi. (Cour d'Amiens, 30 décembre 1911, affaire Bondi.)

93. — Motifs de renvoi immédiat. — Mais, d'une façon générale, et en tout état de cause, le renvoi est immédiat et sans indemnité en cas d'indiscipline formelle ou de refus de travail. (Cour de Lyon, 10 janvier 1894; *la Loi* du 8 mai 1894.)

La cour de Bourges a statué dans le même sens, le 7 décembre 1898 : « Si le droit du patron de renvoyer l'ouvrier, dont il est mécontent, n'est pas absolu en présence d'un accord qui règle les conditions et la durée du service, il en est autrement quand, par un acte abusif, l'ouvrier rend impossible l'exécution du contrat. — Il en est ainsi spécialement en cas d'injures graves proférées par l'ouvrier contre le patron. La subordination, nécessaire dans une usine, légitime alors le renvoi de l'ouvrier qui méconnaît l'autorité du patron. » (*Le Droit* du 1er mars 1899.)

Cette subordination est plus nécessaire encore dans un hôtel, où toute discussion compromet le service général et devient pour la clientèle un signe de désordre et une cause d'éloignement.

Aux motifs ci-dessus, Me Carré, dans son livre *Nos petits procès,* ajoute le vol, les violences et voies de fait.

Le tribunal de commerce d'Amiens y joint l'intempérance habituelle. (25 octobre 1898; *la Loi* du 8 janvier 1899.)

Enfin le même journal, à la même date, rappelle un arrêt de la cour de Paris du 2 novembre 1898, disant qu'une maladie contagieuse constitue une cause licite de résiliation du louage de services, sans dommages-intérêts.

94. — Certificat. — Quel que soit cependant le motif du départ, jamais on ne doit refuser le certificat constatant, sans commentaires, que l'employé est entré à la maison tel jour et qu'il en est sorti à telle date.

Après ce rapide examen des exceptions créées par le contrat, la détermination de durée ou les motifs de renvoi immédiat, revenons à la règle générale fixée par l'article 1780 du Code civil et la loi du 27 décembre 1890.

95. — Préavis ou délai de huit jours. — L'article premier de la loi des 27-28 décembre 1890 s'exprime ainsi : « L'article 1780 du Code civil est complété comme il suit : Le louage de services, fait sans détermination de durée, peut toujours cesser par la volonté d'une des parties contractantes. »

Tel est le principe ; et, dès le 20 juin 1900, la Cour de cassation mettait fin à différentes controverses en proclamant que, dans le contrat de louage de services sans détermination de durée, les parties peuvent convenir qu'aucun délai de préavis ne sera observé.

Même, à défaut de convention spéciale, l'usage peut autoriser les parties à rompre le contrat sans préavis ni délai. (Cour de Paris, **22** février 1906, D. P. 1907. **2. 39.**)

Or, depuis longtemps, il était d'usage constant et reconnu, sur la place de Marseille, et sanctionné par une jurisprudence également constante, que les gens au service des hôtels, restaurants, cafés et buvettes peuvent être congédiés sans préavis ni indemnité. (Trib. de commerce de Marseille, **23** novembre 1906, D. P. 1907. **5. 20.**)

96. — **Usage à Paris.** — Le 22 mars 1911, dans une délibération prise par son conseil d'administration, le Syndicat général de l'industrie hôtelière et des grands hôtels de Paris rappelait à ses adhérents que les usages de la profession n'accordent aucun délai-congé aux employés d'hôtels *quels qu'ils soient.* « Les patrons et les employés ont la faculté de se séparer librement et sans préavis, sans qu'il y ait à distinguer si les employés sont logés et nourris ou s'ils ne le sont pas. »

D'autre part, sur la feuille de présentation donnée par la « Vigilante », société syndicale mutuelle des employés d'hôtel, dont le siège social est à Paris, 20, passage Choiseul, nous lisons : « La société ne reconnaît pas de préavis, c'est-à-dire pas de huit jours ni pour les patrons, ni pour les employés. »

Avant la réorganisation du conseil des prud'hommes, ces questions étaient soumises aux juges de paix, et celui du XVIe arrondissement rendait, le 29 juillet 1904, une décision qui, de l'avis même de la Société de secours mutuels des garçons restaurateurs et limonadiers de

Paris, constatait qu'à Paris c'était un usage généralement admis pour les gens d'hôtels, restaurants et cafés, qu'à moins d'engagements contraires formellement exprimés, les gens de service employés dans les hôtels étaient censés engagés à la journée, quel que soit le mode de payement adopté par les patrons.

Cela, d'ailleurs, est conforme au principe de l'article 1780, que la 7ᵉ chambre du tribunal civil de la Seine, statuant sur l'appel des jugements rendus par le conseil des prud'hommes, a constamment appliqué dans de nombreuses espèces.

97. — Jurisprudence de la 7ᵉ chambre. — Elle a proclamé que, dans le commerce des hôteliers, d'après un usage certain et qui a force de loi, *aucun préavis* n'était dû de part ni d'autre,

même si les employés étaient logés et nourris (22 avril 1912, Regina *C.* Goux);

même s'il s'agit d'un garçon de cuisine (31 mai 1911, Riguelle *C.* Kerevel);

ou d'un cuisinier (16 juin 1911, Brossard *C.* Loiseau, *Bulletin du Syndicat,* août 1911);

ou même d'une gérante (27 mars 1912, Gompel *C.* Janvresse, *Bulletin du Syndicat,* mai 1912);

ou d'un secrétaire (30 janvier 1913).

Toujours, bien entendu, à la condition qu'il n'y ait ni contrat, ni engagement pour une durée déterminée.

Cette jurisprudence a pour base un arrêt de la chambre civile de la Cour de cassation du 22 déeembre 1909, publié dans le *Bulletin du Syndicat général de l'industrie hôtelière* en mars 1910, et dont nous extrayons le début :

« Vu l'article 1780 du Code civil ;

« Attendu qu'aux termes de cet article, le louage de

services, fait sans détermination de durée, peut toujours prendre fin par la volonté d'une des parties contractantes ;

« Qu'à *défaut de constatation d'usage contraire* dans le commerce auquel appartiennent les parties, la rupture, qui s'opère sans délai, n'expose celui qui en est l'auteur à des dommages-intérêts que si l'on prouve contre lui qu'il a commis une faute préjudiciable... »

Or nous savons que, dans l'industrie hôtelière, l'usage est loin d'être contraire, et « cet usage est fondé sur le tort très grave que des serviteurs congédiés avec préavis et malintentionnés pourraient porter à l'exploitation de leur patron ». (Jugement précité du tribunal de Marseille, D. P. 1907. 5. 20.)

Par ce temps de sabotage, on ne saurait prendre trop de précautions.

Enfin le conseil des prud'hommes semble s'être rangé définitivement à cette jurisprudence par un jugement récent du 18 novembre 1912 (*Bulletin du Syndicat général de l'industrie hôtelière*, février 1912).

98. — Services accessoires. — Dans la plupart des grands hôtels, en dehors du personnel véritable, chargé du service réel et intérieur de l'établissement, nous trouvons souvent une obsédante armée de guides, interprètes, cochers, coiffeurs, se présentant au voyageur comme attachés à la maison, alors que, légalement, ils n'en font point partie.

En effet, l'article 1384 ne s'applique point à eux. Pour le maître de l'établissement, ils ne sont pas des préposés. Ils ne reçoivent de lui aucun salaire ; ils n'ont avec lui aucun engagement ; ils vont d'un hôtel à un autre, selon la clientèle, la mode ou les saisons.

99. — **Responsabilités.** — Si donc, dans l'intérieur de la maison, ils commettent un vol ou causent un dommage aux effets du voyageur, celui-ci ne pourra pas invoquer l'article que nous venons de citer, mais bien l'article 1953, qui parle des étrangers allant et venant dans l'hôtellerie.

Si le délit a lieu hors de cette hôtellerie, son propriétaire n'en sera point juridiquement responsable, à moins, bien entendu, que moralement il ne s'en soit rendu complice en recommandant tel guide ou tel cocher, sans s'être préalablement assuré de sa probité et de son expérience.

Nous retomberions alors dans les dispositions générales de l'article 1383 :

« Chacun est responsable du dommage qu'il a causé non seulement par son fait, mais encore par sa négligence ou son imprudence. »

Certes, ce sera au voyageur à prouver cette imprudence ou cette négligence. Cependant le danger est grand pour l'hôtelier. Pourquoi, lui dira-t-on, en cas de préjudice quelconque, pourquoi laisser stationner dans votre vestibule ou circuler dans votre maison des individus dont vous n'êtes pas absolument sûr ? Pourquoi les recommander à vos clients, ou permettre à ces industriels de se recommander de vous-même auprès de vos hôtes ?

Aussi notre conseil est bien simple : éloigner impitoyablement toute personne qui n'offrira point de sérieuses garanties ; éviter toute indication qui pourrait engager la responsabilité.

Souvent, pour simplifier les choses, ces différents services, quasi extérieurs, sont incorporés à l'établissement et en font réellement partie. Dès lors, plus de doute possible, et les articles 1384 et 1953 retrouvent leur entière application.

Les exigences toujours grandissantes du confort moderne ont donné à ces services une extension et une importance susceptibles d'amener des procès tout spéciaux.

100. — Concurrence. — Les grands hôtels sont, le plus souvent, situés dans les plus beaux quartiers de la ville. Les commerçants recherchent donc la location des boutiques, composant le rez-de-chaussée de ces immeubles, pour y installer leur industrie de luxe. Mais seront-ils fondés à se plaindre qu'une concurrence leur soit faite, à l'intérieur de l'hôtel, par une des organisations accessoires dont nous venons de parler?

Par exemple, un coiffeur, locataire sur tel boulevard ou telle place, pourra-t-il empêcher un autre que lui d'être présenté aux voyageurs comme coiffeur de l'hôtel et installé dans l'établissement même, mais en dehors du public extérieur?

Un libraire, qui a loué une de ces boutiques, aura-t-il le droit d'interdire la vente de journaux, magasines, guides ou publications courantes, quand cette vente est faite aux seuls voyageurs dans une des pièces intérieures de l'hôtel?

Évidemment, ce sera surtout une question de fait. Cependant le tribunal civil de la Seine voit, dans les espèces qui lui sont soumises, non pas une concurrence déloyale, mais une amélioration des services intérieurs pour le plus grand avantage de la clientèle, dont l'hôtelier a le droit et le devoir d'assurer le bien-être dans la plus large mesure, comme dans les moindres détails.

Ces principes étaient encore affirmés par un jugement de la 2ᵉ chambre, le 11 décembre 1912. (Affaire Hirsch C. hôtel Régina.)

Nous avons insisté, dans ce chapitre, sur les responsabilités engagées par le personnel, comme nous avions, dans le chapitre précédent, signalé celles qui dérivaient de la matérialité même des choses.

Mais supposons toutes les précautions prises, l'hôtel installé selon les règlements, avec son personnel choisi, son organisation complète. Tout est prêt. Mettons l'enseigne !

CHAPITRE VI

ENSEIGNE. — ÉCLAIRAGE. — HEURES SUPPLÉMENTAIRES. — BALAYAGE. — PUBLICITÉ. — BOISSONS. — TABACS. — ALLUMETTES. — CARTES A JOUER. — PATENTE. — OMNIBUS DE L'HOTEL. — CHEVAUX.

101. — **Enseigne. Définition.** — L'enseigne est la désignation matérielle et extérieure d'un établissement industriel au moyen d'un tableau, d'une inscription, d'un signe quelconque, et qui a pour objet de distinguer cet établissement d'autres établissements du même genre. (Dalloz, *Dictionnaire pratique de Droit,* v° *Propriété industrielle et commerciale.*)

« Elle peut être composée soit du nom du commerçant, soit d'un emblème ou d'une devise, soit d'un nom de fantaisie, de ville ou autre. » (R., v° *Industrie,* n° 358.)

102. — **Nature de l'enseigne.** — « L'enseigne, ajoute M. Pouillet, fait partie du fonds de commerce et s'y rattache par des liens aussi étroits que ceux qui unissent le nom à la personne. »

103. — **Propriété de l'enseigne.** — Elle constitue une propriété industrielle exclusive pour celui qui l'a acquise avec le fonds, ou pour celui qui, le premier, l'a adoptée.

Mobilière par sa nature, elle ne dépend point légalement de l'immeuble sur lequel elle est placée ; et la cour de Paris, dans un arrêt du 13 août 1878, a déclaré qu'une enseigne, étant le nom ou l'emblème du fonds de commerce qu'elle sert à individualiser, est la propriété exclusive de celui qui a créé l'établissement ou de ses successeurs, et qu'en conséquence le propriétaire de l'immeuble où s'exploite ledit fonds ne saurait prétendre à la propriété de l'enseigne.

Déjà, les 6 décembre 1837 (Dalloz, R., v° *Industrie*, n° 362) et 21 décembre 1853 (D. P. 54. 1. 9), la Cour de cassation avait fixé le principe que « celui qui, en louant un hôtel, y substitue, du consentement du propriétaire, une enseigne à celle qui y existait déjà, a le droit, à l'expiration de son bail, d'enlever son enseigne et de la transporter ailleurs ».

Cependant, lorsque l'immeuble par lui-même est connu sous un nom déterminé, si le locataire y installe un hôtel auquel il donne pour enseigne le nom de cet immeuble, il ne pourra, à son départ, s'approprier cette dénomination.

En dehors de cette exception, l'enseigne n'est attachée ni à l'immeuble, ni au matériel, ni au tableau sur lequel elle est peinte ; elle appartient exclusivement à l'acquéreur du fonds ou à celui qui l'a inventée, comme nous l'avons dit tout à l'heure.

N'exagérons rien pourtant. La cour d'Orléans, dans son arrêt du 12 février 1891 (D. P. 91. 2. 371), a fort pratiquement limité ce droit de propriété : « L'enseigne d'un établissement industriel ou d'un fonds de commerce ne peut, à raison de sa nature, constituer une propriété absolue dont l'effet serait d'interdire à tous et partout de prendre le même emblème ou le même nom ; cette propriété a pour limite l'intérêt du négociant auquel elle appartient. » La Cour de cassation a confirmé cette doctrine, le 17 janvier 1894. (D. P. 94. 1. 128.)

De même, l'interdiction générale et absolue, quant au temps et quant au lieu, imposée à un employé de créer un établissement similaire à celui de la maison à laquelle il a été attaché, viole le principe de la liberté du commerce et de l'industrie ; mais la clause d'un contrat qui ne renferme qu'une interdiction temporaire et restreinte à un espace déterminé est valable et obligatoire. (Paris, 9ᵉ chambre, 15 février 1904 ; *Bulletin du Syndicat*, 1ᵉʳ novembre 1904.)

104. — Droits du propriétaire de l'enseigne. — Ainsi comprise, cette propriété industrielle est protégée par l'article 1382 du Code civil, qui permet de réclamer des dommages-intérêts pour le cas où l'enseigne serait usurpée, reproduite ou imitée dans un but de concurrence.

Le droit commun est seul applicable en la matière.

Les lois spéciales des 28 juillet 1824 et 23 juin 1857, concernant les altérations ou suppositions de nom sur les objets fabriqués, ainsi que les marques de fabrique, doivent être écartées du débat. (Req. 19 décembre 1895, D. P. 99. 1. 319.)

Mais cet article 1382 ne peut être invoqué qu'autant qu'un préjudice a été causé.

Or plusieurs conditions sont nécessaires pour constituer et justifier le préjudice.

105. — Conditions nécessaires pour réclamer des dommages-intérêts. — D'abord il faut que le plaignant se serve encore de l'enseigne ; qu'au moins il n'ait pas renoncé à tout droit de propriété sur elle ; autrement elle deviendrait, à son égard, *res derelicta,* serait dans le domaine public, et le premier intéressé aurait la faculté de s'en emparer.

Ensuite, pour qu'il y ait dommage dans l'usurpation ou l'imitation d'une enseigne, il faut, d'une part, que la ressemblance soit telle qu'il puisse y avoir erreur; d'autre part, que les deux établissements fassent le même commerce ou un commerce analogue, et qu'ils soient situés de telle sorte que la clientèle de l'un puisse être détournée par l'autre.

Un arrêt de la cour de Paris, rendu le 18 janvier 1844, a ainsi fixé la jurisprudence, qui a été, depuis, constamment suivie en tenant compte des circonstances de fait, pouvant ou ne pouvant pas amener confusion et détournement de clientèle. (Paris, 24 février 1892, D. P. 92. 2. 439.) Ajoutons encore deux arrêts plus récents de la même cour de Paris, 3 juillet 1903 et 22 juillet 1911, et enfin un arrêt de la Cour de cassation, 30 juin 1907. (D. P. 1912. 1. 238.)

106. — Enseignes portant des noms de famille. — Mais, dès que la confusion amène le préjudice, la loi protège le propriétaire de l'enseigne; et quand cette enseigne est le *nom* même de l'industriel, la protection est plus efficace encore que pour toute autre indication de fantaisie, car nul ne peut user du nom d'autrui sans son consentement.

L'hôtelier a le droit de se dire, sur son enseigne, *successeur* de son vendeur, *gendre* de celui dont il a épousé la fille. Il lui est aussi permis de prendre, quand le fait est exact, le titre d'*ancien associé* de telle ou telle maison; seulement il fera figurer cette énonciation d'une manière qui frappe moins la vue que l'indication du nom de son propre établissement; car il faut éviter toute confusion qui pourrait constituer une concurrence déloyale. Ainsi l'a décidé la cour de Lyon, le 21 mai 1850.

L'acquéreur d'un fonds de commerce a également le droit de conserver sur son enseigne le nom de son prédécesseur ; mais, nous dit un arrêt de la cour de Paris du 9 mars 1911, 2ᵉ chambre : « C'est à la condition que ce nom ne puisse causer aucune confusion entre la maison de commerce par lui acquise et une autre maison portant le même nom et exerçant la même industrie.

« Par suite, le commerçant qui, exerçant le même négoce, porte le même nom, est en droit d'exiger que l'acquéreur de l'autre fonds ajoute son propre nom, comme successeur, à l'enseigne antérieurement existante. » (*Gazette des tribunaux* du 27 juin 1891.)

Un jugement du tribunal civil de la Seine, rendu le 20 novembre 1897, par la 5ᵉ chambre, a affirmé plus encore les principes régissant cette matière :

« Le nom constituant une propriété inaltérable et imprescriptible, on doit admettre, en matière de cession de fonds de commerce, que le successeur ne peut, à moins de stipulation formelle, faire usage du nom de son prédécesseur.

« En conséquence, et alors même qu'en fait il en aurait fait usage pendant de longues années, les héritiers du cédant sont toujours en droit d'en demander la suppression dans les enseignes, papiers à lettres et factures. » (*Gazette des tribunaux* du 24 juin 1898.)

107. — Homonymes. — Supposons maintenant un hôtel ayant pour enseigne le nom de son propriétaire. Un autre hôtelier, ayant le même nom, vient plus tard s'établir dans les environs et prend ce même nom pour enseigne.

Des difficultés se produisent ; le premier arrivé

demande alors le changement de la seconde enseigne ; le nouveau venu répond qu'il ne veut rien modifier, que son nom lui appartient, et que nul ne peut porter atteinte à sa propriété.

Est-ce son droit ?

Voici la réponse de la Cour de cassation, chambre civile, dans son arrêt du 30 janvier 1878. (D. P. 78. 1. 231.)

La Cour :

« Attendu que tout individu qui exerce réellement et personnellement un commerce ou une industrie a le droit incontestable d'inscrire son nom patronymique sur ses enseignes, annonces et factures, et sur les produits de sa fabrication ;

« Que si les pouvoirs du juge doivent avoir toute l'étendue nécessaire pour assurer leur efficacité, ils ne sauraient aller jusqu'à priver un commerçant de la faculté de se servir du nom qui lui appartient dans les faits et actes de son commerce, par une interdiction absolue qui constituerait une atteinte portée à son droit de propriété. »

Bien entendu, tous autres faits de concurrence déloyale sont réservés et tombent sous le coup de la loi ; mais l'usage seul du nom échappe, d'après le dernier état de la jurisprudence, à toute action juridique.

Bien entendu aussi, il faut, comme le précise l'arrêt, que le nouveau venu exerce réellement et personnellement son industrie ; car la cour de Paris, le 28 juin 1895, a décidé qu'un commerçant a le droit de faire supprimer sur les enseignes, factures, lettres, etc., d'une maison concurrente, voisine de la sienne, le nom d'un homonyme, qui ne fait plus partie de ladite maison, ou même est décédé. (D. P. 96. 2. 303.)

108. — Enseignes portant des noms de villes.
— Les questions sont moins délicates et les solutions
moins rigoureuses, quand il s'agit de noms de pays ou
de villes. Ces noms sont, en général, tellement répandus
qu'ils ne constituent plus, en quelque sorte, une propriété personnelle ; et si les deux établissements sont
assez éloignés pour qu'une concurrence réelle ne soit pas
possible, la demande en dommages-intérêts sera déclarée
non recevable. (Paris, 20 septembre 1845.)

En résumé, c'est la loyauté commerciale qui doit être
respectée ; c'est la confusion, la ressemblance qui doivent
être évitées absolument.

109. — Ressemblances. — L'appréciation de la
ressemblance ou de la dissemblance des enseignes est
une question de fait, laissée entièrement à la décision
des juges et pour la solution de laquelle les circonstances de la nature diverse ou semblable des établissements voisins doivent exercer la plus grande influence.

Mais quand le tribunal a reconnu une confusion possible entre deux maisons concurrentes, les modifications
ordonnées doivent être assez complètes pour qu'aucun
dommage ne subsiste.

Par exemple, l'interdiction, prononcée contre le propriétaire d'un hôtel garni, d'employer tels ou tels mots
dans sa dénomination, l'oblige à faire disparaître ces
mots non seulement sur les enseignes et annonces, mais
encore sur tous les objets du service intérieur et extérieur de l'établissement, et sur tous ceux destinés à
l'usage des voyageurs. (Cassation, 20 décembre 1863,
D. P. 64. 1. 121 ; Paris, 24 février 1892, D. P. 92. 2.
439 ; Paris, 3 juillet 1903, *Bulletin du Syndicat*, août
1903, et la jurisprudence ci-dessus rappelée, n° 105.)

Les tribunaux, avec grande raison, selon nous, se

montrent d'ailleurs fort sévères pour tous les actes tendant à détourner la clientèle au moyen de confusion ou de ressemblance.

C'est ainsi que la cour de Lyon s'exprimait nettement à cet égard, le 31 décembre 1889 :

« Il y a, disait-elle, concurrence déloyale dans le fait d'un commerçant qui fait emploi, pour la peinture de la devanture de ses bureaux, d'une couleur spéciale, dont les propriétaires d'un établissement rival avaient pris l'initiative, et qui désignait leur maison d'une façon particulière à l'attention du public, alors qu'il est établi que cette similitude de couleur a causé une confusion préjudiciable à l'établissement dont il s'agit. — Il en est de même de la disposition d'une enseigne destinée à établir la confusion, au moyen d'une similitude de titres entre deux établissements rivaux. » (D. P. 90. 2. 320.)

110. — Droit d'apposer l'enseigne. — L'hôtelier a le droit absolu de placer l'enseigne, ainsi protégée par la loi, sur toute la façade, si la maison entière est utilisée par lui, ou sur la portion de la façade correspondant aux locaux qu'il occupe. Aucun empêchement ne saurait être apporté par le propriétaire de l'immeuble, car il doit livrer et entretenir les lieux loués en état de servir à l'usage pour lequel ils ont été loués. (Paris, 20 mars 1844.)

111. — Conséquences juridiques et administratives de l'apposition de l'enseigne. — L'apposition de l'enseigne donne à l'établissement son caractère officiel. Étudions-en les conséquences.

Certains jurisconsultes attribuent à ce fait matériel

une portée légale que nous ne pouvons admettre. Voici comment ils argumentent :

Un contrat se forme par l'offre d'une chose déterminée et l'acceptation de la chose offerte. Or l'enseigne constitue l'offre permanente à tout voyageur de le loger et nourrir. La seule arrivée du voyageur à l'hôtel constitue l'acceptation de cette offre. Par cela même, le contrat est formé.

Donc, tant qu'une loi ou un règlement de police ne le lui interdit pas, l'hôtelier est tenu de recevoir tout voyageur qui se présente.

Telle est cette théorie. Nous la combattrons dans le chapitre suivant ; mais, dès à présent, nous la déclarons inadmissible dans la législation spéciale aux propriétaires d'hôtels, et inconciliable avec la responsabilité qui pèse sur eux à tant de titres.

Pour être responsable, il faut d'abord être libre. Nous maintenons donc énergiquement que l'hôtelier est libre de refuser tout voyageur qui ne lui inspirerait pas confiance, et nous espérons bien faire triompher notre avis : Hôtelier est maître chez lui.

112. — Règlements de police sur les enseignes. — Mais ce qui est incontestable, c'est que, en commençant son existence légale, l'hôtel est soumis aux prescriptions de la police administrative, selon les ordonnances et arrêtés locaux.

Ces prescriptions peuvent s'appliquer à tout ce qui intéresse la sûreté et la facilité de la circulation dans les voies publiques.

En cet ordre d'idées, nous trouvons précisément les conditions imposées à l'enseigne comme dimensions, caractère, placement, etc.

Les maires ont le droit de soumettre à une autorisation préalable la pose des enseignes, écriteaux, inscriptions ou devises que les habitants ont l'intention de placer contre la façade de leurs maisons. Ils peuvent prescrire la forme, la taille et les mesures de solidité des enseignes. (Cass., 26 février 1842, 13 novembre 1847, 20 septembre 1839.)

A Paris, les tableaux, enseignes, étalages quelconques, ne doivent être attachés ni appliqués soit aux balcons, soit aux auvents ou marquises. Il pourra néanmoins être appliqué sur les garde-corps des balcons, sans pouvoir en dépasser la hauteur, des attributs et des lettres dont l'épaisseur n'excédera pas 10 centimètres.

Les enseignes ne devront point empiéter sur la voie publique de plus de 16 centimètres quand elles seront à $2^m,60$ au plus du trottoir; de $2^m,60$ à 3 mètres, elles pourront avancer de 30 centimètres, et de 50 centimètres quand elles seront placées à une hauteur supérieure à 3 mètres. (Décret du 22 juillet 1882.)

Les enseignes doivent être attachées par des crampons en fer scellés dans le mur; les figures en relief sont interdites, à moins qu'elles ne soient accolées à la muraille de manière à ne point gêner la vue et à ne pas être abattues par le vent. (Ordonnance du 24 décembre 1823.) Cette ordonnance, aujourd'hui rapportée, est remplacée par le décret dont nous venons de parler, et aux détails duquel il sera prudent de se référer.

Les cabaretiers, *aubergistes*, traiteurs, restaurateurs et tous débitants doivent indiquer par une enseigne leur qualité de débitant. (Loi du 28 avril 1816, art. 50.) Ces dispositions ont été maintenues depuis. Il importe, en effet, que le voyageur trouve facilement un abri.

C'est pour le même motif que des mesures ont été prises relativement à l'éclairage.

113. — Règlements de police sur l'éclairage à l'extérieur de l'hôtel. — En province, un usage presque général est que tout aubergiste ou hôtelier mette une lanterne à sa porte, le soir. Cependant ce n'est pas une loi, et il faut, pour y obliger, un arrêté municipal.

A défaut d'un arrêté qui lui impose l'obligation de l'éclairage, un aubergiste ne peut être poursuivi pour avoir négligé d'éclairer l'extérieur de son auberge. (Cass., 14 janvier 1853 et 30 janvier 1879, D. P. 79. 1. 391.)

Mais le règlement préfectoral intervenu sur cet objet est légal et obligatoire dans toute l'étendue de la circonscription du département, indépendamment de toute autre prescription locale. (Cass., 22 novembre 1872, D. P. 72. 1. 429.)

Et lorsqu'il y a été contrevenu, le prévenu ne peut pas être renvoyé des poursuites sous des prétextes d'une apparence plus ou moins équitable, par exemple qu'il faisait clair de lune, que le ciel était sans nuages (Cass., 16 septembre 1853) ou que sa lumière a été éteinte par le mauvais temps (Cass., 23 décembre 1841; Courcelle, *Manuel pratique des marchands de vins et hôteliers,* 1900), ou qu'une lanterne avait été placée sur une fenêtre de l'auberge. (Cass., 31 mai 1810, 13 juin 1811.)

Les articles 471 et 474 du Code pénal fixent ainsi les peines encourues : pour la première infraction, amende de 1 à 5 francs; en cas de récidive, emprisonnement pouvant atteindre de un à trois jours.

Cet éclairage, à la porte de l'hôtel, est aussi bien dans l'intérêt personnel de l'hôtelier que dans celui du voyageur attardé.

114. — A l'intérieur de l'hôtel. — Et, à ce propos, nous recommandons pour l'intérieur même de l'établissement une lumière (veilleuse, électricité, gaz ou bougie), en permanence pendant la nuit, auprès du bureau ou de la loge, ou bien encore dans le vestibule.

De cette façon, d'abord, une surveillance sérieuse pourra être exercée sur les allants et venants ; et, d'autre part, si un service de nuit n'est pas organisé, le client allumera son bougeoir sans avoir recours aux allumettes, toujours si dangereuses.

115. — Bougeoirs. — Ce bougeoir devra offrir toutes garanties au point de vue de la propreté ou de l'incendie. Il sera placé de telle sorte qu'il puisse être rapidement trouvé, ainsi que la clef de la chambre.

Si l'on songe aux dangers du feu et aux responsabilités qu'entraînerait un sinistre, on comprend aisément que l'on ne saurait prendre trop de précautions contre la somnolence d'un garçon ou l'effarement d'un voyageur, plus ou moins égaré dans cette maison qu'il ne connaît pas.

Dans la plupart des établissements, aujourd'hui, l'électricité atténue grandement ces dangers ; mais nous n'en recommandons pas moins une bonne organisation du service de nuit, pour l'arrivée ou la rentrée tardive du client.

Cette question de l'éclairage à l'entrée de l'hôtel a même une réelle influence sur la question des heures de fermeture.

116. — Heures de fermeture de l'hôtel. — A Paris, nous dit M. Courcelle dans l'ouvrage cité plus haut, la fermeture des portes des maisons est fixée à onze heures ; mais, dans les maisons garnies, dont l'entrée est suffisamment éclairée et où il existe un veilleur de nuit, la porte donnant sur la rue peut demeurer ouverte jusqu'à minuit.

« L'Administration peut même étendre cette permission jusqu'à une heure du matin pour les hôtels dont la situation ou le genre de clientèle justifierait cette prolongation.

« Pour les hôtels dont l'entrée ne serait pas suffisamment éclairée, et qui ne disposeraient pas d'un veilleur de nuit, l'heure de fermeture n'est pas modifiée. » (Circulaire du 5 septembre 1899.)

D'une façon générale, ce sont les arrêtés municipaux qui fixent l'heure de fermeture. Mais il faut éviter toute confusion et préciser nettement l'application de ces arrêtés.

En matière de contravention, on ne peut procéder par analogie d'un cas à un autre.

Ainsi les dispositions d'un arrêté municipal qui détermine les heures de fermeture des cafés, cabarets et autres débits de boissons, ne sont pas applicables aux maîtres d'hôtels. (Cass., 12 nov. 1885, D. P. 86. 1. 426.)

Ceux-ci doivent alors se borner à ce qui constitue l'exercice propre de leur profession, c'est-à-dire à la réception des voyageurs qui viennent prendre gîte dans leur maison. (Cass., 10 février 1882, D. P. 82. 1. 283.) Ils ne sauraient recevoir des personnes purement en cours de voyage et qui ne s'arrêteraient dans leur établissement que pour se désaltérer. C'est à eux qu'il appartient de s'assurer que les individus, en cours de route, qu'ils hébergent, ont l'intention de coucher chez eux. (Cass., 6 mars 1845, D. P. 45. 4. 45.)

A plus forte raison, l'hôtelier qui ouvrirait une pièce ou salle pour recevoir chez lui des consommateurs, des buveurs de la localité, pour donner, en un mot, à boire à tout venant, rentrerait, pour cette salle, dans la catégorie des débitants de boissons, et serait soumis aux arrêtés déterminant l'heure à laquelle les consommateurs doivent être retirés.

Mais prenons l'hôtel, ou l'auberge, en tant qu'auberge ou hôtel seulement.

Par un arrêté spécial, le maire peut fixer l'heure à laquelle les auberges de sa commune seront fermées au public.

Qu'est-ce que le public, en ces circonstances ?

Assurément ces prescriptions ne visent ni les voyageurs, ni les individus logés et nourris à l'hôtel en qualité de pensionnaires. Ceux-là peuvent arriver et rentrer à toute heure.

La défense s'applique à toute personne n'habitant point l'établissement, et même aux invités des voyageurs ou des pensionnaires. Ces derniers avaient prétendu qu'ayant leur résidence dans l'hôtel, les ordonnances de police ne pouvaient point les atteindre dans leur propre domicile. Mais il a été jugé que, « si la résidence d'un citoyen dans une auberge peut créer une exception en sa faveur, cette résidence ne saurait changer, par rapport aux invités, la nature de ce lieu et lui communiquer le caractère d'un lieu privé. » (Cass., 25 juillet 1856.)

Or la police a le devoir absolu d'assurer, par toutes les mesures nécessaires, la tranquillité publique et le repos des citoyens, tout comme elle doit veiller à la salubrité et au nettoiement des rues.

117. — Balayage. — Le balayage constitue, par excellence, une mesure de salubrité qui rentre dans les attributions exclusivement *municipales*. Un arrêté *préfectoral* relatif au balayage serait illégal et obligatoire, quand même il aurait été pris pour toutes les communes du département. (Cass., **28 juin 1861.**)

Les maires seuls peuvent donc fixer les conditions, jours et heures auxquels il sera procédé au nettoiement de la voie publique. Mais un règlement de police est indispensable pour imposer légalement cette charge aux habitants.

Et, parmi ces habitants, à qui incombera particulièrement cette obligation ? à l'hôtelier locataire, ou au propriétaire de l'immeuble ?

En l'absence de conventions spéciales, l'obligation incombe au propriétaire : aussi bien lorsqu'il habite la maison que lorsqu'il en est éloigné, aussi bien lorsque la maison est occupée par un ou plusieurs locataires que lorsqu'elle est inhabitée. La responsabilité pénale du propriétaire résulte des termes mêmes de la loi et des principes généraux du droit. (Cass., 7 novembre 1867; Brayer, *Dictionnaire de police*.)

A Paris, certaines difficultés s'étaient élevées sur ce point en présence de la loi du 26 mars 1873, qui a converti en une taxe municipale obligatoire, payable en numéraire, la charge du balayage imposée au riverain pour la façade de la maison. Mais, à moins de conventions contraires, c'est le propriétaire qui doit payer. (Tribunal de la Seine, 15 mai 1877.)

C'est également au *propriétaire* que le préfet de la Seine, par son arrêté du 24 novembre 1883 sur l'enlèvement des ordures, impose l'obligation d'avoir des récipients ou boîtes qui devront être placés soit devant la maison, soit intérieurement près de la porte d'entrée, en un point parfaitement visible et accessible.

« Le dépôt de ces récipients, dit l'arrêté, devra être effectué avant le passage du tombereau d'enlèvement des ordures ménagères, enlèvement qui doit commencer à six heures et demie du matin pour être terminé à huit heures et demie en été (c'est-à-dire du 1er avril au 30 septembre), et commencer à sept heures pour être terminé à neuf heures en hiver (c'est-à-dire du 1er octobre au 31 mars).

« Les récipients doivent être remisés à l'intérieur de l'immeuble un quart d'heure au plus après le passage du tombereau d'enlèvement.

« Le concierge, s'il en existe un dans l'immeuble, sera personnellement tenu d'assurer cette double manœuvre, sans préjudice de la responsabilité civile du *propriétaire*. »

Toutefois, au point de vue du balayage, deux arrêts de cassation, rendus les 18 août 1833 et 31 août 1845, ont considéré les principaux locataires comme représentant, sous ce rapport, les propriétaires.

La sanction des dispositions qui précèdent se trouve dans les articles 471-474 du Code pénal condamnant à une amende de 1 à 5 francs exclusivement, et, en cas de récidive, à un emprisonnement de trois jours au plus :

« Ceux qui auront négligé de nettoyer les rues ou passages, dans les communes où ce soin est laissé à la charge des habitants ;

« Ceux qui ne se seront pas conformés aux règlements ou arrêtés publiés par l'autorité municipale. »

118. — Cours d'auberges. — C'est précisément parce que la voirie comme la tranquillité publique rentrent dans ses attributions que l'autorité municipale peut, sans porter atteinte à la liberté de l'industrie, interdire de convertir en marchés publics les cours intérieures des auberges, et enjoindre aux propriétaires desdits établissements de ne laisser vendre ou acheter dans ces cours aucunes marchandises quelconques ni bestiaux. (Cass., 9 novembre 1872, D. P. 73. 1. 247.)

L'Administration, en effet, a le devoir de maintenir le bon ordre dans les marchés, foires, cafés et autres lieux publics. (Loi du 5 avril 1884, art. 97-3°.)

119. — Un hôtel est-il un lieu public? — Ici se place cette question : Cette dernière dénomination est-elle applicable aux hôtels?

Incontestablement oui, pour tout ce qui se rattache aux lois et règlements de police.

A ce point de vue, dit Masson, c'est un lieu public permanent. L'hôtel est ouvert, nuit et jour, aux voyageurs ; donc, nuit et jour, il doit être ouvert à la police. L'intérêt général exige qu'elle surveille de la façon la plus active les étrangers, les passants, les non-domiciliés ; il faut qu'elle puisse, à chaque instant, faire ses recherches, ses vérifications, et constater les contraventions qui existeraient.

120. — Distinctions entre les différentes pièces de l'hôtel. — En thèse plus ordinaire, et notamment en matière d'injures, de diffamations, cris séditieux, discours attentatoires à la sûreté de l'État, il y aura à distinguer les différentes pièces dans lesquelles les paroles ont été proférées.

Ainsi la chambre servant de logement à un voyageur est un lieu privé.

La chambre louée par un particulier pour y donner à dîner à plusieurs personnes n'est point un lieu public, lors même qu'elle serait attenante à un lieu public. (De Grattier, t. I, p. 119.)

Mais la salle à manger d'une auberge est un lieu public, par sa destination. (Cass., 26 novembre 1864.)

Nous en dirons autant des salons de lecture, fumoirs, halls, terrasses, cours, etc.

En effet, la Cour de cassation a jugé que toutes les appartenances d'une auberge habituellement destinées à recevoir le public sont, comme l'auberge même, un lieu public.

121. — **Affiches placées dans l'hôtel**. — Ces distinctions ont aussi leur importance dans la question des affiches placées à l'intérieur de l'hôtel.

Tous les règlements et droits imposés aux affiches dans un lieu public doivent être appliquées à celles qui se trouvent dans les vestibules, cours, salons, et, généralement, dans toutes les appartenances destinées à recevoir le public, ainsi qu'il a été dit plus haut.

Rappelons, à ce sujet, que, d'après la jurisprudence, les multiples inscriptions commerciales peintes sur les murs, en dehors du lieu d'habitation ou de fabrication, sont des affiches et non des enseignes. Les cadres renfermant de nombreuses photographies sont des enseignes quand ils sont placés à la porte ou dans le voisinage du photographe.

Ils pourraient être considérés comme des affiches quand ils sont dans un hôtel éloigné, et dès lors ils seraient soumis au timbre. (Brayer, *Dictionnaire de police*.)

Rappelons aussi la décision rendue, le 24 juillet 1891, par le tribunal de commerce de la Seine ; elle se résume en ces termes :

« La loi du 26 décembre 1890, qui a édicté un droit de un franc cinquante centimes par mètre sur toute affiche apposée dans un lieu public, à Paris, a entendu mettre ce droit à la charge, non pas de l'entrepreneur d'affichage, mais bien de celui auquel l'annonce doit profiter. » (*Gazette des tribunaux* des 17-18 août 1891.)

122. — **Contributions indirectes, régie.** — Nous abordons ainsi l'étude des lois de finances, timbre, régie, contributions indirectes, patentes, etc.

Voyons d'abord ce qui concerne le commerce des boissons, car c'est la question la plus importante à tous les points de vue.

123. — **Boissons.** — Par une circulaire du 23 janvier 1901, n° 981, l'Administration des contributions directes a transmis à son service la liste des professions qui doivent être considérées comme comportant la vente des boissons.

Ces professions sont les suivantes : Tableau A. 3ᵉ classe : Hôtel (maître d') ; — 4ᵉ classe : Hôtel garni (maître d') louant à la semaine, à la quinzaine ou au mois ; — 5ᵉ classe : Aubergiste ou cabaretier-logeur.

Cependant, bien qu'exerçant une profession devant être considérée comme comportant la vente des boissons, si cette vente est faite seulement aux personnes qu'il loge ou nourrit, l'hôtelier n'est assujetti à aucune autorisation administrative.

La loi du 17 juillet 1880 est, en effet, exclusivement relative à la profession du débitant de boissons. On doit donc décider que les spectacles-concerts, qui peuvent être annexés aux cafés et autres établissements de ce genre, restent soumis au régime de l'autorisation municipale. (Cass., 13 juillet 1893, D. P. 95. 1. 542.)

Tandis que, au contraire, l'ouverture des restaurants et hôtels, c'est-à-dire des établissements ayant pour objet principal la nourriture et le logement des personnes, est dispensée de toute formalité préalable. (Courcelle, ouvrage cité plus haut ; Cass., 21 juillet 1853, *Bulletin criminel*, n° 364 ; 19 mai 1854, *Bulletin criminel*, n° 165 ; 28 mars 1852, *Bulletin criminel*, n° 325.)

Mais, ainsi que nous l'avons fait remarquer pour les heures de fermeture, si à l'hôtel est joint un café ou un bar ouvert à tout venant, l'hôtelier sera, pour ces locaux, soumis à toutes les lois et règlements concernant les débits de boissons.

123 *bis*. — Bureaux de placement. — Rappelons à ce sujet qu'aux termes de l'article 81 de la loi du 28 décembre 1910 (Dalloz, *Petit Code du travail*), « aucun hôtelier, logeur, restaurateur ou débitant de boissons, ne peut joindre à son établissement la tenue d'un bureau de placement. »

124. — Tabacs. — « L'achat, la fabrication et la *vente des tabacs* continuent à avoir lieu par la Régie des Contributions indirectes, dans toute l'étendue du territoire français, exclusivement au profit de l'État. (Loi du 28 avril 1816, art. 172.)

Or cet article 172 doit être entendu, d'après la jurisprudence, en ce sens qu'il est interdit à toute personne, autre que les agents commissionnés de la Régie, de se livrer à un trafic de tabac. (Cour de Toulouse, 29 janvier 1892, *Gazette des tribunaux* du 25 mars 1892.)

La vente des tabacs de la Régie dans les hôtels, restaurants et cafés ne se fait qu'en vertu d'une tolérance, qui ne saurait créer un droit. De nombreuses décisions ont maintenu ces principes qui viennent d'être proclamés, récemment encore, par un jugement de la 8e chambre du tribunal de la Seine, le 5 juillet 1913. (Hôtel Lutetia *C.* Régie.)

Cette fois cependant, l'émotion dans l'industrie hôtelière et dans la presse a été telle, que le ministre des Finances a, le 11 juillet 1913, communiqué officieusement la note suivante :

« Divers journaux ont interprété inexactement un jugement rendu il y a quelques jours par le tribunal correctionnel de la Seine en matière de vente de tabac dans les hôtels, restaurants et cafés.

« L'Administration n'a jamais entendu et n'entend pas défendre aux tenanciers de ces divers établissements la vente des tabacs, cigares et cigarettes, à des prix supérieurs à ceux auxquels ils sont vendus par la Régie; mais elle tient à ce que les tabacs, cigares et cigarettes présentés aux consommateurs le soient sous leur dénomination véritable, et avec leurs marques propres, sans aucune altération. »

Et, jusqu'ici, il ne s'agit que des tabacs provenant des manufactures de l'État; quant à la vente de produits autres que ceux-là, elle entraînerait des conséquences beaucoup plus graves.

Ainsi il a été jugé que, dans ce dernier cas, cette vente constituait la contravention prévue et punie par l'article 222 de la loi du 23 avril 1816. (Cass., 16 juillet 1886, D. P. 87. 1. 143.)

Or que dit cet article?

« Art. 222. — Ceux qui sont trouvés vendant en fraude du tabac à leur domicile seront arrêtés et constitués prisonniers, et condamnés à une amende de 300 à 1 000 francs, indépendamment de la confiscation des tabacs saisis et de celle des ustensiles servant à la vente. »

Ces dispositions rigoureuses sont applicables au propriétaire de l'établissement dans lequel sont saisies les cigarettes de fraude, vendues ou mises en vente par ses garçons. Il est considéré personnellement comme le vendeur, et est pénalement responsable de la contravention, sans qu'il puisse exciper de l'ignorance où il aurait été de la fraude commise par ses employés. Il doit savoir ce qui se passe chez lui, interdire cette vente, et exercer une surveillance suffisante pour la rendre impossible. (Cour d'Amiens, 4 février 1887, *Sirey,* 89. 2. 60; Cass., 16 juillet 1886, D. P. 87. 1. 143.)

Il y a plus. Certains hôtels achetaient des tabacs à la Régie même, en fabriquaient des cigarettes dites « à la main » et les vendaient à leurs clients. Le tribunal correctionnel de la Seine, dans un jugement rendu par la 8ᵉ chambre, le 13 juin 1891, a totalement assimilé cette vente à celle des cigarettes de fraude, avec les conséquences pénales que nous venons d'énoncer. (*Gazette des tribunaux* du 27 juin 1891.)

Les mêmes principes avaient été proclamés par la cour de Lyon, le 4 juin de la même année, et par la cour de Paris, le 10 du même mois. (*Gazette des tribunaux* des 23 juillet et 3 août 1891.)

Voilà pour la fabrication et la vente. Quant à la provision, la loi du 28 avril 1816 reste immuable :

« ART. 217. — Nul ne peut avoir en provision des tabacs fabriqués autres que ceux des manufactures nationales, et cette provision ne peut excéder dix kilogrammes, à moins que les tabacs ne soient revêtus des marques et vignettes de la Régie.

« ART. 218. — Les contraventions à l'article précédent seront punies de la confiscation, et en outre d'une amende de 10 francs par kilogramme de tabacs saisis. Cette amende ne pourra excéder la somme de 3000 francs ni être au-dessous de 100 francs. »

125. — Allumettes. — La loi du 28 juillet 1875 s'exprime ainsi :

« ARTICLE PREMIER. — Les articles 217, 218 et 237 (droit d'inspection) de la loi du 28 avril 1816 sont applicables à la détention des allumettes chimiques. Toutefois, la quantité admise à titre de provision ne peut excéder un kilogramme, à moins que les allumettes chimiques ne soient revêtues des marques légales. Cette limite d'un kilogramme n'est pas applicable aux débitants de boissons, cafetiers, aubergistes, *hôteliers,* ni aux commerçants mettant gratuitement des allumettes chimiques à la disposition de leurs clients, à l'égard des produits tenus ostensiblement à la disposition du consommateur. »

Mais ceux qui sont trouvés détenteurs d'allumettes chimiques de provenance frauduleuse sont passibles des peines édictées par l'article 222 de la loi du 28 avril 1816, ci-dessus rappelé, et rendu applicable à la vente et au colportage des allumettes chimiques par l'article 3 de la loi du 28 janvier 1875 :

Soit de 300 à 3 000 francs d'amende, indépendamment de la confiscation des allumettes et des instruments, ustensiles et matières servant à la fabrication ; et, en cas de récidive, un emprisonnement de six jours à six mois.

126. — Cartes à jouer. — La législation sur les cartes à jouer impose encore plus de prudence.

La fabrication de ces cartes, leur introduction en France, leur vente ou colportage, sans autorisation de la Régie, entraînent la confiscation des objets de fraude, plus une amende de 1 000 à 3 000 francs (toujours 3 000 francs en cas de récidive), et enfin un emprisonnement d'un mois.

Or les mêmes peines sont appliquées à ceux qui tiennent des cafés, des *auberges*, s'ils permettent que l'on se serve chez eux de cartes prohibées, lors même qu'elles auraient été apportées par les joueurs.

En effet, les dispositions de la loi se résument ainsi :

« Il est interdit aux propriétaires ou gérants de cafés, auberges, et en général de tous établissements où le public est admis, de s'approvisionner, d'être détenteurs, de faire usage ou de laisser faire usage, dans leur établissement, de jeux autres que ceux revêtus des marques spéciales prescrites par la Régie.

« Les cafetiers, cabaretiers, aubergistes, ne peuvent faire leurs achats que chez les fabricants ou chez les débitants commissionnés par la Régie.

« En conformité des articles 12 et 13 de l'arrêté du 3 pluviôse an VI, les propriétaires ou gérants de cafés, et en général de tous les établissements où le public est admis, sont tenus d'avoir un registre coté et paraphé, sur lequel sont inscrits tous leurs achats de jeux de cartes, avec indication des noms et domiciles des vendeurs.

« Les employés des Contributions indirectes peuvent se présenter dans ces établissements à l'effet de s'assurer de l'exécution des dispositions qui précèdent. »

Donc, n'acheter les cartes que chez un marchand autorisé.

En tous cas, éviter soigneusement cette économie, fort mal entendue, qui fait acheter ce que l'on appelle des cartes de cercle.

D'abord, il est défendu à tout particulier de vendre aucun jeu de cartes neuves ou ayant servi. La recoupe des cartes et le colportage des cartes recoupées ou réassorties sont interdits.

Il y a donc là une première infraction à la loi.

Mais, en outre, ceux qui vendent des cartes comme provenant de cercles en glissent parfois qui proviennent absolument de contrefaçon : le valet de trèfle porte un timbre, plus ou moins habilement imité, des Contributions indirectes ; on se laisse tenter par la modicité du prix, et bientôt une formidable amende vient dissiper toute illusion.

127. — **Contributions directes.** — Dans un ordre d'idées moins spécial, les hôteliers, aubergistes ou logeurs, de même que les autres citoyens, sont, en qualité de propriétaires ou de locataires, tenus de la contribution mobilière et de celle des portes et fenêtres, et, en outre, de la contribution des patentes. (Agnel, p. 585.)

128. — **Patente.** — La loi qui régit la contribution des patentes est celle du 25 avril 1844. Cette loi a reçu successivement de nombreuses modifications dans les lois de finances des 18 mai 1850, 10 juin 1853, 4 juin 1858, 26 juillet 1860, 2 juillet 1862, 2 août de la même année, 27 juillet 1870 et 23 juillet 1872. Cette législation a été refondue par la loi du 15 juillet 1880. (Dalloz, *Dictionnaire pratique de Droit,* v° *Impôts directs.*)

Sa combinaison avec la loi du 29 décembre 1900 sur le régime des boissons a donné lieu à des difficultés dont l'étude dépasserait le cadre de cet ouvrage, qui doit se borner à poser les principes.

Or la patente comprend :

1° Le *droit fixe* établi eu égard à la population et d'après un tarif général pour les professions énumérées dans le tableau annexé à la loi ;

2° Le *droit proportionnel,* qui varie suivant la valeur locative des locaux occupés par le patenté. Cette valeur locative est établie (sauf les exceptions visées par la loi) tant sur la maison d'habitation que sur les locaux servant à l'exercice des professions imposables.

A ces deux bases de la patente s'ajoutent les centimes additionnels, qui peuvent varier tous les ans.

Dans cette législation particulière nous trouvons, par catégories distinctes, le loueur de chambres ou appartements meublés, l'aubergiste ou cabaretier-logeur, le maître d'hôtel garni louant à la semaine, à la quinzaine ou au mois, et enfin le maître d'hôtel, dont nous nous occupons plus spécialement en cet ouvrage.

Il figure au tableau A de la loi du 15 juillet 1880, 3° classe. Le droit fixe est de 140 francs.

Le droit proportionnel est :

1° Au 20° sur la maison d'habitation, ainsi que sur

les salles à manger et autres locaux destinés à l'usage commun des voyageurs ;

2º Au 40ᵉ sur les locaux destinés à l'usage particulier des voyageurs, ainsi que sur les écuries et remises.

Cette loi des patentes présente, pour l'hôtelier, certaines anomalies qui ont donné lieu à de nombreuses réclamations.

Ainsi, le propriétaire d'un immeuble ordinaire est dégrevé des vacances qui se produisent dans ses locaux ; si un accident ou un cas fortuit le prive de toucher ses revenus, il obtient une remise ou modération, et le principal locataire ordinaire pourra bénéficier de la même faveur.

Il n'en sera point de même pour l'hôtelier ; qu'il ait les deux tiers de sa maison en chômage, il devra payer intégralement. Il a loué pour faire le commerce, ces éventualités sont entrées en ligne de compte dans sa location.

Si la salubrité lui fait supprimer un certain nombre de chambres, bien que ce soit là un cas de force majeure, il aura grand'peine à obtenir un dégrèvement, car il paye d'après son bail, et, si le bail n'est pas modifié, la base de l'impôt reste la même.

Sur le taux du 20ᵉ, un arrêt du Conseil d'État, en date du 5 février 1886, nous donne d'utiles renseignements : « Pour le calcul de la patente à laquelle les maîtres d'hôtel sont assujettis, doivent être considérés comme destinés à l'usage commun des voyageurs, et par suite imposés au droit proportionnel d'après le taux du 20ᵉ, les salles de fêtes, les salles de cafés et les salles de bains, bien que le public y soit admis, alors que, dans les conditions où est exploité l'hôtel, les locaux ne peuvent être considérés comme constituant des établissements distincts. » (D. P. 1887. 5. 325.)

Et le commentateur ajoute : « Il résulte des termes

mêmes de l'arrêt que les locaux, de la nature de ceux qui sont énoncés ci-dessus, constituent des dépendances de l'hôtel, à raison des habitudes de bien-être et même de luxe de la clientèle spéciale de l'hôtel et de l'importance exceptionnelle de l'établissement. La solution serait différente, s'il s'agit d'un hôtel d'ordre secondaire, pour lequel l'ouverture de locaux publics ne pourrait être considérée comme une circonstance accessoire et prendrait le caractère de l'exploitation de professions distinctes. »

Depuis de longues années, nous attendons une répartition moins lourde des charges publiques.

129. — Dégrèvement. — En attendant, si un impôt n'était vraiment pas dû ou s'il était réclamé dans des conditions exagérées, la décharge ou réduction pourrait en être demandée selon les formes prescrites par l'article 6 de la loi budgétaire du 12 décembre 1902, ainsi conçu :

« Art. 6. — L'article 28, § 1er, de la loi du 21 avril 1832 est modifié ainsi qu'il suit :

« Tout contribuable qui se croira imposé à tort ou surtaxé adressera sa demande en décharge ou en réduction au préfet ou au sous-préfet dans les trois mois de la publication du rôle, sans préjudice des délais accordés par les lois pour des cas spéciaux.

« Cette demande mentionnera, à peine de non-recevabilité, la contribution à laquelle elle s'applique et, à défaut de la production de l'avertissement, le numéro de l'article du rôle sous lequel figure cette contribution ; elle contiendra, indépendamment de l'indication de son objet, l'exposé sommaire des moyens par lesquels son auteur prétend la justifier.

« Il sera formé une demande distincte pour chaque commune.

« Nul n'est admis à réclamer pour autrui s'il ne justifie d'un mandat régulier. Le mandat doit être, à peine de nullité, produit en même temps que la demande ; il doit, sous la même sanction, être écrit sur papier timbré et enregistré, à moins que la demande à laquelle il s'applique n'ait pour objet une cote inférieure à 30 francs.

« Lorsqu'une réclamation n'aura pas-été jugée dans les six mois qui suivront sa présentation, le contribuable aura la faculté, dans la limite du dégrèvement sollicité par lui, de différer le payement des termes qui viendront à échoir sur la contribution contestée, à la condition d'avoir préalablement, dans sa demande, manifesté cette intention et fixé le montant du dégrèvement auquel il prétend. »

Est abrogé l'article 12 de la loi du 6 décembre 1897.

130. — Omnibus de l'hôtel. — A propos de la patente, le Conseil d'État, par ses arrêts des 15 mai 1874 et 31 mai 1878, a jugé qu'un aubergiste qui exploite, dans son hôtel, une entreprise d'omnibus, ne peut être considéré comme ayant deux établissements distincts dans le sens de l'article 9 de la loi du 4 juin 1858 et de l'article premier de la loi du 29 mars 1872 ; en conséquence, il ne doit être imposé que pour celle de ces professions qui donne lieu au droit fixe le plus élevé.

Ces entreprises de voitures existent surtout en province. Leur but commun est d'assurer le service des voyageurs entre les hôtels et la gare, ou réciproquement ; les conditions varient suivant les localités.

Ici, nous trouvons l'omnibus du chemin de fer, pour la ville et les hôtels, selon l'expression en usage. C'est ordinairement une entreprise particulière ou dépendant plus ou moins des compagnies qu'elle dessert. Nous n'avons pas à nous en occuper pour l'instant.

Là, nous rencontrons l'omnibus du principal hôtel, qui, au besoin, conduira dans les autres, par un sentiment de bonne confraternité et de modique intérêt ; ou bien encore, tous les hôteliers du même lieu se sont entendus pour n'avoir qu'une voiture qui descend impartialement le client à l'endroit désigné par lui.

Enfin, voici l'hôtel de premier ordre, avec son omnibus à son nom, son cocher ou son chauffeur en livrée, son portier galonné, ayant ses clefs brodées au collet de sa tunique.

Dans tous les cas, l'hôtelier est entrepreneur de transport et doit suivre, à cet égard, les règlements de police imposés par l'autorité locale.

Nous citerons, à titre d'exemple, les principaux articles de l'ordonnance rendue, le 6 mai 1851, par le préfet de police, à Paris, et portant le titre de : « Ordonnance concernant le service des voitures faisant spécialement le transport en commun des voyageurs partant ou arrivant par le chemin de fer. »

131. — Règlements de police sur les omnibus transportant les voyageurs de l'hôtel à la gare on réciproquement.

« ARTICLE PREMIER. — Tous entrepreneurs qui voudraient faire le transport des voyageurs partant ou arrivant par les chemins de fer, seront tenus de déclarer à la préfecture de police :

« 1º Le nombre des voitures qu'ils voudront mettre en circulation ;

« 2º Le nombre de places que contiendra chaque voiture ;

« 3º Le siège de leur établissement et les emplacements et bureaux d'où partiront les voitures en se rendant aux gares de chemins de fer ;

« 4º Le tarif des places et des bagages.

« ART. 2. — La déclaration prescrite par le nº 1 de l'article précédent sera également faite pour toute voiture qui cessera d'être mise en circulation.

« Les déclarations exigées par le nº 3 seront renouvelées en cas de changement du siège de l'établissement ou des emplacements et bureaux de départ.

« Enfin, en cas de changement dans les tarifs, déclaration préalable sera faite des nouveaux prix.

« ART. 6. — Installation des voitures dans de bonnes conditions de propreté et de solidité.

« L'emploi des chevaux vicieux, atteints de maladie ou d'infirmités qui les rendraient impropres au service, est interdit.

« ART. 20. — Les entrepreneurs ne pourront employer que des cochers ou des conducteurs qui auront été autorisés par nous.

« Le jour même où un cocher entrera au service d'un entrepreneur, celui-ci retirera à la préfecture de police le permis de conduire de ce cocher.

« Quand le cocher quittera un établissement, l'entrepreneur rapportera ce permis dans les vingt-quatre heures de la sortie du cocher, lors même que celui-ci serait redevable.

« Quand l'autorisation de conduire aura été retirée à un cocher, le permis sera également rapporté par l'entrepreneur dans les vingt-quatre heures de l'avis qui lui sera donné de cette mesure.

« Les entrepreneurs, en prenant un cocher, devront inscrire sur son permis de conduire et sur son bulletin la date de son entrée en service.

« Lorsque le conducteur ou cocher quittera l'établissement, il sera fait mention sur son permis de la date de la sortie. »

132. — Places dans les gares.

« ART. 24. — Le stationnement des diverses espèces de voitures dans l'intérieur des gares de chemins de fer continuera à être réglementé par des ordonnances spéciales. »

A cet égard, l'ordonnance du 10 juillet 1900, sur la circulation dans Paris et les communes du ressort de la préfecture de police, s'exprime en des termes :

TITRE X. — POLICE DES COURS DE GARES ET STATIONS DE CHEMINS DE FER. — LIMITES DES STATIONNEMENTS.

« ART. 396. — Des inscriptions indiqueront les emplacements affectés à chaque catégorie de voitures, ainsi que les limites des stationnements. Ces inscriptions seront placées par les soins des compagnies de chemins de fer.

« ART. 397. — Dans les cours des gares et stations de voyageurs, les voitures ne pourront stationner que sur les emplacements qui leur seront spécialement affectés. »

Cette dernière question du stationnement dans les gares a donné et donne souvent lieu à des récriminations contre certaines désignations de places faites par l'autorité municipale à tel ou tel service de transport.

Mais la Cour de cassation, le 28 février 1872, a jugé que : « La liberté de l'industrie étant subordonnée à l'obligation de se conformer aux règlements de police, et l'administration municipale ayant mission d'assurer la commodité et la sûreté de la voie publique, on ne saurait voir une infraction au principe de la liberté dont s'agit dans la clause d'un traité qui donne à un concessionnaire le droit de stationner seul et sans concurrent dans les rues et sur les places de la ville. »

133. — Responsabilité du maître, en cas d'accident causé par le cocher ou chauffeur. — En dehors de ces circonstances particulières, rappelons au patron ou maître des cochers ou chauffeurs que, d'après les principes généraux de l'article 1384 du Code civil, il est pécuniairement responsable des accidents que ses préposés ont pu occasionner par maladresse, imprudence, inattention, négligence ou inobservation des règlements et surtout de l'ordonnance de police citée plus haut, du 10 juillet 1900.

Et cela nous amène naturellement à indiquer cette même responsabilité en cas d'accident causé par les chevaux soit aux tiers, soit aux domestiques, soit à d'autres chevaux.

134. — Responsabilité du propriétaire de chevaux ou animaux domestiques. — Rappelons également aux propriétaires de chevaux les termes de l'article 1385 :

« Le propriétaire d'un animal, ou celui qui s'en sert, pendant qu'il est à son usage, est responsable du dommage que l'animal a causé, soit que l'animal fût sous sa garde, soit qu'il fût égaré ou échappé. »

Il faut donc apporter le plus grand soin dans le choix des cochers et dans l'acquisition des chevaux.

Si un cheval est vicieux, s'en défaire immédiatement.

S'il est mordeur, lui mettre une muselière ; s'il rue, lui imposer une plate-longe.

Si, sans être vicieux, il est quelque peu dangereux, soit au pansage, soit à la forge, soit en service, prévenir de ces défauts les personnes qui auront à l'approcher.

135. — Vis-à-vis des tiers. — Car l'article 1385 est plus sévère encore que le précédent, au point de vue des dommages-intérêts que peut encourir le propriétaire. C'est lui qui, de plein droit, est présumé responsable, et c'est lui qui devra prouver le cas fortuit ou de force majeure, ou bien l'imprudence du blessé.

La frayeur et l'emportement du cheval, la faiblesse ou l'impéritie personnelle du cocher, ne sont jamais des motifs d'excuses, au contraire.

Le défaut d'entretien ou la mauvaise qualité du harnachement peuvent encore aggraver la situation.

Le propriétaire qui, connaissant la vivacité ou le caractère vicieux d'un cheval, en a imprudemment confié la conduite à un tiers, est responsable des blessures que cet animal a causées pendant qu'il était sous la direction de ce tiers. (Bordeaux, 28 janvier 1841.)

136. — A l'égard des domestiques. — Et si, dans les mêmes conditions, le maître n'a pas prévenu son préposé du danger particulier que présentait le cheval, il devra une indemnité pour les dommages causés à ce domestique. Le cocher, en effet, ou le garçon d'écurie, doit savoir prendre les précautions ordinaires auprès des chevaux ; mais il doit aussi être averti quand des précautions spéciales sont nécessaires. On agira donc sagement en donnant le même avis au maréchal ferrant.

Il ne suffit pas que l'attelage ne soit point vicieux et qu'il soit habilement conduit, il faut encore que le cocher, comme cela arrive trop souvent dans les gares, ne quitte pas sa voiture pour aller solliciter le client ou s'occuper de ses bagages.

Car il a été jugé que le maître d'un cheval qui, abandonné sur la voie publique par son conducteur, a occasionné un accident dont une personne a été victime, est responsable de cet accident, et peut être condamné à des dommages-intérêts envers la veuve et les enfants de la victime.

137. — A l'égard d'autres chevaux. — Autre exemple : Deux chevaux appartenant à deux hôteliers différents, et abandonnés à l'arrivée du train, se battent de telle sorte que l'un blesse ou tue l'autre. Si c'est l'animal agresseur qui a été tué ou blessé, son maître n'a droit à aucune indemnité. Si c'est l'autre, son maître a l'action en dommages. Dans le doute sur le point de savoir quel a été l'agresseur, la perte de l'animal est supportée par le propriétaire. (Dalloz, *Nouveau Code civil annoté,* art. 1385, n°ˢ 165 et s.)

Quant à la responsabilité relative aux accidents causés ou soufferts par les chevaux logés dans les écuries de l'hôtel, nous l'étudierons plus loin.

138. — Mais ces responsabilités spéciales sont dominées, ici encore, par la responsabilité générale de l'hôtelier qui peut être encourue, dès la cour de la gare, dans les conditions suivantes :

Un récent jugement du tribunal de commerce, absolument conforme à toutes les jurisprudences, rappelle ainsi les principes :

« Lorsqu'un omnibus porte en évidence l'enseigne d'un hôtel pour attirer les voyageurs, à la sortie d'une gare, les clients de cet hôtel sont fondés à penser que cet omnibus stationne pour le compte du propriétaire de l'hôtel et que toutes précautions ont été prises par ce dernier pour la surveillance de leurs bagages.

Par suite, la responsabilité du propriétaire de l'hôtel est engagée au cas où des bagages remis au cocher de l'omnibus par un voyageur ne peuvent être retrouvés.

« Mais il y a lieu, dans l'évaluation du chiffre des dommages-intérêts, de tenir compte de la négligence du voyageur qui a laissé charger, la nuit, sur la voiture une valise légère que le cocher devait supposer ne renfermer que du linge de corps et non des objets précieux, et qui n'a ni appelé l'attention du cocher sur la valeur du colis ni exercé par lui-même aucune surveillance tant avant le départ de la gare qu'au moment de l'arrêt devant l'hôtel ». (Trib. de commerce de Marseille, 5 mars 1912, *Gazette du Palais* du 13-16 avril 1912.)

Nous reviendrons sur cette question. Mais nous craignons vraiment d'avoir fatigué et un peu effrayé le lecteur par la multiplicité de nos recommandations préliminaires. Voici l'heure des grands trains : attention aux arrivées !

LIVRE II

ARRIVÉE DU VOYAGEUR

CHAPITRE PREMIER

SOLLICITATION DE CLIENTÈLE. — ARRIVÉE DU VOYAGEUR. —
INTERDICTION DE RECEVOIR CERTAINS CLIENTS. — « HOTÉLIER
MAITRE CHEZ LUI. » — LOGEMENTS RETENUS A L'AVANCE. —
ENTRÉE A L'HOTEL.

139. — Sollicitation de clientèle. — Au dernier
chapitre du livre précédent, nous avons indiqué que les
omnibus et voitures des hôtels devaient stationner aux
places assignées par l'autorité locale, et que les attelages
ne pouvaient être abandonnés par leurs conducteurs pour
aller solliciter la clientèle.

L'ordonnance du 10 juillet 1900 renchérit encore sur
ces précautions :

« ART. 398. — A l'exception des voyageurs et des personnes qui les servent, ou qui les accompagnent, les préposés
des compagnies et les agents des services de correspondances,

agréés par elles, peuvent seuls prendre et porter les bagages, des voitures à l'intérieur de la station et de l'intérieur aux voitures. »

Mais, à côté des facteurs et des cochers, le voyageur se heurte souvent, en descendant de wagon, à une cohue de garçons, commissionnaires, guides, interprètes, courtiers, etc., qui sont un véritable obstacle à la circulation et qui, loin de recommander utilement un hôtel, produisent souvent l'effet contraire par leurs cris assourdissants et leur maladroite insistance.

Aussi l'Administration, qui a pour mission, comme nous l'avons dit, d'assurer la tranquillité de la voie publique, a pris de nombreux arrêtés afin de réprimer ces abus :

« Toute sollicitation importune pour l'indication des hôtels, pour le transport des bagages, pour offres de service, est interdite dans la cour et, en général, dans toutes les dépendances de la gare. »

Tel est l'article 10 de l'ordonnance de police, rendue le 11 août 1875, pour la station d'Auteuil.

Pareilles défenses ont été formulées à Paris pour la gare d'Orléans, le 16 mai 1876; pour la gare de l'Ouest, rive droite, le 20 septembre de la même année ; pour la gare de l'Ouest, rive gauche, le 28 novembre 1876 ; le 30 du même mois pour la gare de Vincennes ; pour la gare du Nord, le 26 février 1877.

Or l'infraction à ces arrêtés peut compromettre non seulement l'agent direct, mais l'hôtelier lui-même, comme civilement responsable de son employé. Ce n'est pas, en effet, une simple contravention. C'est un délit contraventionnel, amenant en police correctionnelle son auteur et le patron de ce dernier. C'est l'application de l'article 21 de la loi du 15 juillet 1845 sur la police des chemins de fer, ainsi conçu :

« Toute contravention aux ordonnances royales portant règlement d'administration publique sur la police, la sûreté et l'exploitation du chemin de fer, et aux arrêtés pris par les préfets sous l'approbation du ministre des travaux publics, pour l'exécution desdites ordonnances, sera punie d'une amende de 16 francs à 3000 francs. En cas de récidive dans l'année, l'amende sera portée au double, et le tribunal pourra, selon les circonstances, prononcer, en outre, un emprisonnement de trois jours à un mois. »

Et telle est la théorie de la Cour de cassation, ainsi qu'il résulte d'un de ses arrêts, relaté dans le Recueil de Sirey 1867, 1re partie, page 48.

Aussi le tribunal de Narbonne, par jugement du 16 novembre 1891, a condamné à l'amende et aux dépens un garçon d'hôtel qui obsédait les voyageurs par ses offres de service, et a déclaré l'hôtelier civilement responsable des condamnations pécuniaires prononcées contre son préposé.

Nous trouvons encore une sanction plus élevée dans le sentiment de dignité professionnelle, dans la loyauté de la concurrence. Et puis, la clientèle ne se laisse point si longtemps tromper. Elle a bientôt fait justice du charlatanisme et reste fidèle aux établissements vraiment recommandables.

Ceux-ci, d'ailleurs, car il faut bien se défendre, viennent de se liguer contre un autre mode de sollicitation, connu sous le nom de *pistage*.

140. — Pistage et pisteurs. — Cet abus ne tombe, malheureusement, sous le coup d'aucune loi précise, d'aucune ordonnance de police. Le véritable pisteur, en effet, n'opère ni dans la gare, ni même dans la cour ou les dépendances directes de la gare. Il serait trop fatalement destiné à une arrestation immédiate. Non ; le véritable pisteur prend son billet à la station voisine, monte en wagon, lie conversation avec ses compagnons et leur recommande l'hôtel pour lequel il travaille. La recommandation peut être plus ou moins habile, plus ou moins discrète ; tant qu'elle ne se fait pas au détriment direct d'un autre hôtel, il n'y a rien à dire soit au point de vue pénal, soit au point de vue civil.

Si cependant le pisteur, en vantant sa maison, ajoute que telle autre est mal tenue, que la cuisine y est mauvaise et les prix exagérés, ou bien qu'il n'y reste pas une chambre disponible, alors de tels propos peuvent, selon leurs termes, donner lieu à une action en diffamation ou à un procès en concurrence déloyale contre le pisteur et contre son patron. Car ce dernier est absolument responsable de son employé, aux termes de l'article 1384 du Code civil.

Seulement, comment établir les faits ? Par témoins, c'est entendu ; mais les voyageurs consentiront-ils à se déranger pour déposer en justice ? et, s'ils y consentent, leurs dépositions seront-elles assez précises pour permettre de risquer le procès, en s'exposant, si on le perd, à une demande reconventionnelle de dommages-intérêts ?

Il y a là des dangers possibles et des difficultés certaines qui feront hésiter ou reculer bien des gens.

Aussi applaudissons-nous, sans réserves, au vœu émis par le Congrès de l'industrie hôtelière, tenu à Toulouse les 21 et 22 octobre 1904.

« Le Congrès :

« Considérant les abus, les inconvénients résultant du pistage,

« Émet le vœu de le voir disparaître au plus tôt et invite tous les hôteliers à s'engager à ne pas se servir à l'avenir des pisteurs. »

A la bonne heure ! Que les établissements sérieux s'unissent et forment, contre les pisteurs, la grève des honnêtes gens. Justice sera bientôt faite. Le client connaît toujours, au moins vaguement, les bons hôtels du pays où il va. Quand il n'entendra vanter que les autres, il saura tout de suite à quoi s'en tenir.

D'ailleurs, en France comme à l'étranger, les compagnies de chemins de fer prennent soin de mettre les voyageurs en garde contre les pick-pockets, au moyen d'avis placés dans les salles d'attente.

Eh bien ! le Syndicat général de l'industrie hôtelière, allié au Touring-Club, ne pourrait-il obtenir de ces compagnies une petite affiche placée dans les wagons et invitant les excursionnistes à se méfier de pareilles sollicitations ?

Voilà quels seraient, d'après nous, les meilleurs moyens de dépister les pisteurs. Ces moyens ont d'ailleurs été déjà employés, et la généralisation de ces mesures de défense ne peut que déraciner cet abus.

Supposons maintenant qu'aucune contravention, que nulle indélicatesse n'ont été commises, et voici le coup de fouet annonçant que l'omnibus ne revient pas à vide, ou le coup de cloche avertissant qu'une voiture est à la porte.

C'est un moment qui a son importance légale, et, autant que possible, le propriétaire de l'hôtel devra toujours être là pour l'arrivée des voyageurs.

De cet instant commence la responsabilité la plus grave :

Responsabilité des bagages ou effets, vis-à-vis du client ;

Responsabilité de la personne même du client, vis-à-vis de la police et de la loi.

Pour plus de clarté, nous consacrerons un chapitre spécial aux effets apportés dans la maison.

Occupons-nous d'abord des personnes.

141. — Voyageur. — Qu'est-ce qu'un voyageur, au sens juridique du mot? Dans quelles conditions la responsabilité, prévue par les articles 1952 et 1953, pourra-t-elle être invoquée contre l'hôtelier?

Dans les plus larges conditions, répondront les tribunaux, qui ont une tendance fâcheuse à aggraver cette responsabilité, déjà si lourde cependant.

Ouvrez la *Gazette du Palais* du 12 novembre 1903, vous y trouverez un jugement rendu par le tribunal de Lisieux, le 29 juillet 1903, et qui se résume en ces mots :

« La qualité de voyageur peut être revendiquée par toute personne étrangère à la commune qui, pour le besoin de ses affaires, vient dans une auberge ou hôtel, y reste même sans y loger ou séjourner et y fait des dépenses nécessitées par l'éloignement de son domicile et par ses propres besoins, notamment par la personne qui descend dans une auberge ou hôtel, y prend ses repas, loge son cheval dans l'écurie et lui fait donner la nourriture.

« Celle-ci peut donc invoquer le bénéfice de l'article 1952 C. civ. et de l'article 2 de la loi du 25 mai 1838. »

« Même sans y loger ou séjourner, » dit ce jugement.

Mais un autre cas, qui serait presque l'excès contraire, s'est présenté récemment : Une personne loue, dans une maison meublée, une chambre pour un très long séjour.

Est-ce un voyageur ?

Non, a décidé M. le juge de paix du 5ᵉ arrondissement de Paris, le 16 janvier 1903 :

« Il est de règle certaine, tant en doctrine qu'en jurisprudence, que la responsabilité édictée par les articles 1952 et suivants du Code civil contre les hôteliers ou aubergistes s'applique également aux personnes qui tiennent des maisons meublées ou des logements garnis.

« Mais cette responsabilité n'est encourue par elles que dans l'intérêt des voyageurs ou locataires qu'elles reçoivent à titre temporaire et passager, et non dans l'intérêt de ceux qui louent des chambres ou logements pour une habitation prolongée.

« En conséquence, vis-à-vis du locataire qui ne peut être assimilé à un voyageur, le logeur en garni n'est pas responsable du vol commis chez lui dans les termes des dispositions susvisées. » (*La Loi* du 17 janvier 1903. Dans le même sens : Trib. de Lyon, 24 mai 1899, D. P. 99. 2. 443.)

Une solution absolument inverse a été donnée par la 7ᵉ chambre du tribunal civil de la Seine, le 22 mars 1904, dans une autre affaire, mais dans une espèce identique. C'était encore un client, habitant la même chambre d'hôtel depuis plusieurs années. Il avait été volé et invoquait l'article 1952 du Code civil. Vous êtes un locataire, disait l'hôtelier. C'est un voyageur, a répondu le tribunal. C'est un voyageur, car la clef de sa chambre étant au même tableau que les autres clefs, la surveillance comme la responsabilité ne devraient être différentes pour lui et pour le reste de la clientèle.

Ainsi donc, toute personne reçue dans un hôtel, pendant deux heures ou pendant deux ans, pouvait être considérée comme voyageur, suivant les circonstances et les juridictions.

Heureusement, la Cour de cassation, dans un arrêt rendu par la chambre civile, le 25 juin 1913, a fixé la question en proclamant que les articles 1952 et 1953 du Code civil ne s'appliquent qu'aux personnes qui, venues à titre temporaire et passager, n'ont ni le temps ni les moyens de vérifier les garanties offertes par la maison.

Pour celles, au contraire, qui, par leur long séjour, doivent être considérées comme des locataires, le droit commun reprend sa force, et ce sont les articles 1147, 1148 et 1382 du Code civil qui peuvent seuls être invoqués. (*Gazette des tribunaux* du 4 juillet 1913.)

142. — Interdiction de recevoir certains voyageurs. — L'article 10 de l'ordonnance concernant les logements loués en garni, rendue le 25 octobre 1883, et rigoureusement maintenue sur ce point par l'ordonnance du 19 octobre 1908, est ainsi conçu :

« Il est défendu aux logeurs de donner retraite aux vagabonds, mendiants et gens sans aveu. Il leur est aussi défendu de recevoir habituellement des filles de débauche. »

143. — Vagabonds. — A notre époque, le vagabond n'a point nécessairement un aspect et une tenue qui, seuls, provoqueraient un refus de le recevoir. Il est souvent fort bien mis. Le pick-pocket anglais en est un exemple.

Aussi, lorsque ce dernier est amené devant le tribunal correctionnel, il a presque toujours à répondre des deux délits : vagabondage et vol.

Pour le Code pénal, en effet, « les vagabonds ou gens sans aveu sont ceux qui n'ont ni domicile certain, ni moyens d'existence, et qui n'exercent habituellement ni métier ni profession. » (Art. 270.)

Pour l'hôtelier, qui ne peut contrôler utilement les ressources de son client et ses occupations, le vagabond est l'homme qui n'a ni papiers, ni domicile connu.

L'entrée de la maison lui est interdite, et il en sera de même si les papiers constatant l'identité paraissent suspects ou insuffisants.

Les règlements l'exigent, l'intérêt même le commande ; car tous les vols, filouteries ou dommages qui portent une si sérieuse atteinte à la fortune de l'hôtelier sont dus à ces vagabonds, aventuriers et gens sans aveu.

144. — Gens sans aveu. — Ajoutons que la loi du 27 mai 1885 (art. 4) assimile aux gens sans aveu, alors même qu'ils auraient un domicile certain, tous les individus qui ne vivent qu'en pratiquant ou facilitant, sur la voie publique, les jeux illicites ou la prostitution d'autrui.

Et la loi du 3 avril 1903 a maintenu cette assimilation en frappant les souteneurs par des pénalités sévères.

145. — Mendiants. — Quant aux mendiants, il faut faire une distinction. Certes, il est défendu de soustraire les gens dangereux à la surveillance de la police, en leur donnant *retraite,* selon l'expression du règlement ; mais l'homme vraiment malheureux pourra toujours trouver un asile momentané ou un secours, sans que son bienfaiteur s'expose à une contravention.

146. — Filles. — L'ordonnance du 6 novembre 1778 (art. 5) enjoint, sous peine de 200 livres d'amende, à toutes personnes tenant hôtels, maisons et chambres meublés, au mois ou à la quinzaine, à la huitaine, à la journée, etc., de ne recevoir dans leurs hôtels, maisons et chambres, aucunes femmes ni filles de débauche se livrant à la prostitution, et de ne souffrir, dans les chambres, des hommes et des femmes prétendus mariés que sur là justification de leur mariage.

La cour de Paris, dans deux arrêts rendus les 18 février et 3 avril 1846, a déclaré que cette ordonnance était encore obligatoire ; elle est rappelée, d'ailleurs, en tête de celle publiée à la date du 25 octobre 1883.

De plus, des instructions spéciales ont été données par M. le préfet de police, le 15 octobre 1878, aux inspecteurs du service des mœurs, pour le cas où un hôtel garni leur serait signalé comme lieu clandestin de prostitution. Des perquisitions pourraient alors être faites à toute heure de jour et de nuit.

147. — Droits et devoirs réciproques de l'hôtelier et du voyageur. — Enfin, comme le fait observer Masson, les voyageurs ont droit, dans l'hôtellerie, à une hospitalité honorable sous tous les rapports ; le maître doit donc à ses clients honnêtes de leur éviter tout scandale et tout désordre.

De son côté, le client doit respecter les usages de la maison, le repos et les convenances de ses habitants. Il ne peut transformer son logement en lieu de débauche ou en salle de jeu ; il ne peut amener personne dans sa chambre pour y passer la nuit ; à quelque heure que ce soit, il sera légalement interdit à tout voyageur ou voyageuse d'entrer dans l'hôtel en compagnie suspecte ; bien plus, l'hôtelier a le droit et le devoir de s'opposer aux visites qui compromettraient la moralité et la bonne tenue de l'établissement.

Si le locataire s'en formalise, libre à lui de s'en aller, en acquittant sa note. S'il a payé d'avance, son compte sera fait, et restitution lui sera consentie de la somme correspondant au temps pendant lequel il n'aura été ni logé, ni nourri.

Le contrat est rompu par son propre fait; il ne saurait donc l'invoquer pour prolonger son séjour. La condition, au moins tacite, du traité était l'obéissance aux lois et règlements, comme aux usages du lieu où il était reçu. Il a enfreint cette condition. A tel point qu'en droit strict, tout ou partie du prix payé d'avance pourrait être retenu à titre de dommages-intérêts. Mais nous ne conseillons point ce procédé. Dans de telles circonstances, l'important est d'éloigner au plus tôt un pareil hôte.

148. — Dangers au point de vue de la responsabilité. — D'ailleurs, comme les aventuriers, les filles constituent, au point de vue de la responsabilité, un danger permanent. Prenons un exemple, malheureusement trop fréquent. Le soir, un voyageur rentre, en bonne fortune, selon l'expression étrangement employée. Le matin, sa compagne disparaît en lui volant des bijoux ou de l'argent.

S'il ne s'en aperçoit que plusieurs jours après, il s'en prendra au propriétaire de l'hôtel et lui demandera, de la meilleure foi du monde, une indemnité.

S'il est de mauvaise foi, au contraire, il se gardera bien d'accuser la fille, qui est insolvable. Il invoquera tout simplement contre l'hôtelier, qui peut payer, les dispositions des articles 1952 et 1953 du Code civil.

Ces dispositions, nous ne saurions les rappeler trop souvent :

« ART. 1952. — Les aubergistes ou hôteliers sont responsables, comme dépositaires, des effets apportés par le voyageur qui loge chez eux.

« Art. 1953. — Ils sont responsables du vol ou du dommage des effets du voyageur, soit que le vol ait été fait ou que le dommage ait été causé par les domestiques et préposés de l'hôtellerie, ou par des étrangers allant et venant dans l'hôtellerie. »

J'entends bien que des dispositions nouvelles ont réduit l'étendue de cette responsabilité ; mais, telle qu'elle subsiste, elle est encore fort lourde, car le principe, en lui-même, n'a pas varié.

Et les magistrats, liés par les textes et trompés par le demandeur, lui accorderont des dommages-intérêts, à moins que l'hôtelier ne fournisse une série de preuves, souvent presque impossibles à se procurer, contre les prétentions du volé.

Parfois les circonstances compliquent encore la question, et voici les faits d'un procès qui a été jugé par le tribunal de la Seine, le 16 janvier 1875 :

Un monsieur et une dame arrivent, avec leurs bagages, dans un des premiers hôtels de Paris. Au retour d'une promenade, la dame regarde dans sa malle, pousse un cri de désespoir, appelle, et déclare qu'en leur absence un voleur est entré dans leur appartement et a pris un manteau de soie richement orné qui se trouvait dans cette malle.

Aussitôt, plainte au commissariat et assignation à l'hôtelier par le voyageur, en payement de 1500 francs, représentant le prix de l'objet disparu.

Les plus actives recherches de la police amènent un seul résultat : elles font savoir que le plaignant n'est pas marié !

Mais alors, dit le propriétaire de l'établissement, que vient-il me réclamer? Ce n'est pas à lui que le vol a porté préjudice ; c'est à une personne qui, légalement, lui est étrangère. Et, quant à cette personne, ne peut-on supposer, sans témérité, qu'elle a fort habilement ima-giné cette mise en scène pour faire remplacer un vieux manteau par un neuf, soit aux frais de ce monsieur, soit aux frais de l'hôtelier?

Ce dernier n'en a pas moins été condamné à payer une somme de 1 000 francs, non à la voyageuse, qu'en pareilles circonstances la loi ne connaît pas, mais au voyageur, qui seul a loué la chambre, fait entrer les bagages, payé la dépense, et qui, par cela même, « a qualité pour réclamer, comme déposant, la restitution des effets qu'il avait apportés avec lui, et pour exercer au besoin, en justice, les droits qui sont conférés à tout voyageur par les articles 1952 et suivants du Code civil. »

Voilà les dangers très sérieux de certaines clientèles. L'indélicatesse et la mauvaise foi doivent donc être combattues par une surveillance minutieuse, qui ne se contente pas toujours d'apparences plus ou moins respectables.

149. — Hôtelier maître chez lui. — Nous venons de voir à quelles catégories de personnes les lois et règlements interdisent l'entrée de l'hôtellerie. Mais, en dehors de ces catégories, l'hôtelier a-t-il le droit de refuser un voyageur, pour un motif ou pour un autre?

Nous répondons très nettement : Oui.

L'hôtelier est libre de ne pas recevoir les voyageurs qui se présentent chez lui ; la sécurité qu'il doit à ceux qu'il loge, la responsabilité rigoureuse à laquelle il est assujetti, réclament pour lui cette liberté qui, du reste, est dans l'esprit de nos institutions modernes. » (Ruben de Couder, *Dictionnaire de droit commercial*, t. IV, v° *Hôtelier*, § 4, n° 60.)

Et le savant commentateur appuie son dire de trois

arrêts de la Cour de cassation : 2 juillet 1857 (D. P. 57. 1. 376) ; 2 octobre 1857 (D. P. 57. 1. 452) ; 18 juillet 1862 (D. P. 63. 1. 485).

Nous y ajouterons un arrêt de la même Cour du 11 janvier 1889. (*Pandectes françaises*, 89. 1. 137.)

On se demande même, aujourd'hui, comment l'opinion contraire a pu être soutenue par des auteurs tels que Merlin et Favard de Langlade.

C'est qu'autrefois la profession d'hôtelier était privilégiée. Or qui confère un privilège a, par là même, le droit d'en réglementer l'exercice. Donc, des obligations étaient imposées, des défenses étaient faites, entre autres celle de se refuser à recevoir et loger les voyageurs qui s'adressaient à la maison.

Mais, le privilège disparaissant, la réglementation disparaît avec lui. La loi générale est la liberté du commerce et de l'industrie. Nos lecteurs, comme tous les autres négociants, ont qualité pour l'invoquer.

Le tribunal de la Seine, 7ᵉ chambre, a, par deux fois, maintenu cette théorie que « l'hôtelier est maître absolu chez lui, où il est libre de ne pas admettre les personnes qui lui semblent suspectes ». (23 mars 1892, D. P. 94. 2. 132, et 25 novembre 1892, *Gazette du Palais* du 1ᵉʳ décembre 1892.)

Par voie de conséquence, et à moins de traité spécial, l'hôtelier est également libre de congédier le voyageur, sans motiver sa décision.

Le tribunal de Nice a rendu deux jugements en ce sens : l'un en mai 1892, l'autre le 2 janvier 1893. (*Sirey*, 93. 2. 198.)

L'espèce la plus saisissante est celle-ci : Une dame, après s'être installée à l'hôtel B..., sans qu'il y ait eu accord entre elle et l'hôtelier sur le temps qu'elle y passerait, avait été congédiée au bout de quelques jours.

Furieuse de ce procédé qui lui parut injurieux, elle assigna l'hôtelier en payement de 20000 francs de dommages-intérêts.

Celui-ci répondit qu'il n'avait fait qu'user de son droit; que la demanderesse étant nourrie et logée à tant par jour, elle pouvait quitter l'hôtel à son gré, et que l'hôtelier était libre, de son côté, de la congédier quand il lui plairait.

Le tribunal a repoussé la demande de la dame par un jugement ainsi conçu :

« Attendu qu'il est de doctrine et de jurisprudence qu'un maître d'hôtel est libre de recevoir ou de refuser toute personne qui se présente pour descendre chez lui et qu'il est également libre de congédier quand il lui plaît, et sans qu'il ait à motiver sa décision, toute personne descendue dans son hôtel, à moins d'accords intervenus sur la durée du séjour ;

« Attendu, dans l'espèce, qu'il résulte des débats que c'est pour des motifs et des convenances personnels, que le tribunal n'a pas à examiner, que le défendeur a congédié la demanderesse ; qu'en agissant ainsi il n'a fait qu'user d'un droit consacré au profit de tous marchands par la loi de 1791 sur la liberté du commerce et de l'industrie... »

Et c'est justice, comme nous disons au Palais.

Les partisans de l'opinion contraire sont bien forcés de reconnaître, avec la Cour de cassation, que l'hôtelier ne commet aucune contravention en refusant, *même sans aucun prétexte*, de recevoir un voyageur qui se présente à sa porte et qui offre l'argent nécessaire pour payer ses dépenses. Ils admettent également que le pouvoir, attribué aux maires, de réglementer la police des auberges et hôtelleries, ne va pas jusqu'à leur permettre d'indiquer soit les voyageurs que les aubergistes ou

10 — Code de l'hôtelier.

hôteliers pourraient seuls recevoir, soit ceux qu'ils seraient tenus de loger ; qu'ainsi un hôtelier n'est pas forcé de recevoir un mendiant, alors même que l'autorité locale voudrait l'y contraindre, en offrant de payer les frais. (Cass., 2 juillet 1857, précité.)

Mais, disent-ils, si en refusant un voyageur vous n'encourez point une amende, vous vous exposez à des dommages-intérêts.

Les décisions ci-dessus rappelées ont déjà répondu ; et d'ailleurs nous avouons très franchement ne pas saisir la nuance. Si je ne commets ni délit ni contravention en refusant le client, c'est que j'ai le droit d'agir ainsi. Comment donc, encore une fois, l'usage de ce droit entraînera-t-il une indemnité à ma charge, étant bien entendu que le refus a été pur et simple et qu'aucune faute (injure, voie de fait ou intention de nuire) ne peut m'être reprochée ?

Mais suivons jusqu'à la fin l'argumentation contraire : Par le fait que l'hôtelier a placé son enseigne, il a offert au public la nourriture et le logement. Dès que le public accepte, en entrant à l'hôtel, le contrat est parfait. L'hôtelier n'est plus libre de retirer son offre. Il est tenu. Et ce raisonnement est appuyé sur les articles 1582, 1583, 1589, 1604 et suivants du Code civil.

Eh quoi ! répondrons-nous à notre tour, vous assimilez à une simple vente le contrat d'hôtellerie, c'est-à-dire une convention dans laquelle nous trouvons réunis : la location d'appartements, la vente des provisions, le louage d'ouvrage et d'industrie, le louage du mobilier ! Si bien que la vente ne forme qu'une faible portion de cet ensemble, et que le client est beaucoup plus locataire qu'acheteur.

Un exemple, que nous donne maître Forni, combat

victorieusement cette théorie de l'enseigne. Propriétaire
d'un immeuble, je place aux fenêtres d'un appartement
vacant un écriteau indiquant même le prix du loyer
que je demande. C'est bien là une offre au public. Un
passant déclare accepter cette offre. Serai-je tenu de
lui louer ?

Incontestablement non. Il aura beau justifier d'une
solvabilité absolue, payer tous les termes d'avance,
jamais il ne me forcera à l'installer dans ma maison.

Pourquoi donc serais-je forcé de l'installer dans mon
hôtellerie ?

Est-ce parce que son admission me fera encourir,
comme hôtelier, des responsabilités infiniment plus
graves que comme propriétaire ?

Est-ce parce que, comme propriétaire, je ne lui dois
que les quatre murs d'un logement en bon état, tandis
que, comme hôtelier, je mets à sa disposition le service,
les meubles, les comestibles, la vaisselle, les salons, la
salle à manger, et qu'en un mot il est mon hôte ?

Quoi ! je serai obligé de donner cette hospitalité au
premier venu ? Quoi ! les considérations personnelles
n'auront pas plus d'influence sur la conclusion d'un
traité semblable que sur la vente de marchandises à
emporter ? Est-ce que cela est possible ?

Mais l'hôtellerie n'est pas un lieu privé ! — Nous
nous sommes expliqués sur ce point. Le caractère de
publicité n'existe qu'à l'égard des règlements de police
ou de certaines lois pénales, et ni les unes ni les autres
ne sauraient changer la nature du droit civil.

Mais, en droit civil même, l'hôtelier est régi par une
législation spéciale ! — Et alors, cette législation spéciale, qui lui impose des responsabilités exceptionnelles,
ne lui laisserait pas au moins le droit, commun à tous,
de refuser sa porte à quiconque ne lui inspire pas con-

fiance ! Comment donc sera-t-il responsable d'un voyageur, s'il a été tenu de l'accepter ? Il n'y a point de responsabilité quand il n'y a point de liberté.

La liberté du commerce et de l'industrie est la loi générale. En dehors des points expressément réservés, elle protège les propriétaires d'hôtels, comme tous les autres industriels. Donc nous maintenons la maxime : Hôtelier est maître chez lui !

150. — Exceptions à ce principe. — Une raison d'humanité peut seule apporter deux exceptions à ce principe :

1º Il n'y a qu'une auberge dans la localité, ou, parmi plusieurs auberges, il n'y en a qu'une ayant des places libres.

Si l'hospitalité y est réclamée par un voyageur que la fatigue, la maladie, la faim, le mauvais temps ou l'obscurité de la nuit empêche de poursuivre sa route, l'entrée de l'auberge ne pourra lui être refusée. Et plusieurs auteurs pensent qu'en pareil cas, et dans quelques autres analogues, la justice locale pourrait et devrait intervenir, s'il était nécessaire, pour contraindre à recevoir le voyageur, en assurant toutefois les frais de son séjour. (Curasson, *Traité de la compétence des juges de paix.*)

2º L'article 475 du Code pénal nous fournit d'autres exemples dans le même ordre d'idées. Son paragraphe 12 punit, en effet, d'une amende de 6 francs à 10 francs inclusivement :

« Ceux qui, le pouvant, auront refusé ou négligé de faire les travaux, le service, ou de prêter le secours dont ils auront été requis, dans les circonstances d'accidents, tumulte, naufrage, inondation, incendie ou autres calamités. »

Mais, remarquons-le, ces dispositions s'appliquent à tous les citoyens, et toutes ces raisons plus humaines que juridiques ne constituent point véritablement des exceptions à la règle posée plus haut.

En tous cas, elles la confirment, car ce même article 475 nous fournit un argument nouveau. Parmi les réquisitions dont il parle, nous trouvons celles relatives aux exécutions judiciaires, et l'article 114 du décret rendu le 18 juin 1811 porte ces mots : « Les dispositions de la loi du 22 germinal an IV seront observées dans le cas où il y aurait lieu de faire fournir un logement aux exécuteurs. »

Pourquoi donc un décret, une loi, une disposition particulière du Code pénal, si, d'après le droit commun, l'hôtelier était forcé de recevoir quiconque se présente ?

151. — Chambres retenues à l'avance. — Mais laissons cette discussion qui devient par trop lugubre, et, les principes étant établis, occupons-nous du client qui descend de voiture.

Il a écrit, à l'avance, pour retenir son logement. Malheureusement, il n'y avait déjà plus de place ; ou bien d'autres touristes ont télégraphié antérieurement, ou bien enfin il n'inspire pas confiance. Bref, ce logement lui est refusé.

Au point de vue légal, quelle va être la situation ? Si l'hôtelier a répondu à la lettre du voyageur que celui-ci pouvait compter sur telle chambre, le contrat est formé, livraison est due ; sinon, le voyageur aura droit à une indemnité.

Mais si l'hôtelier, ne connaissant point son futur client, n'a donné aucune réponse et s'est réservé ainsi de conclure ou non la convention projetée, aucun recours ne saurait être utilement dirigé contre lui.

Aussi, en l'absence de renseignements certains, le propriétaire de l'établissement fera bien de ne pas s'engager.

Supposons, en effet, que le locataire se présente avec des chiens, des perroquets, dont les cris troubleraient la tranquillité des autres habitants. Il sera poliment, mais nettement éconduit ; tandis que, s'il peut invoquer un traité conclu par correspondance, il faudra que l'hôtelier fasse juger que ce traité a été rompu par inexécution des conditions tacites, qui étaient d'observer les règlements et usages de la maison. Cela peut amener des difficultés qu'il faut éviter.

Autre exemple : Un voyageur, par ses allures et l'insuffisance de son bagage, inspire quelques soupçons. Le maître d'hôtel n'aura pas le droit de les dissiper, en visitant les malles ; mais il refusera purement et simplement ce client, avec lequel il n'a souscrit aucune obligation. Si, au contraire, l'appartement retenu a été promis, la seule ressource sera de présenter la note dès le lendemain et de continuer ainsi, au jour le jour, dans une inquiétude permanente.

Étudions maintenant la question pour le cas où c'est le voyageur qui, après s'être fait réserver un logement, ne veut pas ou ne vient pas l'occuper.

S'il a écrit, il est tenu ou d'en prendre possession, ou tout au moins de payer une indemnité.

S'il n'a pas écrit et qu'il nie la convention, la réclamation de l'hôtelier restera inutile.

152. — Prix réduits. — Nous trouvons une autre source de contestations dans la manœuvre suivante, employée par certains voyageurs peu scrupuleux.

Ils annoncent un long séjour avec une famille relativement nombreuse, demandent et obtiennent des prix très réduits ; puis, au bout d'un certain temps, et bien avant l'époque fixée pour le départ, sous un prétexte ou sous un autre, ou même sans prétexte, ils prétendent quitter l'hôtel et régler leur note, au tarif consenti seulement pour une station prolongée dans l'établissement.

Quels sont les droits de l'hôtelier?

Mais ce sont ceux qui découlent du contrat. Que s'est-il passé, en effet, dans le cas qui nous occupe? L'hôtelier a contracté l'obligation de recevoir le voyageur dans son hôtel à une époque convenue, pour un prix débattu et pendant une durée déterminée.

Mais, de son côté, le voyageur s'est engagé à rester dans l'hôtel pendant le temps convenu, à n'exiger du maître d'hôtel que les services qui lui sont légitimement dus et, bien entendu, à payer le prix stipulé.

Il s'est formé entre le maître d'hôtel et le voyageur un contrat synallagmatique, bien net et bien précis, qui doit être respecté par les deux parties, et qui ne doit être modifié ou résolu que d'un commun accord.

Ce contrat rentre dans la catégorie de ceux que le Code a baptisés : *Obligations de faire ou de ne pas faire.*

Dans l'espèce, comme on dit au Palais, l'obligation est une obligation de ne pas faire, en ce sens que le voyageur ne doit pas quitter l'hôtel avant l'expiration du terme convenu.

S'il le fait, il tombe sous le coup de l'article 1145 du Code civil, qui s'exprime ainsi :

« Si l'obligation est de ne pas faire, celui qui y contrevient doit des dommages-intérêts par le seul fait de la contravention. »

Ainsi donc l'hôtelier a droit à la réparation du préjudice qui lui a été causé.

Mais comment ce préjudice devra-t-il être évalué ?

Le Code civil nous dit quelques lignes plus loin :

« Art. 1149. — Les dommages-intérêts dus au créancier sont en général de la perte qu'il a faite ou du gain dont il a été privé. »

L'hôtelier doit donc être remboursé de la perte qu'il subit ou du gain dont il est privé. (Jouishomme, *Bulletin du Syndicat général de l'industrie hôtelière*, août 1911.)

Ainsi posé, le principe est indiscutable ; et, comme l'a dit fort justement l'auteur de cet article : « Lorsque les voyageurs se trouveront en face d'un hôtelier fort de ses droits et disposé à les faire valoir, soyez certains qu'ils transigeront et qu'ils paieront, de leur plein gré, une indemnité librement débattue. »

153. — Prix de pension. — Le système particulièrement admis en Suisse et en Allemagne sous ce nom de « prix de pension » coupe court à de pareilles discussions. Il est officiellement annoncé et convenu, à l'arrivée des voyageurs, que pour un séjour de cinq jours au moins, le prix est fixé, par personne et par jour, à telle somme. Le contrat se trouve ainsi fort simplifié, et, se renouvelant automatiquement chaque semaine, il ne peut donner lieu à aucune difficulté.

Mais supposons tous ces problèmes résolus, et admettons que le client honorable, loyalement accueilli, franchit enfin le seuil de la maison.

CHAPITRE II

154. — Registre d'inscriptions. — L'article 9 de l'ordonnance rendue par M. le préfet de police le 25 octobre 1883 contient les dispositions suivantes :

« Le logeur est tenu d'avoir un registre pour l'inscription immédiate des voyageurs.

« Ce registre doit être coté et parafé par le commissaire de police du quartier.

« Le logeur le représentera à toute réquisition, soit aux commissaires de police, qui le viseront, soit aux officiers de paix ou autres préposés de la préfecture de police, qui pourront aussi le viser. Ledit registre sera soumis, à la fin de chaque mois, au visa du commissaire de police du quartier.

Le même article 9 de l'ordonnance plus récente du 19 octobre 1908 maintient et renouvelle ces prescriptions.

155. — Nature des inscriptions. — Quelles mentions doit contenir ce registre ?

L'article 4 de l'ordonnance publiée le 15 juin 1832, et l'article 475, § 2, du Code pénal, répondent à cette première question :

« Les aubergistes, maîtres d'hôtels garnis et logeurs doivent inscrire sur ce registre, jour par jour, de suite, sans aucun blanc ni interligne, les noms, prénoms, âges, professions ou qualités, domicile habituel, dernière résidence, date d'arrivée et de départ de tous ceux qui auront couché ou passé une nuit dans leurs maisons.

« On mentionnera, en outre, s'ils sont porteurs de passe-ports ou autres papiers de police, et quelles sont les auto-rités qui les ont délivrés. »

Une décision préfectorale de 1803 ajoute que les noms des militaires doivent être enregistrés avec leurs grades et l'arme à laquelle ils appartiennent.

156. — Étendue de ces inscriptions. — Cette obligation d'inscrire les clients s'étend non seulement aux noms des voyageurs proprement dits, mais encore à ceux des individus qui ont leur domicile ordinaire dans le lieu même où est située l'auberge qu'ils sont venus habiter momentanément. (Cass., 28 mai 1825; *Sirey*, 26. 79.)

Les clients qui ont pris pension dans la maison doivent également être mentionnés sur ce même livre de police.

Enfin, les propriétaires d'hôtels sont tenus d'inscrire, aussi bien que les noms des personnes qu'ils logent eux-mêmes, ceux des personnes qui peuvent être logées par les locataires. En cas de contravention, leur ignorance ne serait pas une excuse; ils doivent savoir ce qui se passe chez eux, et refuser toute clientèle inconvenante, ainsi que nous l'avons dit plus haut.

157. — Date des inscriptions. — L'ordonnance porte ces mots : *Inscription immédiate.* Aussi, très sou-vent, le garçon qui conduit le voyageur à son apparte-ment lui présente immédiatement un bulletin tout pré-paré en le priant de le remplir et signer.

Par ce moyen, les renseignements exigés sont obtenus d'une manière pratique et rapide, et se trouvent ensuite transcrits sur le registre, sans que le nouveau venu ait à se déranger.

Nous ne saurions trop approuver cet usage. Il indique un établissement bien tenu et sauvegarde entièrement toute responsabilité.

N'exagérons rien cependant; on peut laisser au voyageur un certain temps pour fournir ces renseignements, sans que son repos en soit troublé, et la Cour de cassation a décidé que l'obligation, pour l'hôtelier, d'inscrire son client ne commençait qu'après l'expiration de la nuit dans laquelle le logement a été fourni; ce délai comprend même une partie de la matinée. (Cass., 18 juillet 1874, D. P. 75. 1. 283.)

158. — Inscription des départs. — Le registre doit mentionner le départ du voyageur.

Mais entendons-nous. Dans certains pays, à Paris même, les environs offrent au touriste des excursions plus ou moins prolongées. Celui-ci veut faire une de ces excursions. Il garde sa chambre à l'hôtel, y laisse ses malles et s'absente pour vingt-quatre heures. Son absence ne sera point portée sur le registre de police, car il n'a pas quitté la maison définitivement. (Cass., 16 avril 1864, D. P. 65. 1. 401.)

Si, au contraire, il emporte ses effets, et alors même qu'il annoncerait son retour très prochain, nous conseillons d'inscrire son départ; car, une fois en route, n'étant plus rappelé par le soin de ses bagages, il peut changer d'avis et choisir un autre itinéraire.

La contravention serait alors formellement constituée; tandis que si le client revient, on n'aura qu'une mention à ajouter au registre.

159. — Refus du voyageur à ces inscriptions.

— Supposons maintenant que le voyageur se formalise de ces demandes de renseignements imposés par la loi ; qu'il refuse de répondre ou réponde trop vaguement.

Que doit faire le propriétaire de l'hôtel?

On ne saurait donner à ce problème une solution absolue.

C'est une question de tact.

Et, d'abord, toutes les déclarations n'ont pas la même importance. On peut, par exemple, ne pas insister sur l'âge, les prénoms. L'essentiel est que la personnalité légale soit suffisamment énoncée, et que la police sache d'où vient le voyageur.

Mais si ce dernier persiste à ne donner aucune explication, s'il rend impossible une inscription suffisante, le droit et le devoir de l'hôtelier seront de lui interdire l'entrée de sa maison ; ou, s'il est arrivé la veille à une heure trop avancée pour que ces renseignements fussent demandés, l'hôtelier devra, dès le lendemain, le mettre en demeure soit de répondre, soit de quitter immédiatement l'établissement.

En cas d'opposition, ne pas hésiter un instant à prévenir le commissariat du quartier.

A l'égard de toutes ces prescriptions, l'article 11 de l'ordonnance de police rendue le 19 novembre 1831 s'exprimait ainsi : « Les personnes qui louent des appartements, portions d'appartements ou chambres meublés à des étrangers à la ville de Paris, même à des individus qui y font leur résidence habituelle, seront tenus à l'obligation du registre et aux autres formalités imposées aux aubergistes, maîtres d'hôtels meublés et logeurs. »

160. — Inspection du registre. — L'ordonnance de 1883 porte que ce registre peut être vérifié et visé

par les commissaires de police, officiers de paix ou autres préposés de la préfecture de police.

L'article 9 de l'ordonnance du 19 octobre 1908 dit :

« Le logeur le représentera à toute réquisition, soit aux commissaires de police qui le viseront, soit aux autres préposés de la préfecture de police qui pourront aussi le viser. Ledit registre sera soumis à la fin de chaque mois au visa des commissaires de police du quartier. »

Et l'article 475, § 2, du Code pénal, punit d'amende, depuis 6 francs jusqu'à 10 francs inclusivement, les hôteliers qui auraient manqué à représenter ce registre, soit pour Paris aux fonctionnaires que nous venons de citer, soit pour la province aux maires, adjoints, officiers ou commissaires de police, ou aux citoyens commis à cet effet.

Les gendarmes sont au nombre des citoyens commis pour se faire représenter le registre que doit tenir un aubergiste. (Cass., 22 octobre 1831.)

Étudions maintenant les conséquences du défaut ou de l'irrégularité des inscriptions, tant au point de vue pénal qu'au point de vue civil.

161. — Conséquences pénales du défaut d'inscription. — L'article 475 du Code pénal, dont nous venons de parler, punit le défaut d'inscription par une amende de 6 à 10 francs inclusivement, et l'article 478 dispose que la peine de l'emprisonnement pendant cinq jours au plus sera toujours prononcée, en cas de récidive.

Les contraventions seront constatées par des procès-verbaux ou des rapports, pour être poursuivies devant les tribunaux, conformément aux lois. (Ordonnance de police, 15 juin 1832, art. 16.)

Le logeur contrevenant ne peut s'excuser de son ignorance, lors même qu'il ne saurait pas écrire, ni sur ce
qu'il ne loge que des ouvriers sédentaires (Cass., 4 octobre 1834), ni sur ce que la personne qu'il a logée
pendant quelques jours lui avait promis de faire un bail.
(Cass., 9 juillet 1829.)

A quel moment existe la contravention? Nous l'avons
indiqué plus haut, et la plupart des auteurs pensent que
le voyageur arrivé la veille au soir peut n'être inscrit
que le lendemain, sans qu'il y ait lieu à procès-verbal
contre l'hôtelier.

162. — Inscriptions fausses. — Nous venons de
voir les conséquences de sa négligence ; sa complaisance
entraînerait des résultats beaucoup plus graves. Lisez,
en effet, le troisième alinéa de l'article 154 du Code
pénal :

« Les logeurs et aubergistes qui, sciemment, inscri-
ront sur leurs registres, sous des noms faux ou suppo-
sés, les personnes logées chez eux, ou qui, de connivence
avec elles, auront omis de les inscrire, seront punis
d'un emprisonnement de six jours au moins et de trois
mois au plus. »

Il y a là, en effet, une sorte de complicité.

Cette complicité serait nettement établie et punie d'un
emprisonnement de trois mois au moins et de deux
ans au plus, si le propriétaire de l'hôtel savait que l'individu auquel il donne ainsi refuge avait commis un
crime emportant peine afflictive. (Code pénal, art. 428.)

**163. — Conséquences civiles du défaut d'ins-
cription.** — Et la responsabilité civile de l'hôtelier
pourrait même se trouver engagée suivant les circonstances, par défaut d'inscription ou inscription fausse ;

car empêcher ou retarder les recherches, c'est retarder ou empêcher la réparation du préjudice causé.

Cette responsabilité civile est d'ailleurs formellement définie dans les cas prévus par l'article 73 du Code pénal.

En voici les termes : « Les aubergistes et hôteliers convaincus d'avoir logé plus de vingt-quatre heures quelqu'un qui, pendant son séjour, aurait commis un crime ou un délit, seront civilement responsables des restitutions, des indemnités et des frais adjugés à ceux à qui ce délit aurait causé quelque dommage, *faute par eux d'avoir inscrit sur leur registre le nom, la profession et le domicile du coupable.* »

La sévérité de ces dispositions avait provoqué des réclamations dans la commission du Corps législatif (19 décembre 1809). Mais le rapporteur du projet répondit que, faute par les aubergistes et hôteliers de remplir une formalité aussi simple, ils fournissent à des coupables le moyen d'échapper plus aisément à la justice ; qu'ainsi cette négligence favorise l'impunité, par le défaut de notions suffisantes pour faire découvrir les traces du crime ou du délit.

Et l'article fut voté.

Remarquez-le toutefois, la responsabilité n'existe qu'à cette triple condition :

1° Que l'aubergiste ou hôtelier ait omis d'inscrire sur son livre de police le nom, la profession et le domicile du coupable qu'il a logé ;

2° Qu'il l'ait logé plus de vingt-quatre heures ;

3° Que le crime ou délit ait été commis pendant le séjour dans l'hôtellerie.

Si sévères qu'elles nous paraissent, les dispositions des articles 73, 154 et 475 du Code pénal sont encore en vigueur aujourd'hui ; et nous les trouvons, rappelées

en notes, dans la dernière ordonnance citée plus haut
du 19 octobre 1908.

164. — Devoirs de l'hôtelier. — Écartons maintenant toutes ces difficultés, comme nous l'avons fait
plus haut, et reprenons le cours régulier de la profession.

C'est de l'inscription que datent les obligations réciproques entre l'hôtelier et le voyageur.

L'hôtelier doit à son hôte le logement et l'usage paisible de cette location pendant le temps convenu.

Il ne peut, pendant le séjour du client, modifier les
dispositions, l'état ou la destination de son appartement,
pas même pour y faire des embellissements.

Les réparations absolument urgentes pourront seules
être exécutées, sans indemnité pour le voyageur, à moins
qu'elles ne durent plus de quarante jours, et ne rendent
l'habitation impossible.

L'hôtelier doit, en outre, à son hôte les objets et ustensiles nécessaires à cette habitation, les meubles meu-
blants, la lingerie, le service et, comme nous l'avons
déjà dit, la sécurité et la tranquillité chez lui.

Il lui doit même l'éclairage, lorsque la location n'a
lieu que pour une nuit. Au delà, les frais sont au compte
du client.

Si le voyageur occupe une chambre à cheminée et qu'il
veuille du feu, il doit le payer en plus du prix de la
chambre.

165. — Lettres. — Enfin, un jugement rendu par
le tribunal de la Seine, le 7 mai 1869, a déclaré que
l'hôtelier était tenu, sous sa responsabilité personnelle,
de remettre, au voyageur à qui ils sont adressés, les
imprimés, circulaires, annonces, prospectus, *aussi bien*

que les lettres, mis à la poste avec ou sans affranchissement. (D. P. 74. 5. 318.)

Le propriétaire de l'établissement recevra donc et fera classer le courrier des clients, même avant leur arrivée, de manière à pouvoir remettre ce courrier à chacun des destinaires, aussitôt son inscription.

La moindre négligence exposerait à de sérieuses indemnités.

166. — **Actes de procédure.** — L'hôtelier a même qualité pour recevoir les actes de procédure qui seraient signifiés à son client. Ainsi l'a déclaré un arrêt rendu par la cour de Montpellier, le 30 novembre 1903 :

« L'aubergiste, chez lequel une personne demeure et prend sa pension, a qualité pour recevoir la copie d'un exploit, spécialement d'un acte d'appel destiné à cette personne ;

« Attendu que la copie de l'exploit d'appel a pu valablement être remise à l'aubergiste ou maître de pension, la dénomination de « serviteur » insérée dans l'article 68 du Code de procédure civile devant être entendue dans son sens le plus large et s'appliquer à toute personne prêtant ses services à la partie. » (D. P. 1904. 2. 328.)

Inutile d'ajouter qu'en pareil cas l'intéressé doit être immédiatement prévenu par l'hôtelier ; autrement de graves responsabilités pourraient être encourues.

167. — **Devoirs du voyageur.** — En regard de ces obligations, rappelons les devoirs du voyageur, que nous avons énumérés déjà :

Déclarer, en arrivant, ses nom, prénoms, profession, domicile habituel, quelle que soit la durée probable du séjour ;

Se conformer aux usages de la maison, respecter le repos et les convenances des autres locataires ;

Ne détériorer ni les meubles, ni l'immeuble ; car, vis-à-vis du bailleur, l'hôtelier est responsable des dégradations causées par les voyageurs, qu'elles proviennent d'un incendie ou d'un autre fait (Duvergier, t. I, p. 431) ;

Apporter à ses propres effets la surveillance et les soins qu'il y apporterait s'il était chez lui, et ne pas exposer, par sa négligence ou son incurie, le maître de l'établissement aux nombreux ennuis qu'entraîne toujours le vol ou la perte d'un objet précieux ;

Remettre, toutes les fois qu'il s'absente, les clefs du logement à l'hôtelier ; car celui-ci est, dans toutes les pièces de l'hôtellerie, *chez lui*. Il a le droit d'avoir les clefs de tous les appartements ;

Enfin et surtout, payer le prix qui a été stipulé pour la location et la nourriture.

168. — Sanction de ces diverses obligations. — Cette réciprocité de devoirs est, d'ailleurs, régie par le droit commun dans la plupart des cas.

Ainsi l'inexécution d'une obligation est un juste motif de ne point exécuter l'obligation correspondante.

Nous étudierons plus loin les moyens que la loi donne au propriétaire de l'hôtel pour se faire payer ou indemniser, selon qu'il s'agira de la note ou de dégâts ; mais, en ce moment, occupons-nous de sanctions se rattachant plus spécialement encore à l'exercice de la profession.

169. — Expulsion. — Un voyageur a donné à l'hôtelier des sujets de plaintes tels, que celui-ci ne veut plus le garder dans sa maison.

Deux hypothèses se présentent.

Supposons d'abord que le voyageur soit sorti. A sa rentrée, le propriétaire de l'hôtel lui refuse la clef de sa chambre, lui présente la note, et retient les malles jusqu'à parfait payement.

Si le client veut, de vive force, reprendre possession de son logement, il n'y a qu'à le faire arrêter ; car il commet une voie de fait illicite, porte atteinte aux droits d'un commerçant responsable de ce qui se passe chez lui, et trouble la tranquillité des autres habitants. Il y aurait même là une violation de domicile, d'après la théorie que nous avons exposée au chapitre précédent.

Mais, dans la seconde hypothèse, l'hôte s'enferme dans sa chambre et en refuse l'accès à l'hôtelier ou à ses préposés.

Voici comment Masson résout la difficulté :

« L'hôtelier doit requérir l'assistance du commissaire de police. Il lui exposera que, maître chez lui, responsable des infractions qui s'y commettraient aux lois et règlements, intéressé à réprimer les atteintes contre la réputation de son établissement, il a besoin d'entrer dans l'appartement d'un de ses hôtes qui s'y enferme sans raison plausible. Le commissaire de police n'a pas à craindre d'anticiper ici sur le pouvoir judiciaire ; la difficulté est tout en fait et non en droit.

« Le droit pour l'hôtelier d'entrer chaque jour dans ses appartements occupés est incontestable ; car c'est plus qu'un droit, c'est aussi un devoir, et nul ne peut être empêché par autrui de faire son devoir.

« Si pourtant un commissaire de police était méticuleux au point de dénier son secours à l'hôtelier, celui-ci ferait bien de présenter requête au président du tribunal civil à l'effet d'autoriser, vu l'urgence, soit un huissier, soit le commissaire de police, soit le juge de paix, à faire provisoirement ouvrir la porte, sauf à lui référer des difficultés ultérieures. »

Dans le cas où l'hôte causerait du scandale et refuserait de sortir d'un logement qui doit, par sa faute, lui être interdit, le propriétaire de l'hôtellerie le fera mettre dehors avec l'aide de la force publique, que la personne commise par le président aura été autorisée à requérir, car avant tout chacun doit être maître chez soi.

« De telles mesures, ajoute Masson, vexatoires contre un locataire à l'égard duquel on a pu prendre des sûretés, sont la justice même contre un hôte qui n'offre aucune garantie réelle. »

Et maintenant que nous nous sommes occupés des individus, abordons la question capitale de cet ouvrage : la responsabilité des effets apportés par le voyageur.

CHAPITRE III

170. — Principes de la responsabilité. — Les principes de cette responsabilité sont établis par le Code civil, dans les articles suivants :

« Art. 1952. — Les aubergistes ou hôteliers sont responsables, comme dépositaires, des effets apportés par le voyageur qui loge chez eux ; le dépôt de ces sortes d'effets doit être regardé comme un dépôt nécessaire.

« Art. 1953. — Ils sont responsables du vol ou dommage des effets du voyageur, soit que le vol ait été fait ou que le dommage ait été causé par les domestiques et préposés de l'hôtellerie, ou par des étrangers allant et venant dans l'hôtellerie. »

« Cette responsabilité est limitée à 1 000 francs pour les espèces monnayées, les valeurs, les titres, les bijoux et les objets précieux de toute nature non déposés réellement entre les mains des aubergistes ou hôteliers. »

Telle est la loi. Et ce dernier paragraphe de l'article 1953 a coûté plus de trente années d'efforts au Syndicat général de l'industrie hôtelière et des grands hôtels de Paris ! Il a fallu cette persévérance pour arriver à cette restriction de la responsabilité.

Le 19 avril 1889, après une longue lutte, cette responsabilité avait été limitée à 1000 francs pour les
espèces monnayées et les valeurs ou titres seulement;
et vingt-deux ans, mois pour mois, jusqu'au 8 avril
1911, ont été encore nécessaires pour que le texte définitif fût voté, comme nous venons de le rapporter.

Ainsi, avant 1889, responsabilité complète, absolue,
dans des conditions dont nous allons apprécier les dangers; depuis cette époque, un premier adoucissement
est accordé pour l'argent et les valeurs.

Ce n'est pas suffisant, disent les auteurs de la loi
nouvelle, et, dans l'exposé des motifs, ils expliquent
ainsi leur opinion :

« Nous pensons que la facilité extrême des communications, le goût plus développé des déplacements,
l'affluence heureusement plus grande, chaque année,
des voyageurs français, des voyageurs étrangers surtout,
venant s'établir en France pour plusieurs mois, le séjour
de plusieurs semaines qu'ils font dans le même hôtel
dans des conditions de luxe, expliquent l'importance et
la valeur souvent considérable des « effets » qu'ils
apportent avec eux; nous pensons que la transformation
des habitudes sociales se marquant de façon plus certaine, depuis même la loi précitée de 1889, a singulièrement aggravé les risques des hôteliers. Il serait
injuste, à notre avis, de ne point tenir compte de faits
aussi évidents. »

Le deuxième paragraphe de l'article 1953 est donc
une œuvre de justice et de réel progrès.

D'ailleurs, la responsabilité subsiste toujours en principe ; et il importe de l'étudier dans le texte immuable
de l'article 1952 et du premier paragraphe de l'article 1953.

171. — Dépôt. Apport. — « Les aubergistes ou hôteliers sont responsables comme dépositaires des effets apportés par le voyageur. »

La responsabilité naît du dépôt.

Le dépôt est constitué par le seul apport des effets par le voyageur dans l'hôtellerie ou ses dépendances.

La consignation entre les mains de l'hôtelier n'est pas nécessaire.

172. — En vain celui-ci ferait afficher dans ses chambres qu'il entend répondre seulement des effets remis entre ses mains. Cet écrit, essentiellement privé, ne saurait restreindre les termes absolus d'une loi générale.

Ainsi l'a déclaré la 1ʳᵉ chambre du Tribunal civil de la Seine, le 12 mars 1900. (*Gazette du Palais* du 17 mars 1900.)

Ainsi le déclarait plus récemment encore la 5ᵉ chambre de la cour de Paris, dans un arrêt du 12 mars 1913. (Élysée-Palace *C.* Proubot.)

Mais continuons notre analyse :

Les aubergistes ou hôteliers sont *responsables des effets* apportés par le voyageur.

En droit, que faut-il entendre par le mot : effets?

173. — Effets. Sens juridique de ce mot. — Lors des travaux préparatoires du Code, le Tribunat a proclamé que le mot « effets » était pris dans son sens le plus étendu ; et cette doctrine, depuis plus de cent ans, n'a pas cessé d'être maintenue par les auteurs et la jurisprudence.

« Le mot « effets », écrit M. Marcadé, doit être pris dans son acception la plus large, et, par conséquent, comme comprenant même l'argent et les objets précieux. »

Dalloz, dans son *Nouveau Code civil annoté*, rappelle ces principes, article 1952, n° 95 : « Par le mot « effets » on doit entendre *les objets que le voyageur porte sur lui ou amène avec lui,* tels que vêtements, bijoux, marchandises, etc., servant soit à sa personne, soit à son commerce. »

Et il continue, n° 96 : « La responsabilité des hôteliers n'est pas limitée aux linges et vêtements apportés par les voyageurs ; elle s'étend aussi à l'argent que le voyageur est présumé, d'après sa position sociale et les circonstances de la cause, avoir en sa possession au moment du vol. »

En résumé, lisons-nous dans le même *Code annoté*, article 2102, n° 361, « par ce mot *effets,* il faut entendre *tous les objets animés et inanimés.* »

Les chevaux ou autres animaux que le voyageur amène avec lui sont compris sous cette dénomination générale d'effets. (Caen, 19 mai 1890, *Pandectes françaises,* 90. 2. 236 ; Tribunal de commerce de Saint-Étienne, 17 février 1904, *Gazette des tribunaux* du 27 avril 1904 ; Dalloz, *Nouveau Code civil annoté,* art. 1952, n° 98.)

A propos des garages d'automobiles, nous avons parlé plus haut de la responsabilité de l'hôtelier sur les voitures et les objets renfermés dans ses coffres ou poches quelconques ; cette responsabilité n'a point varié, quant au principe, depuis un vieil arrêt de 1804, cité dans Dalloz (R., v° *Responsabilité,* n° 538-2°) : « Un aubergiste, en recevant dans son auberge la voiture d'un roulier, est responsable de tout ce qu'elle contient, soit en argent, soit en effets ou marchandises. »

Voiture de roulier ou luxueuse automobile, contenu

et contenant, tout cela, légalement, constitue des *effets*.

174. — Dépôt nécessaire. Conséquences légales.

— L'article 1952 poursuit en ces termes :

« Le dépôt de ces sortes d'effets doit être considéré comme un dépôt nécessaire. »

La conséquence immédiate de cette dernière phrase, c'est que la preuve par témoins pourra être admise, quelle que soit la valeur des effets perdus, endommagés ou volés.

Car l'article 1950 s'exprime ainsi : « La preuve par témoins peut être reçue pour le dépôt nécessaire, même quand il s'agit d'une valeur au-dessus de 150 francs. »

C'est là une grave exception au principe fondamental de l'article 1341 : « Il doit être passé acte, devant notaire ou sous signature privée, de toutes choses excédant la valeur de 150 francs, même pour dépôts volontaires ; et il n'est reçu aucune preuve par témoins contre et outre le contenu aux actes, ni sur ce qui serait allégué avoir été dit avant, lors ou depuis les actes, encore qu'il s'agisse d'une somme ou valeur moindre de 150 francs. »

Et ici, dans la question qui nous occupe, en cas d'un dommage ou d'un vol, le juge pourra ordonner l'enquête !

Oui, nous dit-on ; mais, d'après l'article 1348, « suivant la qualité des personnes et les circonstances du fait. » Est-ce une garantie ? Que d'erreurs possibles, et, partant, que d'inévitables dangers dans une semblable appréciation !

L'article 1369 permet même au juge de déférer le serment au voyageur sur la valeur de l'objet réclamé, et de déterminer la somme jusqu'à concurrence de laquelle le demandeur en sera cru sur son serment.

De telle sorte qu'un aventurier, un misérable, ne reculant pas devant un parjure, va causer à l'hôtelier un préjudice souvent considérable.

On nous répond que le juge a le droit de refuser l'enquête, ou de ne déférer le serment que si le réclamant lui *paraît* de bonne foi. Nous le répétons, où est la garantie? Rien ne ressemble plus à un honnête homme qu'un escroc.

La loi, comme la jurisprudence, devraient donc, à notre époque surtout, atténuer la rigueur de ces principes ; d'autant plus qu'ils semblent ne reposer aujourd'hui que sur une double erreur de fait et de droit.

175. — Assimilation erronée du dépôt nécessaire au contrat d'hôtellerie. — Comment explique-t-on l'assimilation du contrat d'hôtellerie au dépôt nécessaire ? D'après l'article 1949 du Code civil, « le dépôt nécessaire est celui qui a été forcé par quelque accident, tel qu'un incendie, une ruine, un pillage, un naufrage ou autre événement imprévu. »

Ces circonstances sont telles, que le choix du dépositaire n'a pas été possible. Le déposant a été contraint de se confier au premier venu, sans pouvoir s'informer si celui-ci méritait ou non sa confiance. C'est là, enseignent les auteurs, le caractère distinct du dépôt nécessaire. Il ne s'agit pas d'un contrat, mais plus exactement d'un quasi-contrat fondé sur la nécessité.

Or, « quand quelqu'un se trouve en voyage et arrive dans une ville, il lui est à peu près impossible de prendre des renseignements sur la probité de celui chez lequel il est obligé de se loger; il doit nécessairement s'en remettre à sa bonne foi. »

De plus, ajoute-t-on, « l'aubergiste, exerçant une profession, s'impose, par là même, des obligations plus rigoureuses ; il s'offre à la confiance publique : on comprend donc que le législateur ait pu, sans injustice, lui demander une vigilance plus grande qu'à celui qui se charge volontairement et gratuitement de la garde d'un objet. La raison, ici, est la même que celle qui domine dans le cas de dépôt nécessaire proprement dit. » (Marcadé, art. 1952, n° 520.)

Et aucun contrat, aucune convention ne saurait délivrer l'hôtelier de cette responsabilité. Car le voyageur, avant de s'embarquer sur un navire ou de prendre une voiture publique, s'est rendu compte de ses engagements et des conditions qui lui étaient imposées ; il était libre de s'abstenir ; mais, arrivé avec ses bagages à la porte d'une hôtellerie, il ne peut retourner là d'où il vient, il lui faut un abri pour lui et ses effets. Or ce serait abuser de la nécessité où il se trouve que de lui faire signer, en échange de cette hospitalité forcée, un acte par lequel il renoncerait à invoquer les articles dont nous venons de parler.

Ces raisonnements font quelque peu rêver. Ils attestent bien l'âge du Code civil ; mais une respectueuse discussion est permise même avec les centenaires. On vient de nous dire :

« Quand quelqu'un est en voyage et arrive dans une ville, il lui est à peu près impossible de prendre des renseignements sur la probité de celui chez lequel il est obligé de se loger, il est forcé de s'en remettre à sa bonne foi. C'est donc bien l'un des cas énoncés dans l'article 1949. »

L'argument est-il fondé en fait et en droit ?

En fait, ce ne sont plus les renseignements qui manquent. Les Livrets-Chaix, les guides, les agences, les compagnies de chemins de fer et de navigation, le contrôle personnel et incessant d'innombrables voyageurs vous édifient complètement sur le genre, les prix, la situation, la sécurité des hôtels où vous devez descendre. Et s'il subsiste encore quelques exceptions, elles ne sont réellement pas suffisantes pour justifier une règle aussi rigoureuse.

En droit, les partisans du système que nous combattons ne peuvent soutenir la discussion que dans des limites fort restreintes ; car, si l'impossibilité de connaître la probité du dépositaire constitue la base de leur théorie, cet argument ne saurait plus être invoqué, ni par le client revenant pour la troisième ou quatrième fois dans un hôlel, car il a eu le temps d'en apprécier l'honorabilité, ni par le pensionnaire qui a pu prendre à loisir toutes ses informations.

Et pourtant, devant les termes absolus de l'article 1952, le tribunal civil de la Seine, dans un jugement du 20 novembre 1883, a rendu la décision suivante :

« Quel que soit le temps passé dans l'hôtel, tout individu qui y est descendu et y a pris une chambre est considéré comme un voyageur, au regard de l'hôtelier, en ce sens que ce dernier ne peut pas invoquer l'existence d'un séjour plus ou moins long de son client pour s'affranchir de ses obligations. »

En conséquence, l'hôtelier a été, par ce jugement, déclaré responsable du vol commis dans sa maison au préjudice d'un client qui y occupait une chambre depuis trois ans.

Trois ans suffisaient au volé pour se renseigner sur la probité de son hôte, comme deux voyages suffisent au touriste pour connaître l'établissement où il descend.

Mais cette décision du 20 novembre 1883 a été renouvelée par la septième chambre du tribunal civil de la Seine, dans un jugement du 22 mars 1904 que nous avons cité, lors de la définition légale du mot *voyageur*.

Que devient donc, dans ces conditions, la théorie du dépôt nécessaire ?

176. — Différences entre le dépôt nécessaire et le contrat d'hôtellerie. — Et comment, en fait aussi bien qu'en droit, peut-on l'appliquer aux cas qui nous occupent ?

Pour ne citer qu'une différence fondamentale, le dépositaire nécessaire a, au moins, la garde effective du dépôt ; il a la faculté d'ordonner, à cet égard, toutes les précautions qu'il juge utiles, et l'on comprend, dès lors, sa responsabilité en cas de négligence, de vol ou de dommage.

Mais l'aubergiste ne garde point les effets du voyageur. C'est le voyageur qui en conserve la libre disposition et qui, par là même, empêche le dépositaire d'exercer la surveillance indispensable.

De telle sorte que l'hôtelier, qui ne peut être prudent comme il le voudrait, est cependant responsable de l'imprudence du client.

Bien plus ! comme dépositaire, l'aubergiste ne serait tenu d'apporter à la garde des effets du voyageur que les soins qu'il a coutume de donner aux objets qui lui appartiennent à lui-même. La loi exige davantage.

L'exercice même de sa profession, le permanent appel que l'hôtelier fait à la confiance publique, le profit indirect du dépôt qui caractérise le contrat à titre onéreux, toutes ces conditions lui imposent non seulement la bonne foi du dépositaire nécessaire, mais un soin exact, une vigilance scrupuleuse ; et la moindre négligence entraîne sa responsabilité.

Or, cette vigilance supérieure à celle qu'il apporte à ses propres intérêts, l'hôtelier devra l'exercer sur des objets dont, comme nous l'avons dit, il ignore la valeur et jusqu'à l'existence !

Où donc voyez-vous là le dépôt nécessaire ?

Et, par une inexplicable étrangeté, la loi, qui demande à l'hôtelier cette surveillance exceptionnelle, dispense le voyageur de sa prudence ordinaire ! Ce dernier, en effet, chez lui, dans une maison qu'il connaît, au milieu des domestiques qu'il a choisis, ne devra s'en prendre qu'à lui-même d'un défaut de précaution : tandis que, dans l'hôtel, avec un personnel inconnu, au milieu des allants et venants, il ne sera plus tenu à pareille vigilance ; en cas de vol ou dommage, c'est l'hôtelier qui est responsable.

Tout cela d'après les lois du dépôt nécessaire ! Est-ce admissible ?

Et voilà comment, en partant d'un principe faux, on aboutit aux graves conséquences que nous relevons dans les articles étudiés en ce moment.

177. — Vol ou dommage. — Les aubergistes ou hôteliers, selon l'article 1953, « sont responsable du vol ou dommage des effets du voyageur, soit que le vol ait été fait ou que le dommage ait été causé par les domestiques et préposés de l'hôtellerie, ou par des étrangers allant et venant dans l'hôtellerie. »

Ainsi, dit Dalloz (*Nouveau Code civil annoté*, art. 1953, n° 6), ainsi la loi ne se borne pas à rendre les aubergistes ou hôteliers responsables de leurs propres fautes : elle les déclare aussi tenus du fait de leurs préposés et du fait des étrangers allant et venant dans l'hôtellerie.

Et cette responsabilité frappe, de plein droit, l'hôtelier et l'aubergiste, dès qu'il est démontré qu'un effet apporté par le voyageur a été endommagé ou a disparu, sans qu'il soit nécessaire de prouver ni même d'alléguer une faute quelconque contre l'aubergiste (D. P. 93. 2. 182).

Enfin, d'une manière générale, le mot *dommage* comprend tout fait dommageable (Dalloz, *Nouveau Code civil annoté*, art. 1953, n° 16), incendie ou autre sinistre. Et la cour de Paris, dans un arrêt du 17 janvier 1850, a déclaré l'hôtelier responsable des effets déposés et incendiés, s'il ne prouve que l'incendie est arrivé par un cas de force majeure.

Quant aux détériorations plus ordinaires, le voyageur devra prouver : 1° sa possession des objets ; 2° l'état dans lequel ils étaient, lorsqu'il est descendu à l'hôtel. Et l'hôtelier, pour échapper à la responsabilité, sera tenu de prouver le cas fortuit ou de force majeure.

178. — Étendue de la responsabilité. — « Le dépôt nécessaire, dit Agnel, entraîne forcément une responsabilité rigoureuse. » L'absence de toute imprudence commise par l'hôtelier, la preuve même qu'il a pris toutes les précautions nécessaires à la sûreté des voyageurs et de leurs effets, l'avis imprimé et affiché dans chaque chambre de remettre entre ses mains les valeurs et objets précieux, la négligence du client qui ne s'est point conformé à cette invitation, toutes ces circonstances ne suffisent pas à faire disparaître cette responsabilité.

Elle subsiste, malgré l'imprudence du voyageur d'avoir dit, dans un escalier, que des valeurs avaient été laissées dans sa chambre.

Elle subsiste, malgré le défaut de déclaration par ce voyageur des valeurs ou objets précieux qu'il avait apportés à l'hôtel.

Ainsi encore il a été jugé (Blois, 30 avril 1872) que l'aubergiste ne saurait s'exonérer de la responsabilité établie par l'article 1953 du Code civil, parce que le voyageur ne l'aurait pas averti de la présence des valeurs renfermées dans sa voiture remisée à l'auberge, la loi n'imposant pas au client l'obligation d'un avertissement préalable.

Enfin le 14 décembre 1881, la cour de Paris, après avoir rappelé les termes absolus de cet article 1953, en formulait les conséquences dans les dispositions suivantes :

« Attendu que cette responsabilité, qui a lieu *encore bien que les effets volés n'aient pas été confiés à l'hôtelier*, n'est pas subordonnée à la valeur de ces effets ; que la négligence ou l'imprudence du voyageur ne peut la faire disparaître, à moins que l'hôtelier ne prouve que le vol a été commis par des tiers étrangers à l'hôtel et dans des circonstances déjouant la surveillance et les mesures de précaution auxquelles il est tenu ;

« Attendu, en conséquence, que le *voyageur* qui se prétend volé n'a *qu'une preuve* à faire, c'est qu'il était réellement possesseur des objets dont il se prétend dépouillé ; qu'il n'est *pas même tenu de prouver exactement le montant des sommes volées ;* qu'il suffit que, *d'après sa condition et les circonstances de la cause,* il soit présumé les avoir eues en sa possession au moment du vol, les tribunaux ayant à cet égard un pouvoir *d'appréciation souveraine.* »

Telle était la théorie ancienne dans toute sa sévérité. Nous allons voir comment, peu à peu, le réel progrès des idées en la matière est arrivé à faire voter le second paragraphe de l'article 1953, tel qu'il existe aujourd'hui.

179. — Restrictions juridiques au principe de responsabilité. — Il faut d'abord que le vol ou le dommage dont se plaint le voyageur ait eu lieu dans l'hôtel où celui-ci a été reçu.

La cour de Paris a, par son arrêt du 30 avril 1850, refusé de reconnaître la responsabilité de l'aubergiste, parce qu'il était prouvé aux débats que les objets perdus ou volés avaient été déplacés ou portés au dehors par le voyageur.

En effet, l'aubergiste répond des vols commis dans l'auberge et ses dépendances, ou même sur la voie publique, lorsque, faute de place pour sa voiture, le client est obligé de la laisser au dehors avec ses effets et marchandises ; car, alors, le vol implique un défaut de surveillance de la part de l'aubergiste dans les localités commises à sa garde ; mais si les objets ont pu être perdus par le voyageur lui-même pendant une promenade, ou lui être volés en dehors de la maison, l'hôtelier doit être dégagé de toute responsabilité.

C'est ainsi que l'a décidé la 6ᵉ chambre du tribunal civil de la Seine, le 27 mai 1895. Le voyageur doit prouver l'apport dans l'hôtel, le vol dans l'hôtel, et la présence, au jour du vol, de la somme par lui réclamée. Sinon sa prétention est repoussée :

« Attendu que X... devait prouver ou tout au moins demander à prouver qu'au jour même du vol, c'est-à-dire cinq jours après son arrivée à Paris, il avait encore, dans la sacoche qu'il indique, la somme dont il prétend avoir été volé ;

« Attendu qu'il ne fait pas cette preuve, et qu'aucun des faits par lui articulés, même s'ils étaient établis, ne tendrait à la faire ;

« Attendu que ces faits, s'ils étaient prouvés, établiraient sans doute que X... est arrivé à l'hôtel avec

12 — Code de l'hôtelier.

1 500 francs, mais point que ces 1 500 francs existassent encore au jour du vol. » (*Bulletin du Syndicat des grands hôtels*, 5 avril 1897.)

Ce jugement a une grande importance, car il a marqué tout à la fois la tendance juridique vers une plus saine et plus moderne appréciation des choses d'hôtelleries, en même temps qu'un retour au principe général, supérieur à toutes les lois d'exception : *La preuve incombe au demandeur*.

Déjà est fortement atteinte, par cette décision, et par une autre plus récente d'avril 1904, la théorie que « le voyageur n'est pas même tenu de prouver exactement le montant des sommes volées ».

Bientôt il ne suffit plus que, « d'après sa condition et les circonstances de la cause, le client soit présumé avoir eu ces valeurs en sa possession au moment du vol. »

Écoutez ce considérant d'un jugement rendu par le tribunal civil de Pont-l'Évêque, le 19 mai 1903 :

« Attendu que les allégations d'une partie, si honorable qu'on la suppose, ne peuvent suffire pour justifier son action, que Lang ne rapportant la preuve ni de l'apport par lui dans l'hôtel des bijoux et de l'argent qu'il prétend lui avoir été dérobés, ni du vol dont il aurait été victime, il doit être purement et simplement débouté de sa demande. »

Et la cour de Caen a confirmé cette manière de voir par son arrêt du 4 août 1903 (Lang *C.* hôtel de Paris) :

« Attendu que c'est à Lang, demandeur en réparation du préjudice qui lui aurait été causé par le vol dont il aurait été victime pendant son séjour à l'hôtel de Paris, à Trouville, à prouver deux points qui sont essentiels : 1° qu'il a réellement introduit des bijoux, bagues et broches, dans ledit hôtel au moment où il est venu y coucher, à une heure et demie du matin, dans la nuit du 11 août 1902 ; 2° que ces bijoux ont été volés et que le vol n'a pu être commis que dans l'hôtel ; que cette double preuve ne ressort aucunement des faits de la cause. »

Cette lutte continuelle devant les tribunaux et les efforts persistants du Syndicat général de l'industrie hôtelière ont abouti au second paragraphe de l'article 1953 :

« Cette responsabilité est limitée à 1 000 francs pour les espèces monnayées, les valeurs, les titres, les bijoux et les objets précieux de toute nature, *non déposés réellement entre les mains des aubergistes ou hôteliers.* »

Dorénavant le voyageur, en arrivant à l'hôtel, devra donc déposer entre les mains de l'hôtelier ses espèces monnayées, valeurs, titres, bijoux et objets précieux de toute nature.

« L'hôtelier sera tenu d'accepter ce dépôt et d'en donner reçu. Mais ce reçu devra être fait avec le plus grand soin, car il deviendra un titre contre l'hôtelier. Celui-ci devra donc le libeller de telle façon qu'il ne puisse jamais être exploité contre lui par des voyageurs indélicats. Il faudra éviter notamment de donner des reçus ainsi conçus : « Reçu un collier de perles, une broche de diamants, » etc. ; car, d'une façon générale, il est difficile de différencier les vrais perles ou diamants des faux, et, fort de son reçu qui *constitue un titre*, le voyageur pourrait soutenir qu'on lui rend des perles fausses au lieu de véritables qu'il avait déposées et dont son reçu fait foi.

« Autant que possible l'hôtelier devra donc ne donner reçu que de paquets scellés en présence du voyageur, et il s'engagera seulement à remettre ces paquets avec les mêmes scellés, c'est-à-dire de telle manière que les apparences extérieures du paquet ne puissent pas permettre de prétendre que le paquet ait été ouvert et les scellés brisés. »

180. — Coffres-forts. — « L'hôtelier ayant un coffre-fort à compartiments multiples, au lieu de donner un reçu, pourra mettre à la disposition exclusive du voyageur un de ces compartiments. L'avantage de cette combinaison serait double. Avantage, en effet, d'abord pour l'hôtelier, qui n'aura pas ainsi de reçu à donner, et avantage aussi pour le voyageur, lui donnant plus de facilités pour prendre et reprendre lui-même les objets précieux lui appartenant. Bien entendu, le dépôt ainsi compris n'est qu'une facilité donnée au voyageur, qui peut toujours demander le dépôt réel entre les mains de l'hôtelier.

« Mais de quelque façon que le dépôt ait été effectué, dès que l'hôtelier en a donné reçu, il est responsable, et sa responsabilité n'est plus limitée que par les termes mêmes de son reçu.

« Supposons maintenant qu'un voyageur ne prenne pas la précaution de faire de dépôt entre les mains de l'hôtelier, et conserve dans sa chambre ses titres, valeurs, bijoux, objets précieux, etc.; en cas de vol dont il serait victime, il peut encore se retourner contre l'hôtelier; mais, quelle que soit l'importance du vol dont il se plaigne, il ne pourra réclamer que le remboursement d'une somme de 1 000 francs.

« 1 000 francs, tel est le chiffre le plus élevé auquel l'hôtelier pourra donc être condamné, car il ne faut pas oublier que c'est là un maximum.

« Et encore, comme dans le passé, le voyageur volé

ou se prétendant volé, devra toujours faire la preuve :
1° du vol dont il se prétend victime ; 2° de la valeur de
l'objet qu'il prétendra lui avoir été soustrait, qui pourrait être inférieur à 1 000 francs.

« Et c'est seulement quand le voyageur aura fait ces
deux preuves que le tribunal devant qui l'affaire aura
été portée pourra condamner l'hôtelier à payer au voyageur une somme maxima de 1 000 francs à titre de
dommages-intérêts, quelle que soit l'importance du vol
prouvé dont le voyageur aurait été victime. » (*Bulletin
du Syndicat*, octobre 1912.)

Nous voilà loin, cette fois, des rigueurs anciennes !

181. — Vol à main armée. Force majeure. —
Le Code civil cependant avait admis une exception,
mais une seule, au principe de la responsabilité. L'article 1594 s'exprime ainsi :

« Ils ne sont pas responsables des vols faits avec
force armée ou autre force majeure. »

Ce qui est la conséquence naturelle de la règle générale établie par l'article 1148 : « Il n'y a lieu à aucuns
dommages-intérêts lorsque, par suite d'une force majeure ou d'un cas fortuit, le débiteur a été empêché de
donner ou de faire ce à quoi il était obligé, ou a fait ce
qui lui était interdit. »

Mais c'est à l'hôtelier à prouver la force majeure.

Dès que le voyageur a établi l'existence du dépôt, il
faut que l'hôtelier le représente ou prouve l'événement
qui le dispense de le représenter.

182. — Vol avec effraction. — On s'est demandé
si le vol avec effraction ne pouvait pas être assimilé au
vol fait avec force armée.

Non, a répondu un arrêt de la cour de Paris, le 10 avril 1843; et la jurisprudence est fixée en ce sens.

La surveillance de l'hôtelier doit être incessante, par lui-même ou ses préposés; elle ne peut laisser passer inaperçus des vols avec effraction, escalade ou démolition. C'est donc en connaissance de cause que le législateur n'a parlé que du vol à main armée.

Il faut que l'hôtelier ait été vaincu par la force. Il faut même qu'un vol ait été commis par des personnes du dehors; car, si ses auteurs étaient des employés ou des étrangers reçus dans l'hôtel et y allant et venant, le propriétaire en serait responsable. En effet, il est tenu, envers le public, de ceux qu'il emploie comme de ceux qu'il reçoit; et plus le crime de ces individus est audacieux, plus grave est sa responsabilité vis-à-vis des clients qui avaient eu foi en lui.

Telle est, résumée dans ses grandes lignes, la doctrine contenue aux articles 1952-1953 et 1954 du Code civil.

Mais assez de théorie, passons à la pratique.

CHAPITRE IV

183. — Stricte interprétation des articles 1952 et 1953. — Le chapitre précédent fait suffisamment comprendre que les dispositions si rigoureuses des articles 1952 et 1953 doivent au moins être restreintes à leur sens le plus strict, et ne sauraient recevoir aucune extension en dehors des cas spécialement visés.

« Les hôteliers sont responsables comme dépositaires, des effets apportés par le voyageur qui loge chez eux. »

Il faut donc, tout d'abord, que les effets aient été apportés dans l'hôtel.

184. — Personnel envoyé à l'arrivée du train. — Si donc la perte des effets a eu lieu dans le transport, effectué même par les domestiques de l'hôtelier, soit de la voiture ou du chemin de fer à l'hôtel, soit de l'hôtel au chemin de fer ou à la voiture, et non pendant que ces effets étaient dans l'hôtel, la responsabilité cesse d'être engagée et régie par les articles que nous venons de citer.

Souvent, par exemple, à l'arrivée du train, du bateau, de la diligence, les hôteliers envoient leurs employés, garçons, portiers, interprètes, attendre les clients et prendre leurs bagages.

Une valise, un sac, un pardessus s'égare pendant le trajet, avant l'entrée à l'hôtel.

L'hôtelier est bien toujours responsable, mais non plus en vertu de l'article 1952, en vertu seulement de l'article 1384 du Code civil :

« Les maîtres sont responsables du dommage causé par leurs domestiques et préposés dans les fonctions auxquelles ils les ont employés. »

Or la différence est considérable, car nous rentrons ici dans le droit commun.

Le voyageur devra prouver la faute du domestique, établir le chiffre de sa réclamation, le justifier par des pièces écrites, quand il dépassera 150 francs, le tout conformément aux prescriptions générales de la loi.

Plus de preuves par témoins, quelle que soit la valeur de l'objet ; plus de serment déféré par le juge ; plus d'appréciation basée sur les circonstances du fait et la qualité des personnes ; plus de dangers comme ceux que nous avons signalés.

185. — Omnibus de l'hôtel. — Supposons maintenant un hôtel important, ayant son omnibus à la gare ou au débarcadère.

Le voyageur monte, et ses bagages sont placés dans ou sur cette voiture.

Pendant le trajet, avant l'arrivée à la maison, les effets sont perdus, volés ou endommagés.

L'hôtelier est responsable, non comme hôtelier, mais comme *voiturier*.

Ce n'est pas l'article 1952, c'est l'article 1782 qui lui

est applicable en droit. En fait, il n'y gagnera rien, car cet article s'exprime ainsi :

« Les voituriers par terre ou par eau sont assujettis, pour la garde et la conservation des choses qui leur sont confiées, aux mêmes obligations que les aubergistes. »

Ces expressions : « voituriers par terre et par eau, » étendent les dispositions de cet article aux barques d'hôtels qui, sur certains lacs ou dans les ports, vont au-devant des bateaux amenant les voyageurs.

Dans tous ces cas, en effet, l'hôtelier est un voiturier ; car ce mot a une acception très large dans le Code. Il comprend tous ceux qui louent leurs services pour le transport, soit par terre, soit par eau, des personnes et des marchandises, même les voituriers particuliers. (Dalloz, *Nouveau Code civil annoté*, art. 1782, n°s 1 et suiv.)

Le 11 juin 1891, la 5e chambre du tribunal civil de la Seine a fait cette application des principes que nous venons de rappeler :

« Lorsqu'un voyageur, descendant d'un train, a fait porter son bagage dans une voiture, avant d'y monter lui-même, et que le bagage est volé, le propriétaire de la voiture doit être condamné à lui en rembourser la valeur, s'il ne peut pas prouver, conformément à l'article 1782 du Code civil, que la perte a eu lieu par cas fortuit ou force majeure.

« Toutefois, en négligeant d'appeler spécialement l'attention du cocher sur son bagage, le voyageur doit être considéré comme ayant commis une imprudence dont il doit être tenu compte dans l'évaluation du préjudice. » (*Le Droit* du 28 juin 1891.)

Nous parlons, en ce moment, de l'hôtelier ayant à lui son omnibus, ses voitures, ses chevaux et ses employés et recueillant un profit de ce transport.

186. — Omnibus loué pour une saison. — Mais s'il n'a fait que *louer* les chevaux et la voiture pour une saison, pour une semaine de courses, pour un jour de fête, dans le but d'amener les clients de la gare chez lui, ou de les reconduire de chez lui à la gare, sera-t-il encore régi par l'article 1782 ?

Absolument oui, si c'est lui qui touche le prix des places et des colis. Vainement dirait-il qu'il y a là un cas tout exceptionnel, qu'il n'est point l'entrepreneur habituel de ce service ; la cour de Lyon lui répond par un arrêt du 15 mai 1839 :

« Celui qui s'est chargé, moyennant un salaire, du transport, d'un lieu dans un autre, de voyageurs et de leurs effets, est tenu, à leur égard, de la responsabilité que la loi impose aux voituriers ; peu importe qu'il ne soit pas l'entrepreneur habituel de ce service et qu'il ait loué, à cet effet, la voiture qui a servi au transport. » (R. v° *Responsabilité*, n° 542.)

187. — Entrepreneurs particuliers. — Si, au contraire, l'omnibus ou la voiture qui conduit les clients de la gare à l'hôtel, ou *vice versa*, appartient à un entrepreneur particulier, celui-ci est seul responsable, alors même que sa voiture porterait l'indication de plusieurs hôtels, ou cette inscription : « Service des hôtels. »

En effet, le voyageur est prévenu. La responsabilité ainsi divisée ne peut se concentrer que sur la personne du voiturier. C'est donc à lui seul qu'il devra adresser sa réclamation pour les objets volés, perdus ou détériorés en route.

D'ailleurs, le principe général est, en pareille matière, comme en droit commun, que le profit a pour conséquence la responsabilité. C'est celui qui encaisse qui doit l'indemnité en cas de préjudice.

Si cependant, à la gare ou au débarcadère, le voyageur trouve un omnibus ne portant qu'un seul nom d'hôtel et se présentant comme la voiture de cet établissement, nous estimons que l'hôtelier pourra être assigné directement par le voyageur, alors même que celui-ci aurait payé sa place au cocher, alors même que le propriétaire de l'omnibus aurait entrepris, à son compte personnel, ce service de la maison.

Le client a été fixé dans son choix par le nom de l'hôtel, il a eu confiance en l'hôtelier. Celui-ci a commis une faute en laissant ainsi user de son nom, et si, par suite, un préjudice a été causé, il est tenu de le réparer. Le voyageur ne peut pas connaître le voiturier et les traités passés avec ce dernier.

188. — Voitures de place. — Arrivons enfin aux voitures de place.

Ici, aucune difficulté ; aucune responsabilité pour le propriétaire de l'hôtel, tant que les effets n'ont pas été apportés dans sa maison.

Lorsque le voyageur a oublié quelque objet dans la voiture, il ne doit s'en prendre qu'à lui-même.

Cependant, pour éviter tout ennui, toute récrimination, nous conseillons de faire vérifier avec le plus grand soin s'il ne reste rien dans cette voiture, et de ne la congédier qu'après cette vérification.

Mais c'est là une simple mesure de précaution, et non point une obligation légale.

189. — Bagages volés à l'arrivée. — Aussitôt que les domestiques de la maison ont pris les bagages apportés par le voyageur, la responsabilité de l'hôtelier commence.

Si donc le garçon, embarrassé par d'autres colis, laisse momentanément une valise à l'entrée, dans le vestibule ou sous la porte, et qu'un voleur s'en empare, les articles 1952 et 1953 sont rigoureusement applicables.

Ils ne le seront pas, au contraire, si c'est le voyageur lui-même qui a ainsi déposé ses effets, avant l'arrivée du personnel, soit parce que l'on n'a point entendu la voiture, soit parce qu'il n'a pas eu la patience d'attendre, soit enfin parce que l'hôtelier et ses domestiques étaient, au même instant, occupés à recevoir d'autres clients.

Il fallait ne point toucher aux bagages, car le voiturier, au moins, demeurait responsable.

Quant au propriétaire de l'hôtel, le tribunal civil de la Seine a jugé que, « s'il n'est pas nécessaire, pour donner ouverture à la responsabilité établie contre les hôteliers par les articles 1952 et 1953 du Code civil, à l'égard du vol des effets apportés par les voyageurs dans leur hôtel, que les objets volés aient été confiés directement à la garde des hôteliers, *il faut néanmoins que ceux-ci aient été à même d'exercer une surveillance effective* sur les objets déposés par les voyageurs. »

Il s'agissait justement, dans la cause soumise au tribunal, d'une malle ainsi volée à l'entrée du vestibule, et la réclamation du client a été repoussée.

Le voyageur doit même, dans ce moment de l'arrivée, attirer l'attention de l'hôtelier ou de ses domestiques sur la valeur exceptionnelle de tel ou tel colis.

« Et l'aubergiste, par l'imprudence duquel a été perdu un sac de voyage contenant une somme importante, ne peut être condamné qu'à une indemnité représentant la valeur d'un sac garni d'effets ordinaires, si le voyageur a à se reprocher de n'avoir pas provoqué sa vigilance par la déclaration de l'importance exceptionnelle des valeurs renfermées dans le sac déposé. » (Tribunal civil de Nantes, 20 avril 1864, D. P. 73. 5. 161.)

« En pareil cas, doit être considérée comme insuffisante la recommandation du voyageur qui, en remettant à l'aubergiste le sac avec deux couvertures, s'est borné à lui dire : « Ramassez-moi ça avec soin, je vous le « recommande. » (Même jugement.)

Il faut également que le client ne remette pas au premier venu ses effets de quelque valeur. Ainsi il commettrait une imprudence, diminuant d'autant plus la responsabilité de l'hôtelier, s'il confiait une grosse somme d'argent à un enfant, ou s'il abandonnait son cheval à un autre qu'au palefrenier ou garçon d'écurie.

190. — Chevaux du voyageur. — Car la responsabilité dont nous parlons s'applique aussi bien aux animaux confiés par le client qu'aux bagages apportés par lui.

« Et un hôtelier ne peut s'exonérer de la responsabilité qui lui incombe, à raison de l'accident survenu au cheval d'un voyageur, dans l'écurie où il l'avait placé, qu'à la condition d'établir que cet accident est arrivé par cas fortuit, et qu'aucune précaution de sa part n'aurait pu l'empêcher. » (Bourges, 17 décembre 1877, D. P. 78. 2. 39.)

Toutefois, si le cheval amené à l'auberge était vicieux, si l'aubergiste n'a pas été prévenu, et si l'accident a eu pour cause la nature vicieuse de l'animal blessé, il y a lieu de modérer les dommages-intérêts. (Tribunal civil de Lyon, 23 décembre 1865, D. P. 66. 3. 40.)

Il en sera de même si, en attendant trop longtemps pour former sa demande d'indemnité, le voyageur a empêché l'aubergiste d'exercer utilement un recours contre le propriétaire de l'animal cause de l'accident. (Même jugement.)

Dans toutes les hypothèses, il faudra toujours que le contrat d'hôtellerie ait été formé. Ainsi « l'aubergiste, dans l'écurie duquel un animal a été placé par son propriétaire, malgré le refus de cet aubergiste, à son insu et à l'insu de ses employés, ne saurait être responsable du vol dont l'animal a été l'objet et des dommages que le voleur, étranger à l'hôtellerie, a pu lui causer ». (Amiens, 17 novembre 1894, D. P. 95. 2. 332.)

Mais, une fois le contrat formé, le maître d'hôtel est responsable de l'accident survenu dans l'écurie de son hôtel au cheval du voyageur, lorsque la cause de la blessure est demeurée inconnue. (Tribunal de commerce de Saint-Nazaire, 5 janvier 1894, *le Droit* du 25 janvier 1894.)

« Et le fait d'avoir averti, par des placards, les propriétaires réunissant leurs animaux chez lui qu'il n'entendait point répondre des accidents, ne saurait l'affranchir de cette responsabilité, alors qu'il ne prouve pas que la faute, qu'il est présumé légalement avoir commise, ne lui est pas imputable. » (Tribunal civil de Toulouse, 2 juin 1894, *la Loi* du 14-16 juillet 1894.)

Supposons maintenant que l'accident ait été causé par le cheval à un tiers. Qui sera responsable? Comment interprétera-t-on l'article 1385 du Code civil ainsi conçu : « Le propriétaire d'un animal, ou celui qui s'en sert, pendant qu'il est à son usage, est responsable du dommage que l'animal a causé, soit que l'animal fût sous sa garde, soit qu'il fût égaré ou échappé? » Le propriétaire du cheval pourra-t-il dire à l'hôtelier : « Vous êtes responsable, en vertu de l'article 1952, de tous les effets animés ou inanimés que j'ai apportés ou amenés dans votre maison; ma responsabilité de l'article 1385 disparaît devant la vôtre; d'ailleurs, l'animal est sous votre garde! »

Non, a répondu la cour d'Orléans dans un arrêt rendu par la 1re chambre, le 10 décembre 1896 : « Le propriétaire d'un cheval n'est pas dégagé de la responsabilité qui lui incombe par suite de ce qu'il a confié la garde de son animal à un hôtelier ; et, si le domestique dudit hôtelier vient à être victime d'un accident causé par le cheval, le propriétaire est tenu envers lui, conformément à l'article 1385 du Code civil. » (*Bulletin du Syndicat des grands hôtels,* 1er avril 1897.)

Et la cour d'Alger, le 18 janvier 1899, précisait ainsi la question : « En prévoyant, en cas d'accident, le principe d'une responsabilité à l'encontre du propriétaire de l'animal d'abord, à l'encontre ensuite de celui qui se servait du même animal, l'article 1385 du Code civil a édicté une présomption, d'un caractère exceptionnel, et conséquemment restrictive.

« Il n'a pas prévu un troisième cas de responsabilité imputable à celui qui, pour un motif ou pour un autre, aurait accepté momentanément la garde d'un animal dont il lui était impossible de connaître les habitudes ou les vices, et de prévoir les dangers pouvant en résulter pour autrui.

« L'aubergiste, que sa profession met dans la nécessité de recevoir dans ses écuries des animaux de toutes provenances et qui ne font que passer, ne saurait être responsable d'un accident qu'il ne lui était possible ni de prévoir, ni de conjurer. » (*La Loi* du 17 juin 1899.)

Pourtant la cour de Poitiers a statué en sens contraire, le 17 décembre 1903. (D. P. 1904. 2. 180.)

191. — Cheval malade. — Enfin le dommage a été causé à l'écurie de l'hôtel par le cheval malade du client.

Un voyageur arrive avec sa voiture. Le cheval est dételé, placé dans l'écurie, pendant que le maître s'installe dans sa chambre. Quelques jours après, la santé du cheval donne des inquiétudes, on reconnaît bientôt qu'il est atteint d'une affection farcino-morveuse, il faut l'abattre. Mais l'écurie reste contaminée, soumise à une surveillance exceptionnelle et à des travaux tout spéciaux, prescrits par les lois et règlements sur la salubrité. L'aubergiste subit donc un préjudice très réel.

Pourra-t-il réclamer une indemnité au propriétaire de l'animal?

Oui, mais à la condition de prouver :

1° Que le cheval était déjà atteint de la maladie infectieuse quand il est entré à l'auberge ;

2° Que son propriétaire connaissait ou soupçonnait cet état, qu'il a dissimulé, ou dont il n'a point parlé ;

3° Qu'aussitôt la découverte du mal, toutes les précautions nécessaires ont été sérieusement prises.

Autrement, la demande de l'hôtelier doit être repoussée, et les dommages-intérêts refusés. Ainsi l'a décidé la cour de Paris, dans son arrêt rendu par la 3ᵉ chambre, le 11 décembre 1890. (*Le Droit* du 4 janvier 1891.)

Ainsi donc l'aubergiste ou son garçon d'écurie examinera soigneusement tout cheval à son arrivée. Au premier symptôme suspect, le propriétaire de l'animal sera interpellé et le vétérinaire mandé d'urgence. De cette façon seulement, la responsabilité du voyageur pourra être établie avec précision.

Rappelons, une fois de plus, qu'au point de vue de la responsabilité, des droits de gage et de privilège, ce que nous disons des chevaux s'applique également aux chiens et autres animaux amenés dans l'hôtellerie par le voyageur.

192. — Voitures, rouliers, marchandises. Automobiles. — Sont aussi compris comme *effets* *apportés* toutes les marchandises et tout ce que contient une voiture de roulier reçue dans la cour de l'auberge.

Bien plus, si l'aubergiste n'a pas ou n'a plus de place pour loger les voitures ou grosses marchandises, et que celles-ci, par suite d'un commun accord, soient laissées sur la voie publique, les articles 1952 et 1953 sont applicables. L'aubergiste est responsable de ces objets comme de ceux qui se trouvent dans la maison. (Paris, 14 mai 1839 ; Amiens, 1er décembre 1846, R. v° *Dépôt,* n° 172.)

Ils sont considérés comme apportés dans l'hôtel, et c'est là le principe absolu. Ce principe, nous l'avons rappelé plus haut, s'applique aux automobiles et à tous les objets laissés dans les coffres ou poches de ces véhicules.

Mais, dans tous les cas, il faut que les effets aient été apportés *par le voyageur.*

193. — Dépôts faits par des personnes domiciliées. — Ainsi les dépôts faits à un propriétaire d'hôtel par des personnes domiciliées dans la localité, par des non-voyageurs, ne sont que des dépôts volontaires qui rentrent dans le droit commun.

Ainsi encore, la cour d'Angers a décidé que :

« L'article 1952 du Code civil rend les hôteliers responsables des *effets des voyageurs seulement;* par cela même, l'aubergiste dans la maison duquel des commerçants ont loué des magasins à l'année et une chambre qui leur sert de bureau n'est pas responsable du vol d'une somme d'argent commis dans cette chambre au préjudice de ces commerçants, ceux-ci ne pouvant être regardés comme de simples voyageurs, dans le sens des articles dont nous avons parlé. » (Angers, 15 juillet 1857, D. P. 57. 2. 167.)

13 — Code de l'hôtelier.

194. — **Effets envoyés à l'avance.** — Ainsi, enfin, les effets *envoyés à l'avance* constituent un dépôt volontaire.

Le client avait la faculté de ne pas envoyer ses bagages ; l'hôtelier, le droit de les refuser.

Tandis qu'à l'ordinaire, dès qu'il reçoit le client, l'hôtelier est tenu de garder avec lui ses bagages ; car le voyageur, qui les transporte pour son usage personnel ou pour la mission qu'il a à remplir, est bien obligé de les avoir avec lui.

Ici, rien de semblable. Ce dépôt devra donc être établi par écrit ou être reconnu par les intéressés. Il n'imposera à l'hôtelier qu'une surveillance ordinaire, c'est-à-dire celle qu'il apporterait à des objets lui appartenant.

En cas de dommage, il sera légalement à l'abri de tout reproche, s'il prouve que ses effets, dans le même lieu, eussent été perdus ou détériorés comme ceux de son hôte, et surtout si quelques-uns ont été réellement détériorés ou perdus.

Ce caractère de dépôt volontaire ne sera modifié ni par la stipulation d'un salaire, ni par l'offre faite de recevoir les bagages à titre gratuit.

Bien plus, en ce qui concerne ces colis expédiés à l'avance, l'arrivée de leur propriétaire dans l'hôtel ne les replacera pas sous le régime du dépôt nécessaire ; et ceux qu'il apporte avec lui seront seuls soumis aux articles 1952 et 1953.

De même, nous verrons plus loin que, quand, en partant, un voyageur laisse des effets à l'hôtelier, qui consent à les garder, celui-ci n'en est plus tenu que comme dépositaire volontaire. (Dalloz, *Dictionnaire pratique de Droit, v° Dépôt.*)

195. — Effets remis pour le voyageur. — Enfin, pendant le séjour du voyageur à l'hôtel, des effets lui sont envoyés ou apportés de tel ou tel magasin, par exemple. Il les reçoit, ou, en son absence momentanée, l'hôtelier les reçoit pour lui.

Est-ce le dépôt nécessaire?

Avant les lois nouvelles, nous avions répondu : Non. Car ces effets n'ont pas été apportés par le voyageur, et les termes si rigoureux des articles 1952 et 1953 ne sauraient être étendus d'un cas à un autre.

Mais, pratiquement, nous ne croyons pas pouvoir maintenir cette opinion. La surveillance comme la responsabilité de l'hôtelier doit être générale ; et comment ferait-on la distinction entre les effets apportés à l'arrivée et ceux apportés depuis? Il aurait fallu un inventaire exact, mais impossible, au moment de l'installation du voyageur. Ce serait une source de difficultés inextricables.

Les règles du dépôt nécessaire restent donc applicables en ce cas.

196. — Acquisitions faites par le voyageur. — Elles le sont encore, et à plus forte raison, pour les acquisitions que le voyageur apporte lui-même dans sa chambre.

197. — Loger. Sens juridique de ce mot. — Continuons l'étude de notre texte : Il faut que les effets aient été apportés « par *le voyageur qui loge chez eux* ».

Est-ce y loger que de s'y reposer, même sans y passer la nuit?

Oui, a répondu le tribunal de Lisieux, le 29 juillet 1903. (*Gazette du Palais* du 12 novembre 1903.)

Oui, à la double condition que ce soit le besoin de

repos qui amène le voyageur dans l'auberge, et que ce dernier y apporte ses bagages avec lui.

Ainsi, par exemple, un voyageur entre dans une auberge, il y dépose ses effets, les y laisse, repart et revient seulement les prendre pour les porter ailleurs.

Il n'y a point là de dépôt nécessaire, mais un simple dépôt volontaire. La loi exige que le voyageur loge avec ses effets dans l'auberge pour s'y reposer, ne fût-ce qu'un moment; car les hôtelleries ne sont pas faites pour recevoir des dépôts, mais pour procurer au client le repos ou la nourriture dont il a besoin pendant sa course.

De même le particulier qui, au lieu de loger dans l'auberge, en use seulement pour le dépôt de ses ballots, bestiaux, équipages, ne peut pas être considéré comme un voyageur vis-à-vis de l'aubergiste chez lequel il fait ce dépôt. C'est un pur dépôt volontaire. (Masson, *Locations en garni.*)

198. — Logements chez les particuliers. — Enfin le dépositaire doit faire sa profession de loger les voyageurs.

La cour de Nîmes a déclaré, le 18 mai 1825, que l'on ne pouvait considérer comme logeurs, dans le sens de l'article 1952, les propriétaires d'une ville qui, pendant un temps de foire ou de fêtes publiques, louent, sans prendre patente, des appartements garnis; par conséquent, un tel propriétaire n'est pas responsable du vol des effets d'un voyageur logé chez lui, alors même que ce propriétaire aurait eu la possession de la clef de la chambre pour soigner l'appartement. (R. v° *Dépôt*, n° 163.)

Mais, bien entendu, si, dans les mêmes circonstances, c'est l'hôtelier qui a loué pour son compte des chambres chez un ou plusieurs propriétaires de la ville, afin d'y placer ses trop nombreux clients, ces chambres doivent être prises comme des dépendances de l'hôtel ; et, en cas de vol, c'est l'hôtelier seul qui sera responsable, conformément aux articles 1952 et 1953 ; car c'est chez lui seul que le client a voulu descendre, c'est à sa foi qu'il s'est confié.

Ainsi donc, pour reprendre la discussion générale, la simultanéité du séjour et du dommage est essentielle aux actions en responsabilité basées sur ces articles.

199. — Atténuation pratique de la responsabilité. — Les auteurs et les arrêts ont tenté parfois d'en atténuer la sévérité, et, grâce à cette mentalité nouvelle, nous sommes arrivés à l'indemnité maxima de 1000 francs.

Mais, d'une part, cette somme peut sembler très lourde encore pour de modestes hôteliers ; et, d'autre part, la responsabilité ne sera pas toujours évaluée à ce maximum, si les circonstances de fait permettent de l'atténuer et de diminuer d'autant le chiffre des dommages-intérêts.

Les exemples que nous citons sont donc toujours d'actualité, malgré leurs dates.

C'est ainsi que Sourdat, dans son *Traité de la responsabilité,* t. II, écrit à la page 166 : « En principe, il faudra dire que si le voyageur a placé dans ses bagages des sommes considérables et des bijoux d'un grand prix, l'aubergiste ne peut être exposé, à son insu, à subir une perte énorme.

« La présence de ces sortes d'effets dans sa maison exige une surveillance plus active ; on doit le mettre en état de l'exercer en lui en faisant la déclaration. »

A côté de ces atténuations générales, nous en trouvons d'autres plus directement pratiques :

Par exemple, un coffre, contenant des objets précieux, est laissé sous la remise de l'hôtelier et sur la voiture du voyageur, sans que celui-ci ait donné aucun avertissement. Un vol a lieu ; le voyageur n'a droit à aucune indemnité, car il a commis une imprudence en agissant comme il l'a fait. (Grenoble, 13 août 1813.)

200. — Clef laissée sur la porte. — Autre cas : le client n'a pas ôté la clef de la porte de sa chambre, et il a laissé sur la cheminée des valeurs importantes. Si un vol est commis, il doit supporter une partie du dommage dont il a été ainsi indirectement la cause. L'aubergiste ne peut dès lors être condamné qu'à une indemnité à arbitrer par les tribunaux, et non au remboursement de la valeur intégrale des objets volés. (Paris, 10 avril 1843, R. v° *Responsabilité*, n° 538.)

Dans le même ordre d'idées, à la date du 30 juin 1880, le tribunal civil de la Seine décidait que le fait, habituel à M. A..., voyageur, d'avoir négligé d'enlever la clef de la porte de son appartement constituait de sa part une imprudence ; mais que cette imprudence ne pouvait avoir pour effet de dégager entièrement la responsabilité rigoureuse que la loi fait peser sur l'hôtelier ; que celui-ci avait à se reprocher de n'avoir pas exercé une surveillance suffisante dans sa maison ; que, en pareilles circonstances, il y avait lieu de restreindre la responsabilité de cet hôtelier, en raison de l'imprudence commise par le client.

Cette imprudence a même entraîné le refus de toute indemnité, dans un jugement rendu par le tribunal civil de Dieppe, le 30 décembre 1887, qui signale la double faute du voyageur d'avoir laissé la clef sur la porte et d'avoir conservé dans son appartement des valeurs importantes sans en prévenir l'hôtelier.

201. — Défaut de déclaration. — Le jugement contient même ces motifs :

« Rendre l'aubergiste responsable de valeurs considérables laissées, à son insu, par le voyageur, dans ses bagages, et l'exposer à subir un grave préjudice, sans avoir été, par un avertissement préalable, mis en demeure de s'en défendre par une surveillance plus active, serait user à son égard injustement d'une rigueur extrême et contraire à l'intention du législateur, qui n'a point voulu assujettir les hôteliers et les aubergistes, sans distinguer aucune circonstance et sans excepter aucun cas, à la **responsabilité de tout ce que le voyageur aurait** apporté chez eux. »

Dans ce même mois de décembre 1887, le 6, un jugement du tribunal civil de la Seine (7ᵉ chambre) s'exprimait ainsi :

« Attendu qu'il n'est pas douteux que l'aubergiste soit responsable, dans les termes des articles 1952 et 1953 du Code civil ;

« Mais attendu que le voyageur, lorsqu'il a avec lui une somme de quelque importance, doit faire en sorte que l'hôtelier puisse exercer une surveillance spéciale dans la garde du dépôt, en lui déclarant cette somme et même en la lui déposant ;

« Qu'en n'agissant point ainsi L... est en faute, et que cette circonstance atténue la responsabilité de l'hôtelier. »

Un autre jugement du même tribunal, prononcé le 25 mars 1862, résume notre exposé sur les deux points traités actuellement :

« Attendu que R... avait eu le tort de conserver en sa possession dans l'hôtel, sans en prévenir le propriétaire, une somme aussi importante que celle de 6300 francs par lui déclarée au débat, et le tort aussi de laisser la clef au tiroir de la commode dans laquelle était cet argent ;

« Que, dans ces circonstances, le maître d'hôtel ne saurait être tenu à l'indemniser que de la perte de la somme que dans sa position de fortune il pouvait et devait raisonnablement avoir pour ses besoins usuels et ordinaires, somme qui demeure fixée par le tribunal, d'après les documents de la cause et les éléments d'appréciation qui lui sont fournis, au chiffre de 1 000 francs. »

202. — Avis affiché dans les chambres. —

Une autre cause d'atténuation, mais d'atténuation seulement, est l'avis affiché dans les chambres relativement aux valeurs et objets précieux.

Le tribunal de la Seine, par diverses décisions des 19 décembre 1882, 19 février 1883 et 12 mars 1900 (*Gazette du Palais* du 12 mars 1900), a établi le principe suivant :

« Des affiches placées, soit dans les endroits apparents d'un hôtel meublé, soit dans les chambres des voyageurs, et dans lesquelles l'hôtelier informe sa clientèle qu'il n'entend répondre que des effets qui seront déposés entre ses mains, ne suffisent point pour faire disparaître sa responsabilité, *quand le voyageur n'a pas laissé dans sa chambre des valeurs trop considérables.* »

Dans ce dernier cas, le voyageur est en faute pour n'avoir pas suivi le conseil qui lui était donné, et le juge pourra, selon les circonstances, rejeter sa demande d'indemnité.

Mais ici encore, comme dans les exemples cités plus haut, tout se réduit à une question de fait et d'appréciation.

Le principe légal n'en subsiste pas moins, et il peut

être appliqué avec plus ou moins de rigueur, selon les circonstances, sans pouvoir cependant dépasser 1 000 francs d'indemnité.

203. — Domestiques du voyageur. — Ainsi, le 29 août 1844, la cour d'appel de Paris a jugé que l'hôtelier répondait des vols commis dans son hôtel, alors même que les objets volés consistaient en bijoux qui ne lui avaient pas été déclarés, et que les voyageurs, occupant un appartement tout entier, étaient servis par leurs propres domestiques, et non par ceux attachés à l'établissement.

A moins, bien entendu, qu'il ne soit établi que le vol a été commis par le domestique du client.

204. — Prescription de l'action en responsabilité. — L'action en responsabilité contre les aubergistes, relativement aux effets apportés par le voyageur logé chez eux, est soumise à la prescription de trente ans, si elle est fondée sur une simple faute ou négligence ; elle se prescrit par dix ans s'il s'agit d'un crime, et par trois ans s'il s'agit d'un délit.

205. — Vol par l'hôtelier ou ses préposés. — En effet, en dehors même des circonstances aggravantes du vol, établies par le droit commun, l'article 386, paragraphe 4, du Code pénal, contient ces dispositions :

« Art. 386. — Sera puni de la peine de la réclusion tout individu coupable de vol commis dans l'un des cas ci-après :…

« 4° Si le vol a été commis par un aubergiste, un hôtelier, un voiturier, un batelier ou un de leurs préposés, lorsqu'ils auront volé tout ou partie des choses qui leur étaient confiées à ce titre. »

Cette expression de « préposés » est générale et comprend tous les représentants de l'hôtelier, même non domestiques et non salariés.

Mais ici, comme en matière de responsabilité civile, pour constituer les éléments du crime, il faut d'abord qu'il y ait simultanéité du dépôt nécessaire et du séjour dans l'auberge.

En conséquence, si les objets volés avaient été apportés dans l'hôtel, à titre de voisinage, de confiance personnelle, sans que leur propriétaire y séjournât avec eux, l'article 386 ne pourrait être invoqué. (Cass., 5 septembre 1812.)

Au contraire, il serait applicable, soit que le voyageur volé eût été reçu dans l'auberge pour y loger, soit qu'il n'y fût entré que pour prendre un repas ou s'y reposer momentanément. (Cass., 14 février 1812.)

Et l'hôtelier, auteur du vol, encourra la même condamnation, soit qu'il habite l'établissement, soit qu'il loge ailleurs et fasse gérer l'hôtellerie par un préposé. (Cass., 1er octobre 1812.)

Enfin, de même qu'en droit civil, il suffit que les objets volés aient été apportés chez lui par le voyageur, sans qu'ils lui aient été spécialement donnés en garde. (Cass., 28 octobre 1813.)

Nous en avons fini avec cette question si grave de la responsabilité, car la nature même de cet ouvrage ne nous permet pas de lui donner plus de développements.

Mais nous conseillons absolument à nos lecteurs :

1° De faire afficher dans les chambres l'avis enjoignant aux clients de déposer effectivement au bureau de l'hôtel, entre les mains du propriétaire ou d'un préposé spécial, les valeurs, bijoux et objets précieux ;

2° D'avoir un ou plusieurs coffres-forts dans lesquels ces dépôts seront en sûreté ;

3° De tenir préparé un registre à souche, duquel sera détaché immédiatement le reçu des effets directement confiés à la garde du maître d'hôtel.

Mais supposons toutes les conditions remplies et occupons-nous, maintenant que le voyageur est installé, des divers incidents qui peuvent se produire pendant son séjour.

LIVRE III

SÉJOUR ET DÉPART DU CLIENT

CHAPITRE PREMIER

DÉGRADATION DU MOBILIER. — MALADIES ÉPIDÉMIQUES OU CON-
TAGIEUSES. — RÈGLEMENTS A OBSERVER. — FOLIE DU VOYA-
GEUR. — MALADIES ORDINAIRES. — DANGER DE MORT. —
DÉCÈS. — FORMALITÉS. — SCELLÉS. — INVENTAIRE. —
SERVICE FUNÈBRE ET INHUMATION.

206. — **Dégradations.** — Le voyageur a pris possession de son appartement. Il est censé avoir trouvé la
chambre et les meubles en bon état.

Doit-il des réparations locatives ?

Non. Il n'est locataire que pour quelques jours ; ce
n'est donc pas à lui qu'incombe le soin du logement.

Mais il répondra des dommages causés par sa faute,
tels que : parquets détériorés, tapis déchirés, glaces
brisées, tentures tachées, meubles fracturés.

Seulement, si ces dégradations ne sont point de son
fait, il sera admis à prouver qu'elles ont été occasion-

nées et doivent être supportées par l'hôtelier ou ses domestiques.

Il ne sera tenu des réparations locatives que s'il avait loué à l'année, car alors il sera présumé avoir pris à sa charge l'entretien de l'appartement et du mobilier.

Nous raisonnons dans l'hypothèse où aucune convention spéciale n'existerait. Dans le cas où un traité aurait été signé, il n'y aurait plus qu'à en exécuter les clauses.

Nous avons étudié, dans les précédents chapitres, les obligations réciproques de l'aubergiste et du voyageur, en temps ordinaire, en dehors de toute circonstance exceptionnelle.

207. — Maladie du voyageur. — Mais voici le client qui tombe malade dans sa chambre.

Que faut-il faire ?

Comme le dit très bien Masson, un hôtelier n'est pas seulement un commerçant qui, moyennant une rétribution, loge chez lui un étranger et lui fournit la nourriture. Outre les obligations légales, il a des devoirs d'hospitalité à remplir.

Il fera donc donner les premiers soins et appeler immédiatement le médecin.

Il n'a pas à craindre que les frais médicaux n'arrivent en concurrence avec sa créance d'hôtellerie, car son droit de gage sur les effets et colis prime le privilège des médecins, chirurgiens, pharmaciens et gardes-malades, ainsi que nous le verrons plus loin.

Dès que le docteur s'est prononcé, l'Administration peut intervenir.

208. — Maladies contagieuses ou épidémiques. La loi relative à la protection de la santé publique, du 15 février 1902, a réglementé cette grave question.

Examinons-la en ce qui concerne plus directement les devoirs et responsabilités de l'hôtelier.

Un cas de maladie épidémique ou contagieuse se manifeste dans un hôtel ; la déclaration doit en être faite immédiatement à l'autorité publique. L'article 24 de l'ordonnance de police du 19 octobre 1908 est ainsi conçu :

« Toutes les fois qu'un cas de maladie contagieuse ou épidémique se sera manifesté dans un garni, un médecin, délégué de l'Administration, ira constater la nature de la maladie et provoquer les mesures propres à prévenir la propagation. Le logeur sera tenu de déférer aux injonctions qui lui seront adressées à la suite de cette visite, notamment en ce qui concerne l'isolement des malades, la désinfection des linges, des vêtements et des locaux.

209. — Déclaration. — Ainsi l'autorité publique sera avisée par tout docteur en médecine, officier de santé ou sage-femme qui constate le fait, dit l'article 5 de la loi du 15 février 1902. Et cet article ajoute : « Un arrêté du ministre de l'Intérieur, après un avis de l'Académie de médecine et du Comité consultatif d'hygiène publique de France, fixe le mode de la déclaration. »

Or l'arrêté ministériel du 10 février 1903 contient un article 20 ainsi conçu :

« ART. 20. — Indépendamment de la déclaration imposée aux médecins par l'article 5 de la loi du 15 février 1902 pour les maladies transmissibles ou épidémiques, les *hôteliers* ou *logeurs* sont tenus de signaler immédiatement à la mairie tout cas de maladie qui se produirait dans leur établissement, ainsi que le nom du médecin qui aurait été appelé pour la soigner. »

Il importe donc d'être bien fixé sur la nature et le nom des maladies qui entraînent ces obligations.

L'article 4 de loi du 15 février 1902 dispose en ces termes :

« ART. 4. — La liste des maladies auxquelles sont applicables les dispositions de la présente loi sera dressée, dans les six mois qui en suivront la promulgation, par un décret du président de la République, rendu sur le rapport du ministre de l'Intérieur, après avis de l'Académie de médecine et du Comité consultatif d'hygiène publique de France. Elle pourra être revisée dans la même forme. »

C'est en vertu de cette loi qu'a été signé le décret du 10 février 1903, dont nous donnons le texte :

210. — Désignation des maladies auxquelles sont applicables les dispositions de la loi du 15 février 1902 (article 4).

Décret du 10 février 1903.

PREMIÈRE PARTIE

« Maladies pour lesquelles la déclaration et la désinfection sont obligatoires :

« 1º La *fièvre typhoïde*; 2º le *typhus exanthématique*; 3º la *variole* et la *varioloïde*; 4º la *scarlatine*; 5º la *rougeole*; 6º la *diphtérie*; 7º la *suette miliaire*; 8º le *choléra* et *maladies cholériformes*; 9º la *peste*; 10º la *fièvre jaune*; 11º la *dysenterie*; 12º les *infections puerpérales* et l'*ophtalmie des nouveau-nés* (lorsque le secret de l'accouchement n'a pas été réclamé); 13º la *méningite cérébro-spinale épidémique*.

DEUXIÈME PARTIE

« Maladies pour lesquelles la déclaration est facultative :

« 14º La *tuberculose pulmonaire*; 15º la *coqueluche*; 16º la *grippe*; 17º la *pneumonie* et la *broncho-pneumonie*; 18º l'*érysipèle*; 19º les *oreillons*; 20º la *lèpre*; 21º la *teigne*; 22º la *conjonctivite purulente* et l'*ophtalmie granuleuse*.

« Pour les maladies mentionnées dans la deuxième partie, il est procédé *à la désinfection* après entente avec les intéressés, soit sur la déclaration des praticiens visés à l'article 5 de la loi du 15 février 1902, soit à la demande des familles, des chefs de collectivités publiques ou privées, des administrations hospitalières ou des bureaux d'assistance, sans préjudice de toutes autres mesures prophylactiques déterminées par le règlement sanitaire prévu à l'article 1er de ladite loi. »

Afin de guider les intéressés dans l'exécution de ces mesures prophylactiques, le Comité consultatif d'hygiène publique de France a établi deux modèles de règlement sanitaire communal, qui servent de bases aux différents arrêtés pris par l'autorité. Le lecteur voudra bien, dans chaque pays, se référer à ces arrêtés locaux. Mais voici les principales recommandations du Comité d'hygiène :

211. — Isolement. — (Article 55 du modèle de règlement sanitaire.)

« Tout individu atteint d'une des maladies prévues aux articles qui précèdent sera isolé de telle sorte qu'il ne puisse propager cette maladie par lui-même, ou par ceux qui sont appelés à le soigner. L'isolement sera pratiqué soit à domicile, soit dans un local spécialement aménagé à cet effet, soit à l'hôpital.

« ART. 56. — Jusqu'à la disparition complète de tout danger de transmission, on ne laissera approcher du malade que les personnes appelées à le soigner. Celles-ci prendront les précautions convenables pour éviter la propagation du mal. »

212. — Désinfection.

« ART. 60. — Pendant la durée d'une maladie transmissible, les objets, à usage personnel ou domestique, du malade et des personnes qui l'assistent, de même que les objets contaminés ou souillés, seront désinfectés.

« Art. 61. — Il est interdit, sans désinfection préalable, de jeter, secouer ou exposer aux fenêtres aucun linge, vêtement, objet de literie, tapis ou tenture ayant servi au malade ou provenant des locaux occupés par lui.

« Art. 62. — Le nettoyage de la pièce, et des objets qui la garnissent, se fera exclusivement, pendant toute la durée de la maladie, à l'aide de linges, étoffes, tissus ou substances imprégnés de liquides antiseptiques.

« Art. 63. — Il est interdit d'envoyer, sans désinfection préalable, aux lavoirs publics ou privés ou aux blanchisseries des linges et effets à usage, contaminés ou souillés.

« Art. 64. — Les locaux occupés par le malade seront désinfectés aussitôt après son transport en dehors de son domicile, sa guérison ou son décès. »

213. — Certificat. — L'exécution de cette prescription pourra être constatée par un certificat délivré aux intéressés sur leur demande. Ce certificat ne mentionnera ni le nom du malade ni la maladie ; il désignera les locaux désinfectés.

214. — Transport. — On comprend que l'hôtelier ne tienne pas à garder un voyageur atteint de maladie contagieuse. Si donc ce dernier peut être déplacé sans danger, l'article 57 de l'arrêté ministériel du 10 février 1903 sera mis à exécution : « Le transport du malade sera, autant que possible, effectué par une voiture spéciale, désinfectée après le voyage. Dans le cas où, à défaut de voiture spéciale, il serait fait usage d'une voiture publique ou privée, ce véhicule devra être désinfecté immédiatement après le transport, sous la responsabilité de ses propriétaires et conducteurs, qui pourront exiger un certificat de désinfection. »

A Paris, la préfecture de police a fait construire des voitures spéciales destinées au transport, dans les hôpitaux, des malades atteints d'affections contagieuses ou épidémiques : variole, scarlatine, rougeole, diphtérie, etc. Ces voitures sont mises gratuitement à la disposition du public.

Le service commence à huit heures du matin et finit à six heures du soir.

Pour obtenir l'envoi à domicile d'une des voitures spéciales, il suffit d'en faire la demande, soit au commissaire de police du quartier, soit au poste central de police de l'arrondissement, en remettant un certificat médical constatant la nature de la maladie, et en indiquant le nom et la demeure du malade à transporter.

Sur un ordre transmis par le télégraphe, la voiture part immédiatement. Un parent ou un ami peut accompagner le malade jusqu'à l'hôpital.

Après chaque transport, la voiture est désinfectée avec le plus grand soin.

215. — Indemnité. — Mais supposons que le malade ne soit point transportable. Voilà pour l'hôtelier un gros embarras et un grave préjudice, car la clientèle va fuir épouvantée. Ne pourra-t-il demander des dommages-intérêts ?

La cour de Paris a ainsi posé les principes dans son arrêt du 1er février 1895 :

« L'hôtelier n'est pas fondé à réclamer au voyageur qui est descendu dans son hôtel en compagnie de sa famille des dommages-intérêts pour le préjudice que lui aurait causé la maladie de l'une des personnes de cette famille, survenue au cours de son séjour dans l'hôtel, lorsqu'il résulte d'un certificat délivré par le médecin qui lui a donné des soins que le transport du malade dans un autre local ne pouvait s'effectuer avant la fin de sa convalescence sans mettre sa vie en danger.

« Il en est ainsi alors même que l'hôtelier aurait, dès

le début de la maladie, fait injonction au voyageur d'avoir à quitter les lieux loués et l'aurait mis ensuite en demeure de déguerpir par sommation régulière.

« En effet, le voyageur n'est pas tenu, dans les circonstances ci-dessus rappelées, d'une obligation de faire dont l'inexécution doit se traduire par des dommages-intérêts, conformément aux dispositions de l'article 1147 du Code civil ; car il se trouve, en fait, dans l'une des exceptions prévues par l'article 1148 du même Code, la maladie dont s'agit étant incontestablement un cas fortuit et sa force majeure échappant à toute prévision humaine et à tout calcul de prudence.

« Au surplus, en résistant, dans les conditions ci-dessus indiquées, aux injonctions de l'hôtelier, le voyageur ne commettrait aucune faute pouvant lui être légalement imputable, et l'hôtelier ne saurait dès lors, en l'absence de toute autre autre charge de responsabilité, réclamer au voyageur des dommages-intérêts en vertu des articles 1382 et 1383 du Code civil, d'autant plus que le cas fortuit servant de base à sa plainte rentre dans les risques de sa profession.

« Mais l'hôtelier a droit au remboursement des frais faits par lui pour l'épuration et la désinfection des lieux loués, rendues nécessaires par la maladie contagieuse. » (Paris, 1er février 1895, D. P. 96. 2. 340.)

216. — Exécution de ces dispositions sanitaires. — L'article 23 de la loi du 15 février 1902 est ainsi conçu :

« Art. 23. — Le préfet de police a dans ses attributions :
« Les précautions à prendre pour prévenir ou faire cesser les maladies transmissibles visées par l'article 4 de la loi, spécialement la réception des déclarations; les contraventions relatives à l'obligation de la vaccination et de la revaccina-

tion ; la surveillance au point de vue sanitaire des logements loués en garni...

« Le préfet de police sera assisté par le Conseil d'hygiène et de salubrité de la Seine.

« Les commissions d'hygiène, instituées à Paris et dans le ressort de la préfecture de police, continueront à exercer leurs fonctions sous l'autorité du préfet de police, dans les conditions indiquées par les décrets des 16 décembre 1851, 7 juillet 1880 et 26 décembre 1893, et elles auront les attributions données aux commissions sanitaires de circonscriptions par la présente loi.

« Le préfet de police continuera à appliquer dans les communes ressortissant à sa juridiction les attributions de police sanitaire dont il est actuellement investi.

« ART. 24. — Dans les communes du département de la Seine autres que Paris, le maire exerce les attributions sanitaires sous l'autorité soit du préfet de la Seine, soit du préfet de police, suivant les distinctions faites dans les deux articles précédents.

« Dans le reste de la France, les préfets, sous-préfets et maires sont chargés de l'exécution de la présente loi dans les conditions de détail qu'il serait trop long d'énumérer ici. »

Mais cette exécution entraîne forcément des dépenses, comment seront-elles payées ?

217. — Dépenses.

« ART. 26. — Les dépenses rendues nécessaires par l'application de la présente loi, notamment celles causées par la destruction des objets mobiliers, sont obligatoires. En cas de contestation sur leur nécessité, il est statué par décret rendu en Conseil d'État.

« Ces dépenses seront réparties entre les communes, les départements et l'État, suivant les règles fixées par les articles 27, 28 et 29 de la loi du 15 juillet 1893.

« Toutefois, les dépenses d'organisation du service de la désinfection dans les villes de 20000 habitants et au-dessus sont supportées par les villes et par l'État, dans les proportions établies au barème du tableau A, annexé à la loi du

15 juillet 1893. Les dépenses d'organisation du service départemental de la désinfection sont supportées par les départements et par l'État, dans les proportions établies au barème du tableau B.

« Des taxes seront établies par un règlement d'administration publique pour le remboursement des dépenses relatives à ce service.

« A défaut par les villes et les départements d'organiser les services de la désinfection et les bureaux d'hygiène et d'en assurer le fonctionnement dans l'année qui suivra la mise à exécution de la présente loi, il y sera pourvu par des décrets en forme de règlements d'administration publique. »

218. — Sanction. — Voyons maintenant quelle est la sanction de ces nombreuses dispositions :

« Art. 27. — Sera puni des peines portées à l'article 471 du Code pénal quiconque, en dehors des cas prévus par l'article 21 de la loi du 30 novembre 1892, aura commis une contravention aux prescriptions des règlements sanitaires prévus aux articles 1 et 2, ainsi qu'à celles des articles 5, 6, 7, 8 et 14.

« Celui qui aura construit une habitation sans le permis du maire sera puni d'une amende de 16 francs à 500 francs.

« Art. 28. — Quiconque, par négligence ou incurie, dégradera des ouvrages publics ou communaux destinés à recevoir ou à conduire des eaux d'alimentation; quiconque, par négligence ou incurie, laissera introduire des matières excrémentitielles, ou toute autre matière susceptible de nuire à la salubrité, dans l'eau des sources, des fontaines, des puits, citernes, conduites, aqueducs, réservoirs d'eau servant à l'alimentation publique, sera puni des peines portées aux articles 479 et 480 du Code pénal.

« Tout acte volontaire de même nature sera puni des peines portées à l'article 257 du Code pénal.

« Art. 29. — Seront punis d'une amende de 100 francs à 500 francs et, en cas de récidive, de 500 à 1 000 francs, tous ceux qui auront mis obstacle à l'accomplissement des devoirs des maires et des membres délégués des commissions sanitaires, en ce qui touche l'application de la présente loi. »

Bien plus, si l'inobservation de ces règlements, si la négligence à désinfecter une chambre ou à prendre les mesures nécessaires pour éviter la contagion, ont entraîné la maladie ou la mort d'un autre voyageur, l'hôtelier pourra être poursuivi devant le tribunal correctionnel, en vertu des articles 319 et 320 du Code pénal, et il sera en outre condamné à de sérieux dommages-intérêts, aux termes de l'article 1382 du Code civil.

Citons, pour mémoire, un seul de ces articles :

« ART. 319. — Quiconque, par maladresse, imprudence, inattention, négligence ou inobservation des règlements, aura commis involontairement un homicide, ou en aura involontairement été la cause, sera puni d'un emprisonnement de trois mois à deux ans, et d'une amende de 50 francs à 600 francs. »

Certes, les circonstances atténuantes adouciraient les rigueurs de la loi ; mais il est préférable de ne pas avoir à compter sur de pareilles chances et d'obéir tout simplement aux prescriptions de l'Administration.

219. — Folie ou aliénation mentale. — Puisque nous parlons de circonstances heureusement exceptionnelles, demandons-nous ce que doit faire l'hôtelier à qui l'on annonce tout à coup que tel voyageur est atteint d'aliénation mentale.

Il doit appeler un médecin et, s'il connaît la famille, lui écrire immédiatement.

Cela, dans le cas où la folie n'est pas dangereuse.

Dans le cas contraire, la réponse nous est donnée par l'article 18 de la loi du 30 juin 1838, sur les aliénés.

Cet article est ainsi conçu :

« A Paris, le préfet de police, et, dans les départements, les préfets, ordonneront d'office le placement, dans un établissement d'aliénés, de toute personne interdite, ou non interdite, dont l'état d'aliénation comprometterait l'ordre public ou la sûreté des personnes. — Les ordres des préfets seront motivés et devront énoncer les circonstances qui les auront rendus nécessaires.

« ART. 19. — En cas de danger imminent attesté par le certificat d'un médecin ou la notoriété publique, les commissaires de police à Paris, et les maires, dans les autres communes, ordonneront à l'égard des personnes atteintes d'aliénation mentale toutes les mesures provisoires nécessaires, à la charge d'en référer dans les vingt-quatre heures au préfet, qui statuera sans délai. »

Ainsi donc, prévenir aussitôt le commissaire ou le maire.

Ce magistrat indiquera dans son procès-verbal sur quelles réquisitions il a été appelé et dans quel état il a trouvé le malade ; il s'assurera de sa personne et le fera transporter dans un des établissements désignés par l'article 24 de la loi précitée.

Inventaire de ses effets sera sommairement dressé, et ils seront remis avec tous ses papiers (sauf ceux nécessaires à l'hospice) à l'hôtelier, qui en deviendra alors dépositaire ordinaire, en l'absence de tout parent ou ami du voyageur, et jusqu'à ce que le tribunal ait statué sur cette sorte de garde des scellés, officiellement constatée.

La créance résultant des dépenses d'hôtellerie sera toujours conservée par le droit de gage dont nous parlerons plus loin.

Mais revenons aux cas ordinaires, qui ne nécessitent point l'intervention de l'Administration.

220. — Devoirs généraux de l'hôtelier en cas de maladie. — Nous avons indiqué tout à l'heure, d'une façon générale, les devoirs de l'hôtelier. La Cour de cassation les a précisés dans son arrêt du 7 janvier 1859. En voici les termes :

« Attendu que, lorsqu'une personne malade a été admise dans une auberge, le maître de l'auberge est tenu, soit par lui-même, soit par ses domestiques, de lui donner tous les soins indispensables que comporte son état ;

« Que c'est là un principe d'humanité qui dérive des obligations que l'aubergiste contracte envers le voyageur, auquel il doit assistance et protection ;

« Que, de sa part, un refus absolu de soins, lorsque ce refus est suivi de la mort de la personne qui avait droit de les réclamer, doit lui faire encourir non seulement la responsabilité résultant de l'article 1382 du Code civil, mais encore toutes les conséquences résultant de l'article 319 du Code pénal. »

221. — Danger de mort. — Dans un ordre d'idées plus élevées, il est un autre devoir que l'hôtelier peut être appelé à remplir.

Voici comment, à cet égard, s'exprime Masson dans son *Traité des locations en garni*. Nous citons textuellement, car nous ne saurions ni mieux penser, ni mieux dire :

« Quand le malade est en danger de mort, l'hôtelier fera bien d'en avertir ses parents et ses amis, s'il lui en connaît ; sinon, il devient, à lui seul, tout son entourage, il représente et forme en quelque sorte toute sa parenté. Que susciterait donc dans l'âme de bons parents un attachement sincère ? Ils chercheraient à procurer au moribond, après les adoucissements de ses douleurs corporelles, les consolations et les secours spirituels. C'est un devoir de fraternité, d'humanité. »

C'est le devoir de tout honnête homme qui, quelles

que soient ses idées personnelles, ne peut que respecter et faciliter cet acte religieux des suprêmes espérances.

D'ailleurs, quels reproches la famille ne serait-elle pas en droit de faire à l'hôtelier, si, dans ces circonstances solennelles, il avait dédaigné les demandes, les aspirations du malheureux, au lieu de les prévenir, en quelque sorte, et de les réaliser, comme l'eût fait un ami, un hôte digne de ce nom ?

222. — Décès du voyageur. — Le décès arrivant impose plusieurs autres obligations au propriétaire de l'hôtel.

D'abord, et conformément à la loi du 15 février 1902, « les cadavres des personnes mortes de maladies transmissibles seront isolés le plus promptement possible. Les dispositions nécessaires seront immédiatement prises pour assurer la mise en bière et l'inhumation, en exécution du décret du 27 avril 1889. » (Art. 70 du règlement modèle.)

Puis, jusqu'à nouvel ordre, c'est-à-dire jusqu'à ce que la famille, la justice ou l'Administration soit intervenue et ait donné ses instructions, l'hôtelier reste dépositaire nécessaire des effets, papiers et valeurs laissés chez lui par le défunt.

223. — Précautions immédiates. — Il les fera donc ranger, dans la chambre de ce dernier, avec le plus grand soin, et veillera scrupuleusement à ce que rien ne puisse être détourné.

A cet effet, il fermera les meubles et les malles et en gardera les clefs, pour les remettre à qui de droit.

Mais il ne transportera rien, de son autorité privée, en dehors de la chambre, à moins d'y être forcé par la prudence même, car autrement il engagerait sa responsabilité et s'exposerait à des récriminations, des soupçons ou des réclamations fâcheuses.

Il devra en outre, pour le service intérieur de l'établissement, concilier le respect dû à la mort avec les ménagements auxquels ont droit les autres locataires.

Nous ne parlons ici que de la mort naturelle ; nous traiterons dans un autre chapitre les morts violentes, assassinat, suicide, accident.

Dans les circonstances normales, l'hôtelier doit aller immédiatement à la mairie déclarer le décès et en faire rédiger l'acte.

224. — Formalités à remplir. — L'article 78 du Code civil s'exprime ainsi :

« L'acte de décès sera dressé par l'officier de l'état civil, sur la déclaration de deux témoins.

« Ces témoins seront, s'il est possible, les deux plus proches parents ou voisins, ou, *lorsqu'une personne sera décédée hors de son domicile, la personne chez laquelle elle sera décédée*, et un parent ou un autre. »

Observons ici que la loi du 7 décembre 1897 accorde aux femmes le droit d'être témoins dans les actes de l'état civil, et que le nouvel article 37 du Code civil est rédigé en ces termes : « Les témoins produits aux actes de l'état civil devront être âgés de vingt et un ans au moins, parents ou autres, *sans distinction de sexe ;* ils seront choisis par les personnes intéressées. »

La mention de cette mort devra être inscrite sur le registre des voyageurs.

En effet, la police a intérêt à apprendre aussitôt, par le même livre et en même temps, qu'un individu entré à l'hôtel, à telle époque, y est décédé tel jour, tout comme il lui importe de savoir exactement la date de l'arrivée et celle du départ.

225. — Avis à envoyer. — Les parents ou amis du défunt, s'ils sont connus de l'hôtelier, auront été par lui avertis immédiatement.

Car leur présence met fin à toutes les difficultés et à toute responsabilité. Ce sont eux qui solderont la note et prendront les dispositions nécessaires pour l'inhumation.

Mais si l'hôtelier ne connaît ni la famille, ni les amis du voyageur ;

Si l'éloignement ne leur permet pas d'intervenir en temps utile ;

Si l'identité même du client n'est pas suffisamment établie par ses papiers ;

S'il ne laisse aucunes ressources ;

S'il appartient à une nationalité étrangère ;

Que devra faire alors, et dans ces différentes circonstances, le propriétaire de l'hôtel où le voyageur est décédé ?

226. — Agences de funérailles. — Tout d'abord, et d'une façon générale, nous conseillons au lecteur de s'adresser à une agence de funérailles.

Il évitera ainsi bien des difficultés.

Comme pour les autres intermédiaires, il fera un bon choix et ne se laissera point guider par une économie mal entendue ; mais, ce choix fait, il s'en rapportera à ce mandataire spécial, dont les obligations sont d'ailleurs d'autant plus sérieuses que ce mandat est salarié. (Code civil, art. 1992.)

Supposons, toutefois, que l'hôtelier soit forcé de veiller à tous ces détails.

Plusieurs distinctions sont ici nécessaires.

Le voyageur a des ressources, son identité est établie ; mais il est impossible d'avertir ses parents ou amis, ou d'attendre leurs instructions.

227. — Ambassades et consulats. — Si le défunt est étranger, il faudra prévenir son ambassade ou son consulat. En effet, certaines dispositions particulières peuvent être nécessitées par les lois de son pays ; certains renseignements utiles peuvent être donnés sur sa famille ; l'ambassade peut même prendre à sa charge ou sous sa responsabilité les frais et règlements du service funèbre.

Si les agents diplomatiques se désintéressent complètement de la question et laissent l'hôtelier sans indications ni instructions particulières, nous rentrons dans le droit commun, de même que s'il s'agissait d'un client français, décédé dans ces circonstances d'éloignement des siens.

228. — Scellés. — Or l'article 819 du Code civil prescrit l'apposition des scellés, lorsque tous les héritiers ne sont pas présents.

Et l'article 909 du Code de procédure dit que, dans ce cas d'absence, l'apposition de ces scellés peut être requise par les personnes qui demeuraient avec le défunt.

L'hôtelier devra donc prévenir le juge de paix de l'arrondissement dans lequel le décès a eu lieu.

Le plus souvent, ce que laisse un voyageur, mourant dans une chambre d'hôtel, n'est pas d'une grande importance. D'autre part, le propriétaire de l'établissement a intérêt à ne pas être privé longtemps de ce local, comme les héritiers ou créanciers ont eux-mêmes intérêt à ne point grever la succession d'une location prolongée.

229. — Inventaire. — « En conséquence, le juge de paix se borne presque toujours à une description des effets, sauf à mettre sous enveloppe, ou dans un carton, sous un scellé, les papiers qui peuvent offrir quelque intérêt ultérieur, soit pécuniaire, soit personnel.

« Et même, si ces papiers sont sans importance, l'usage tolère qu'il les renferme sous une enveloppe, cotés et parafés, sans inventaire, avec mention sommaire de leur nature et de la formalité remplie.

« Le juge de paix pourra confier la garde de ces papiers scellés ou cotés, ainsi que des effets décrits, au loueur ou à l'hôtelier, qui ne pourront le refuser, qui pourront même l'exiger, s'ils espèrent y trouver une sûreté de plus pour leur payement. » (Carré, *Code annoté des juges de paix*.)

Dans ce dernier ordre d'idées, le propriétaire de l'hôtel agira prudemment en priant d'insérer, à ce procès-verbal de description, la déclaration de ce qui lui est dû. Cette déclaration, à ce moment et dans cette forme, donne à sa créance un caractère de sincérité qui la met à l'abri de contestations ultérieures.

230. — Officiers généraux et fonctionnaires.

— La qualité, le grade, les titres du défunt devront également être signalés par l'hôtelier à la mairie, au commissaire de police et au juge de paix, car il peut y avoir à prendre quelques dispositions spéciales.

En effet, d'après l'arrêté du 13 nivôse an X et l'instruction ministérielle du 8 mars 1823, les scellés doivent être apposés après le décès d'un officier général ou officier supérieur de toute arme, d'un commissaire ordonnateur, inspecteur aux revues, officier de santé en chef, sur les papiers, cartes, plans et mémoires militaires, autres que ceux dont le décédé est l'auteur.

De plus, au cas de décès d'un individu qui, par la nature de fonctions anciennement exercées par lui, a pu être dépositaire de secrets ou de titres appartenant à l'État, le Gouvernement peut requérir l'apposition des scellés sur les papiers du défunt, à l'effet de rechercher si, parmi ces papiers, il ne s'en trouve pas qui appartiennent à l'État.

De même, enfin, le Gouvernement peut faire apposer les scellés sur les papiers d'un ancien fonctionnaire public, passés après son décès entre les mains de ses héritiers, lorsqu'il est d'ailleurs à présumer que, parmi ces papiers, figurent des titres appartenant à l'État. (Dalloz, *Dictionnaire pratique de Droit*, v° *Scellés et inventaires*.)

231. — Papiers et lettres des simples particuliers. — En dehors de ces cas exceptionnels, les papiers, lettres, paquets fermés ou cachetés, mais portant l'adresse du défunt, sont ouverts par le juge de paix, qui les joint aux autres effets et papiers, après description.

Si, au contraire, ces paquets cachetés paraissent l'œuvre du défunt, comme ils peuvent contenir ses dernières volontés, le juge de paix en constate la forme extérieure, le sceau et la suscription, et les présente au président du tribunal de première instance, qui en fait l'ouverture et le constat, et en ordonne le dépôt chez le notaire qu'il désigne.

« Si les paquets cachetés paraissent, par leur suscription ou par quelque autre preuve écrite, appartenir à des tiers, le président du tribunal ordonnera que ces tiers seront appelés, dans un délai qu'il fixera, pour assister à l'ouverture ; il la fera au jour indiqué, en leur présence, ou à leur défaut ; et si les paquets sont étrangers à la succession, il les leur remettra sans en faire connaître le contenu, ou les cachettera de nouveau pour leur être remis à leur première réquisition. » (C. proc., art. 919.)

Si un testament est trouvé ouvert, le juge de paix en constatera l'état et le remettra au président du tribunal. (C. proc., art. 920.)

Nous ne mentionnons, d'ailleurs, toutes ces formalités que pour mieux faire comprendre avec quel soin les effets laissés par la personne décédée doivent être surveillés par l'hôtelier.

C'est lui qui, en l'absence de la famille, devra les présenter à l'inventaire ou description sommaire, et prêter le serment, lors de la clôture de l'apposition des scellés, qu'il n'a rien détourné, vu ni su qu'il ait été rien détourné directement ou indirectement.

C'est lui qui devient dépositaire judiciaire, et non plus nécessaire, des effets, papiers, titres et valeurs que le juge de paix a confiés à sa garde, jusqu'à ce que les héritiers ou ayants cause les réclament, à charge par eux de payer ce qui lui est dû.

Ce dépôt et son droit de gage donnent à l'hôtelier toutes garanties pour le remboursement des frais funéraires.

232. — Service funèbre et inhumation. — Si donc un testament a été trouvé dans l'hôtel, ou si la famille absente a cependant eu le temps d'envoyer des instructions, l'hôtelier devra, dans la mesure du possible, suivre, quant aux funérailles, la volonté du défunt ou de ses parents.

Si ces derniers ne sont pas connus, ou si leur éloignement, ou toute autre cause, a empêché de savoir leurs intentions à cet égard ; si le défunt n'a donné ou laissé par écrit aucune indication, mais que son identité soit formellement établie, l'hôtelier commandera un service funèbre conforme au rang et à la position de fortune du voyageur, et il le fera inhumer, soit dans un caveau provisoire, soit dans un terrain temporairement concédé.

Si l'identité n'est pas absolument constatée et que le défunt laisse quelques ressources, l'hôtelier, par le seul respect dû à la mort, fera faire une cérémonie convenable, selon la situation apparente du client.

Enfin, si le voyageur meurt sans laisser ni argent, ni renseignements précis sur son état civil, l'hôtelier se conformera à l'article 11 du décret rendu le 18 mai 1806 : « Le transport des morts indigents sera fait décemment et gratuitement ; » il n'aura qu'à s'entendre à cet égard avec l'Administration ; et, si le défunt est catholique, l'article 4 du même décret donne toute sécurité au logeur ; car cet article, sur la proposition de l'autorité ecclésiastique, s'exprime ainsi : « Dans toutes les églises, les curés desservants et vicaires feront gratuitement le service exigé pour les morts indigents ; l'indigence sera constatée par un certificat de la municipalité. »

La loi de séparation n'a rien changé à ces dispositions, et le plus pauvre peut toujours compter sur les prières de l'Église.

Quant à l'inhumation elle-même, à Paris du moins, ce sera forcément la fosse commune ; car nous supposons le défunt sans aucunes ressources, sans aucun ami, sans aucune indication sur son individualité, et l'hôtelier n'a point à faire plus que ce que nous venons d'indiquer.

Si, plus tard, la famille se présente, elle ne pourra s'en prendre qu'à elle de l'abandon dans lequel était laissé ce parent.

Occupons-nous maintenant des précautions à prendre et des formalités à remplir dans les cas de morts violentes ou accidentelles.

15 — Code de l'hôtelier.

CHAPITRE II

233. — **Morts violentes.** — Les événements dont
nous parlons en ce chapitre ont généralement pour premier effet d'apporter un grand trouble dans l'esprit de
celui qui en est le témoin; et, comme ils engagent cependant la responsabilité de l'hôtelier vis-à-vis de l'autorité
administrative et judiciaire, nous avons voulu qu'au
milieu de ses légitimes émotions il trouvât immédiatement quelles dispositions il avait à prendre.

Tout d'abord, à Paris, envoyer chercher un agent,
et, en province, faire prévenir le commissaire de police
ou le maire, selon les localités.

Mais, en attendant, de nombreux détails peuvent
donner lieu à bien des questions. Les indications les
plus sûres nous sont officiellement fournies par les instructions mêmes du parquet de la Seine. Elles sont
adressées aux officiers de police, mais tracent, en même
temps, la conduite de l'hôtelier.

Nous en citons le texte, pour les différents cas qui
nous occupent en ce moment.

Voici les prescriptions pour Paris :

234. — Assassinat. Meurtre. Homicide. — « En cas d'homicide, ou de mort violente ou subite, pouvant faire soupçonner un homicide, il est indispensable de décrire l'état des lieux ; celui des fermetures ou clôtures, si le fait s'est passé dans un lieu fermé et clos ; l'état et la position du cadavre ; l'état des vêtements dont il est couvert ; la situation, la nature et l'état des instruments, armes, objets ou papiers trouvés près du cadavre ou dans un lieu voisin. »

C'est l'officier de police qui doit faire ces diverses constatations ; mais il importe à tous de faciliter les recherches de la justice. Ainsi donc, à moins que ce ne soit pour porter secours ou donner des soins, l'hôtelier ne devra rien déranger avant l'arrivée du magistrat. Cependant la question d'humanité prime toutes les autres ; et cette inaction absolue ne sera observée que si la victime a complètement cessé de vivre, ce dont il faudra s'assurer. Si elle respire encore, il n'y a pas à hésiter devant un déplacement pouvant soulager ses souffrances ; il faudra seulement se bien rappeler l'aspect général au moment du crime ou de l'arrivée dans la chambre.

En effet, continuent les mêmes instructions :

« Si, avant l'arrivée de l'officier public, le cadavre et les meubles, qui étaient à sa portée, ont été dérangés ; si les armes, instruments, effets ou papiers dont il était porteur, ou qui se sont trouvés près de lui, ont été enlevés, l'officier public doit s'empresser de faire rétablir les choses dans leur premier état, de les faire replacer, s'il est possible, par les personnes mêmes qui les ont dérangées, et, si cela est impossible, de faire expliquer ces personnes sur l'état où ces objets se trouvaient. Il constatera le tout. »

Il faut, en effet, dans l'intérêt de la justice, reconstituer la scène du crime aussi fidèlement que possible.

Les traces de sang sur les armes, vêtements et objets appartenant au défunt ou au prévenu, doivent être soigneusement notées.

« Si les traces font présumer que l'individu homicidé a été attaqué ou tué dans un lieu, qu'il a fui ou qu'il a été traîné dans le lieu où gisait le cadavre, on le constatera. »

Ainsi donc, ne rien nettoyer ni balayer avant les descriptions légales.

« Si des indices font présumer que le défunt s'est défendu, on les recueillera soigneusement et l'on vérifiera si le prévenu n'aurait pas sur sa personne ou dans ses vêtements des marques de cette défense. »

Car ce dernier, en cas de flagrant délit, doit être arrêté par l'hôtelier avec l'aide de ses gens ou de ses voisins, et gardé jusqu'à ce qu'il puisse être remis aux agents ou aux gendarmes.

S'il a échappé, mais s'il a été vu, l'hôtelier ou ses domestiques donneront tous les signalements et renseignements sur lui, en évitant les erreurs et les exagérations.

« Quand le jour ou l'heure de la mort ne sont pas bien connus, il faut rechercher ou constater quel est le dernier moment où a été vu le défunt, et si l'on a entendu partir, du lieu où gît le cadavre, du bruit, des cris ou des plaintes qui paraissent se rapporter à l'instant de la mort.

« Il ne faut pas omettre de rechercher et de constater les vols ou autres crimes ou délits dont le meurtre ou l'assassinat aurait été précédé, accompagné ou suivi, parce que la complication du fait le rend plus grave et détermine, en cas de meurtre, une peine différente et plus forte. »

Tous les indices sur les circonstances de l'homicide, sur le défunt, sur le prévenu, doivent donc être fournis ou conservés par l'hôtelier avec une scrupuleuse exactitude ; car ils peuvent modifier complètement la situation au point de vue légal.

235. — Suicide. — « Si une mort violente paraît avoir été l'effet d'un suicide, il n'en faut pas moins recueillir avec soin les circonstances qui ont précédé, accompagné ou suivi cette mort. L'état du cadavre, la description des instruments qui ont procuré la mort, la déposition des témoins, toutes les preuves, enfin, doivent être consignées dans le procès-verbal comme en cas d'homicide.

« Les médecins doivent décider, d'après le genre de mort, la nature, le nombre, la situation et la gravité des blessures, et si la personne décédée a pu se donner elle-même la mort.

« L'officier de police recueillera, de son côté, tout ce qui peut éclairer la justice sur ce point.

« Si la personne suicidée a laissé, comme cela arrive fréquemment, un écrit explicatif de sa mort, on aura la plus grande attention non seulement de recueillir cet écrit, mais encore de rechercher et d'annexer au procès-verbal d'autres pièces d'écriture de la main du défunt, afin de pouvoir comparer ; on saisira de préférence les pièces authentiques, mais on ne négligera pas les écritures privées.

« Si l'on ne trouve pas de pièces, ou si elles sont insuffisantes, il est nécessaire d'entendre des témoins pour reconnaître l'écrit relatif à la mort.

« Toutes ces précautions sont indispensables, afin de s'assurer que cet écrit est de la main du défunt, et pour empêcher la dissimulation d'un meurtre. »

L'hôtelier devra donc, comme dans l'hypothèse pré-
cédente, donner toutes les indications possibles et ne
rien déranger si la mort est bien certaine. Mais nous
renouvelons ici nos recommandations de ne point laisser
sans soins un malheureux, par la peur ridicule de se
compromettre vis-à-vis de la justice. Celle-ci, en effet,
ne demande qu'une chose, c'est que l'on puisse lui indiquer
ce qui s'est passé, d'une façon précise et d'après ce que
l'on sait.

236. — Accident. Mort subite. — « Dans le
cas où l'on est appelé à constater une mort que l'on
considère comme accidentelle ou subite, on doit s'at-
tacher toujours à décrire avec la plus grande exactitude
l'état du cadavre ; se faire assister à cet effet par des
experts ; recevoir leur rapport ; veiller à ce qu'ils exa-
minent scrupuleusement si le cadavre ne présenterait
pas quelques lésions extérieures ou autres signes de mort
violente ; entendre les personnes qui déposeront des
circonstances de la mort. »

L'hôtelier voit ce qu'il importe à la justice et à la
société de savoir et de constater dans ces différents événements. La lecture de ces instructions lui trace donc
tout son devoir.

337. — Disparition. — Il peut arriver également
que le voyageur disparaisse, sans que l'on sache ce qu'il
est devenu.

Certains auteurs considèrent même comme une disparition, dans le sens juridique du mot, l'absence sans
avertissement pendant vingt-quatre heures.

Dans le cas où cette absence prendrait un caractère
suspect, ou se prolongerait un peu au delà de ce délai
qui nous semble trop restreint, que doit faire l'hôtelier?

M. Carré répond ainsi : « L'hôtelier entrera dans la chambre, il mettra à part tout ce qu'il y trouvera appartenant à l'hôte. Je ne juge pas nécessaire qu'il requière la justice, ni même qu'il appelle des témoins. Il est chez lui, il est gardien légal des effets de l'hôte, il en répond ; il fait acte de bonne garde. »

C'est précisément cette responsabilité qui nous empêche d'approuver complètement cette façon d'agir. Il est toujours dangereux de se faire justice, et de substituer son autorité privée aux garanties de la loi.

Si l'absent reparaît, s'il prétend qu'en rangeant ainsi ses effets on lui en a dérobé ou détérioré quelques-uns, si la même prétention est émise par sa famille ou ses héritiers, comment se défendra l'hôtelier?

Quel inconvénient y a-t-il donc à avertir le commissaire de police ou le maire de la localité? Il faudrait toujours en arriver là si la porte du logement était fermée en dedans et que l'on craignît un malheur. Pourquoi donc, à tout événement, ne pas suivre les prescriptions générales que nous trouvons dans le *Dictionnaire général de police* de Brayer, et qui sont ainsi formulées :

« Dans le cas de disparition présumée d'une personne, les parents, amis, et même les voisins ou tous autres intéressés, doivent en faire la déclaration à l'officier de police, maire ou commissaire de police de la localité.

« Cette déclaration doit contenir les noms, la qualité, la profession et le signalement de l'absent, ainsi que les circonstances qui ont accompagné la disparition.

« S'il n'y a pas présomption que l'individu disparu soit mort dans son appartement, le maire ou le commissaire de police transmet la déclaration au procureur de la République, et donne en même temps avis au

juge de paix chargé de procéder aux actes conservatoires. (Scellés, inventaire ou description.)

« S'il y a présomption de mort, l'officier de police
se transporte sur les lieux et fait ouvrir la porte de la
chambre de l'absent en présence de deux témoins, avec
lesquels il pénètre dans l'appartement, et il procède avec
leur assistance.

« S'il trouve la personne morte dans le logement, il
fait les constatations exigées dans les cas de mort violente ou accidentelle, dresse procès-verbal du tout et
fait prévenir le juge de paix pour l'apposition des scellés. »

238. — Effets du défunt. — Tous les exemples de
mort naturelle ou violente que nous venons d'indiquer
ont cependant les mêmes conséquences légales pour les
effets du voyageur défunt, quand aucune décision judiciaire n'y a apporté d'exception spéciale.

Le décès est constaté. Les formalités administratives
sont remplies, l'instruction est commencée, les pièces
à conviction ont été emportées, les autres objets,
sommairement décrits par le juge de paix, restent à
l'hôtel.

A quel titre? Nous l'avons dit, ce n'est plus à titre
de dépôt nécessaire. A ce moment, ce n'est même plus
le dépôt judiciaire, puisque la justice a rempli sa mission; c'est donc le dépôt pur et simple.

Nous supposons la famille absente.

Envers elle, l'hôtelier est débiteur de ce que l'on
appelle, en droit, un objet certain : le bagage; et, dans
ce mot, nous comprenons tout ce qui avait été apporté
par le décédé.

Aussi, selon les termes de l'article 1264 du Code civil,
l'hôtelier fera, par acte d'huissier, sommation aux héri-

tiers du voyageur, s'il les connaît, d'avoir à enlever ces effets.

Si les héritiers sont inconnus, ou si, cette sommation faite, ils n'enlèvent point les bagages, et que l'hôtelier ait besoin du lieu où ils sont placés, celui-ci pourra obtenir de la justice la permission de les mettre en dépôt dans quelque autre lieu. Procès-verbal de ce dépôt sera fait et signifié à qui de droit.

Mais, le plus ordinairement, l'hôtelier est créancier de la succession pour les dépenses faites ou occasionnées par le défunt dans son hôtellerie. L'article 2078 va fixer notre réponse :

« Le créancier ne peut, à défaut de payement, disposer du gage, sauf à lui à faire ordonner en justice que ce gage lui demeurera en payement et jusqu'à due concurrence, d'après une estimation faite par expert, ou qu'il sera vendu aux enchères. Toute clause qui autoriserait le créancier à s'approprier le gage ou à en disposer, sans les formalités ci-dessus, est nulle. »

Tel est le principe : ne pas se faire justice soi-même. Mais la loi du 31 mars 1896 sur la réalisation du gage permet à l'hôtelier de sauvegarder tous ses intérêts, rapidement et presque sans frais.

A cet égard, nous prions le lecteur de se reporter au mot « Gage », où il trouvera l'étude complète de cette loi.

239. — Effets du meurtrier. — L'hôtelier agira de même pour les effets appartenant au meurtrier, si l'homicide a été commis par un autre voyageur.

Ces événements tragiques jettent toujours une certaine défaveur sur l'établissement.

240. — Précautions à prendre pour la tranquillité de l'hôtel. — L'hôtelier fera donc tout le possible pour les éviter. Il écartera soigneusement de sa maison toute clientèle suspecte ; il exercera ou fera exercer une surveillance constante ; il se rappellera nos diverses recommandations sur les clefs, les fermetures, l'éclairage, et toutes les garanties matérielles pour la sécurité commune.

Si les propos, la tristesse, la façon d'être du voyageur font prévoir un suicide, l'hôtelier redoublera de vigilance et n'hésitera point à communiquer ses craintes à la famille et à la police. Il préviendra également cette dernière dans le cas où des menaces adressées à un locataire, des provocations échangées entre deux clients, annonceraient quelque événement tragique.

Car, comme hôtelier, il est directement intéressé à ce qu'aucun malheur n'arrive chez lui ; et, comme honnête homme, il a le devoir de l'empêcher d'arriver, n'importe où, quand cela est en son pouvoir.

Abordons maintenant une question qui a gravement préoccupé les hôteliers. Le fait seul de la mort du voyageur leur donne-t-il droit à des dommages-intérêts ?

241. — Dommages-intérêts en cas de mort du voyageur. — Nous croyons devoir répondre à cette question avec quelques détails.

Dans certains pays étrangers, en Suisse, par exemple, la loi ou des règlements d'administration ont établi, sur cette matière, un véritable tarif qui évite toute difficulté.

En France, rien de semblable n'a été fait. C'est le droit commun, seul, qui nous régit. Ouvrons donc le Code civil.

Il importe de remonter au principe même de l'indemnité. Ce principe est écrit dans l'article 1382 du Code civil : « Tout fait quelconque de l'homme qui cause à

autrui un dommage, oblige celui par la *faute* duquel il
est arrivé, à le réparer. »

L'idée de faute est donc liée juridiquement à l'idée
de dommages-intérêts. Or, en thèse générale, ce n'est
point par sa faute que le client meurt à l'hôtel.

Le seul fait du décès, considéré en lui-même, ne peut,
en conséquence, servir de base à une indemnité; et
l'hôtelier n'a pas plus le droit de réclamer une somme
supplémentaire pour le trouble momentané ainsi apporté
dans sa clientèle, qu'il n'aurait le devoir de diminuer la
note d'un voyageur célèbre, dont le séjour constitue
cependant une réclame pour sa maison. Ces événements, au point de vue professionnel, passent en profits
et pertes.

Dans l'espèce que nous étudions, s'il y a eu préjudice, il est dû à une cause étrangère au décédé, et bien
indépendante de sa volonté. Nous sommes en présence
d'un cas de force majeure, et l'article 1382 ne saurait
être invoqué contre les héritiers.

Mais il en serait autrement, selon nous, si la mort
était due à un suicide, à un duel, à une rixe provoquée
par le voyageur, à tout acte, en un mot, révélant la
volonté et par conséquent la faute du défunt. En sem-
blables circonstances, le fait seul, mais volontaire, de
la mort donne droit pour l'hôtelier à une indemnité particulière, spéciale à cet événement, et qui sera évaluée,
selon le droit commun, d'après l'importance de l'hôtel,
le scandale causé, le départ des clients, l'abaissement
des recettes, ce que l'on appelle, en style judiciaire, les
éléments du procès. (Dalloz, *Dictionnaire pratique de
Droit,* v° *Responsabilité,* n° 142 *bis,* D. P. 1906. 5. 55.)

Tel est notre avis sur cette question des dommages-
intérêts, qu'il faut bien distinguer des dépenses d'hôtellerie.

Quelle que soit, en effet, la cause de la mort, toutes les dépenses entraînées par les épurations de literie, le blanchissage du linge, le nettoyage ou remplacement des tapis, tentures et rideaux, les raccords ou lessivages de peintures, l'exécution des règlements de police sur la salubrité, les mesures prescrites en cas d'épidémie ou de maladies contagieuses; tous ces frais, disons-nous, rentrent incontestablement dans les dépenses d'hôtellerie. Ils doivent être portés sur la note et payés par les héritiers.

Mais comprendrons-nous dans la même catégorie :

1° Le défaut de location, pour la chambre, pendant la durée des réparations nécessaires ;

2° Le temps perdu dans les démarches occasionnées par la mort du voyageur?

Oui, en principe. Toutefois, en pratique, nous ferons quelques réserves.

Si, par exemple, les démarches n'ont eu rien d'exceptionnel ni de particulièrement coûteux, nous estimons qu'elles font partie des attentions et soins généraux dus par l'hôtelier à ses clients.

Elles peuvent être l'objet d'une gratification aux gens de service, d'un souvenir au maître, ou d'un règlement un peu plus large des dépenses ; mais nous ne conseillerons pas, dans les cas ordinaires, une réclamation judiciaire sur ce point. On nous dit : L'hôtelier a agi, en quelque sorte, comme le mandataire de la famille. Soit; mais « le mandat est gratuit, s'il n'y a convention contraire ». (Code civil, art. 1986.)

Il est bien entendu, en effet, que si la famille, même par simples lettres, a contracté un engagement de payer tous les frais et démarches, l'exécution de cet engagement sera légalement et utilement demandée devant les tribunaux, en cas de difficultés.

Également, l'hôtelier qui, par ses démarches, a réellement agi dans l'intérêt des héritiers ou représentants du défunt, comme ils l'auraient fait eux-mêmes, peut invoquer à leur égard les dispositions de l'article 1375 du Code civil. Cet article décide qu'en ce cas, ils doivent remplir les obligations que l'hôtelier a contractées en leur nom, l'indemniser de toutes celles qu'il a personnellement prises, et lui rembourser toutes les dépenses utiles ou nécessaires qu'il a faites.

Quant à la chambre, non louée pendant la durée des travaux auxquels le décès a directement donné lieu, cette question nous paraît devoir être résolue suivant les circonstances de fait.

Si la mort est survenue dans un moment où le nombre des voyageurs était tel que l'indisponibilité de ce local causait un préjudice sérieux ; ou si cette chambre, par sa situation même, était une de celles le plus souvent retenues ou demandées par les clients ; dans tous les cas, en un mot, où cette privation momentanée amènera un déficit réel dans les recettes de la maison, l'hôtelier aura incontestablement le droit de réclamer en justice des dommages-intérêts équivalents à la perte éprouvée.

Mais si les autres appartements ont suffi au service des voyageurs, si les bénéfices n'ont pas été dépréciés, nous terminerons par le conseil, déjà tant de fois donné, de traiter toutes ces questions pénibles à l'amiable, avec la discrétion et la dignité qui sauront acquérir à l'hôtel une clientèle honorable et solide, compensant largement ces ennuis de la profession.

Le lecteur ne nous saura pas mauvais gré de quitter ces sujets lugubres et de passer à d'autres incidents pouvant se produire pendant le séjour du voyageur.

CHAPITRE III

242. — **Naissances.** — L'article 56 du Code civil s'exprime ainsi :

« La naissance de l'enfant sera déclarée par le père, ou, à défaut du père, par les docteurs en médecine ou en chirurgie, sages-femmes, officiers de santé ou autres personnes qui auront assisté à l'accouchement, et, lorsque la mère sera accouchée hors de son domicile, par la personne chez qui elle sera accouchée. »

La distinction entre l'accouchement au domicile de la femme et hors de son domicile ne s'applique pas à la déclaration du père. En quelque lieu que la femme accouche, si le mari est présent, c'est lui qui doit faire la déclaration. (Dalloz, *Dictionnaire pratique de Droit,* v° *Actes de l'état civil.*)

243. — **Déclaration par l'hôtelier.** — Mais s'il est absent, et si la mère est accouchée hors de son domicile, l'obligation de déclarer la naissance pèse, avant tout, sur la personne chez laquelle elle est accouchée ; et les docteurs en médecine, officiers de santé et sages-femmes n'en sont, dans ce cas, tenus que subsidiairement. (Demolombe, livre Ier, titre II, n° 293.)

Certains auteurs prétendent que cette obligation pèse

également sur toutes les personnes dont nous venons de parler ; mais, en fait, que l'hôtelier soit obligé avec ou avant les autres, il encourt toujours une nouvelle responsabilité.

244. — Délais. — Car l'article 55 du Code civil dit en termes exprès :

« Les déclarations de naissance seront faites, *dans les trois jours* de l'accouchement, à l'officier de l'état civil du lieu. »

Et comme sanction aux prescriptions ci-dessus, l'article 346 du Code pénal punit le défaut de déclaration, dans les délais fixés, d'un emprisonnement de six jours à six mois et d'une amende de 16 francs à 300 francs.

« L'acte de naissance sera rédigé de suite, en présence de deux témoins, » ajoute l'article 56.

Mais quelle doit être cette rédaction ?

245. — Énonciations de l'acte de naissance. — « L'acte de naissance énoncera le jour, l'heure et le lieu de la naissance, le sexe de l'enfant et les prénoms qui lui seront donnés, les prénoms, noms, profession et domicile des père et mère, et ceux des témoins. » (Code civil, art. 57.)

Ici, la responsabilité de l'hôtelier devient plus grave encore, et il importe de fixer nettement ce que la loi lui commande.

Que doit prouver l'acte de naissance ? Quelle est son utilité ?

Il doit prouver, d'abord et toujours, le fait absolu de la naissance et l'individualité de l'enfant.

Ainsi, l'hôtelier indiquera le jour, l'heure et le lieu de la naissance, le sexe de l'enfant et les prénoms qui lui sont donnés.

246. — Enfants jumeaux. — L'heure exacte sera particulièrement précisée lorsqu'il y a deux jumeaux, car celui qui vient au monde le premier est. l'aîné. Or cela présente un grand intérêt pour le service militaire, par exemple, ou l'ordre des successions.

Les plus minutieuses précautions sont donc recommandées. D'abord, chacun d'eux aura son acte de naissance spécial; puis, afin d'éviter toute confusion, l'officier de l'état civil constatera avec soin le moment et l'ordre dans lequel ils sont nés, et l'indication des marques qu'ils auraient sur le corps; il se gardera aussi de les inscrire sous les mêmes prénoms. (Dalloz, *Nouveau Code civil annoté*, art. 57, n°s 25 et suiv.)

Jusque-là il suffit à l'hôtelier de fournir ces renseignements, et sa déclaration ne donne réellement lieu à aucune difficulté.

Mais l'article 57 ajoute : « Les prénoms, noms, profession et domicile des père et mère. »

Est-ce toujours, et dans tous les cas, que ces noms devront être énoncés ?

Il faut distinguer :

247. — Enfants légitimes. Enfants adultérins ou incestueux. — Pour les enfants nés d'un légitime mariage, l'hôtelier devra toujours déclarer les noms des père et mère.

Pour les enfants adultérins et pour ceux qui sont nés de personnes entre lesquelles la parenté ou l'alliance interdit le mariage, les noms des père et mère ne doivent jamais être désignés, lors même qu'ils viendraient, en personne, avouer et reconnaître l'enfant. La loi s'y oppose formellement, dans l'intérêt de la société, et par respect pour l'honnêteté publique. De pareilles énonciations seraient nulles de tous points. Bien plus, l'hôtelier s'exposerait à de graves inconvénients, ainsi que nous le verrons plus loin. Il doit agir avec une prudence extrême.

L'hôtelier fera donc inscrire l'enfant comme étant né de père et mère non désignés.

248. — Enfants naturels. — Pour les enfants naturels, les père et mère seront nommés, s'ils reconnaissent eux-mêmes l'enfant.

Mais s'ils ne le reconnaissent pas?

D'abord, et d'une façon absolue, l'hôtelier gardera le silence sur le père.

Quant à la mère, il ne la désignera que si elle l'y autorise.

Il y a des cas où, sans reconnaître l'enfant, elle voudra cependant réserver l'avenir et demandera ou consentira à être nommée dans l'acte de naissance. L'hôtelier alors, muni de cette autorisation, déclarera le nom de la mère.

Mais, autrement, il ne peut se faire juge de situations aussi dangereuses ; et, la loi ne l'obligeant pas à indiquer les père et mère, en dehors du mariage ou d'un mandat spécial, il n'engagera pas imprudemment sa responsabilité.

Car : 1° l'article 346 du Code pénal n'impose que la déclaration de la naissance, et non celle des parents, en dehors du mariage. Il se reporte, en effet, aux articles 55 et 56 du Code civil, et non à l'article 57.

249. — Dangers à éviter. — 2° L'hôtelier et l'officier de l'état civil lui-même s'exposeraient à un procès en dommages-intérêts, s'ils avaient déclaré et inséré dans l'acte une énonciation qui ne devait pas y être reçue ; si, par exemple, ils avaient qualifié un individu

16 — Code de l'hôtelier.

de fils naturel d'un homme qui ne l'aurait pas, lui-même reconnu par acte authentique, et à plus forte raison s'ils lui avaient attribué une paternité adultérine. Car ces énonciations, bien qu'elles ne fissent aucune preuve contre les personnes dénommées, n'en porteraient pas moins atteinte à leur réputation. (Demolombe, art. 57.)

250. — Responsabilité pénale. — Mais surtout l'hôtelier devra se refuser, avec la dernière énergie, à toutes combinaisons, à tous projets de déclaration qui lui paraîtraient suspects.

Ce n'est plus seulement sa responsabilité civile qu'il engagerait alors, il se rendrait coupable de faux en écriture authentique et publique, et serait puni des travaux forcés. (Code pénal, art. 147.)

D'ailleurs, en dehors même de cette déclaration, tout individu qui aura enlevé, caché ou fait disparaître un enfant (sans le tuer, bien entendu), ou qui aura substitué un enfant à un autre, ou qui aura faussement attribué un enfant à une femme non accouchée, sera puni de la reclusion. (Code pénal, art. 345.)

Et la complicité dans de pareils actes entraîne le même châtiment. (Code pénal, art. 59.)

Ainsi donc la moindre faiblesse aurait pour résultat la cour d'assises et une peine infamante.

251. — Enfant mort-né. — Tout ce que nous avons dit sur la déclaration de naissance s'applique même au cas où l'enfant est mort-né, ou bien encore au cas où il a vécu quelque temps, mais est mort avant d'avoir été présenté, dans les trois jours, à l'officier de l'état civil.

Ce dernier rédigera alors l'acte prescrit par le décret

du 3 juillet 1806, sur les indications dont nous venons de nous occuper.

252. — Présentation à l'officier de l'état civil.

— L'article 55 parle de la présentation de l'enfant à l'officier de l'état civil; mais, en vue de faciliter, dans l'intérêt des nouveau-nés, la présentation sans déplacement, les maires peuvent prendre des arrêtés pour faire opérer, sans frais, la constatation des naissances à domicile par un médecin délégué.

La personne à qui la loi prescrit de faire la déclaration doit venir ou envoyer à la mairie pour déposer une demande signée par elle, ou en faire rédiger une par l'employé de service et la signer, à l'effet d'obtenir cette constatation à domicile.

253. — Témoins.

— Mais la déclaration de naissance à la mairie reste toujours obligatoire, et elle doit être faite en présence de deux témoins.

Nous rappelons la modification apportée à l'article 37 du Code civil par la loi du 7 décembre 1897 :

« Les témoins produits aux actes de l'état civil devront être âgés de vingt et un ans au moins, parents ou autres, *sans distinction de sexe;* ils seront choisis par les personnes intéressées. Toutefois le mari et la femme ne pourront être témoins ensemble dans le même acte. »

Les témoins qui figurent dans un acte de naissance seront Français, majeurs, domiciliés dans la commune, non privés de leurs droits civils. Ils attestent la rédaction de l'acte en leur présence, la présentation et l'existence de l'enfant, l'identité du déclarant, et rien de plus.

Toutes ces formalités seront accomplies sans difficultés par l'hôtelier honnête, surtout la mère étant là pour lui fournir des renseignements et veiller sur le nouveau-né.

254. — Décès de la mère. — Mais supposons la mère mourante en couche.

Si elle est mariée et si le mari est présent, c'est lui qui fera les déclarations, avec l'hôtelier, et qui s'occupera de l'enfant.

255. — Devoirs de l'hôtelier. — Si le mari est absent, et si l'hôtelier connaît son domicile, celui-ci l'avertira aussitôt, fera donner à l'enfant les premiers soins, et pourra attendre l'arrivée du père, à la condition qu'elle ait lieu avant le délai fixé pour la déclaration du décès ; car si, dans l'accomplissement de ces formalités, la présence du mari est une garantie pour le propriétaire de l'hôtel, c'est à ce dernier cependant que la loi impose cette déclaration, puisque la femme est morte chez lui.

Si le domicile du mari est trop éloigné, ou si la femme n'est pas mariée, l'hôtelier aura seul la responsabilité de ce qui devra être fait légalement. Nous le lui avons indiqué pour le décès de la femme ; pour l'enfant, il agira selon les ressources et les instructions laissées.

S'il n'a reçu aucune recommandation, mais si la défunte avait quelque argent, ou si l'hôtelier connaît sa famille, il s'entendra avec le juge de paix et le commissaire de police pour faire donner à l'enfant des soins en rapport avec la situation pécuniaire et sociale de la mère ou de ses parents.

Si celle-ci, mariée ou non, est étrangère, il faudra prévenir le consulat ou l'ambassade.

256. — Enfant complètement abandonné. —

Enfin, s'il n'y a ni instructions, ni ressources, ni renseignements sur la famille, l'hôtelier remettra l'enfant au commissaire de police, qui lui fera donner immédiatement une nourrice et commencera aussitôt une enquête.

Dans les communes qui n'ont pas de commissaire de police, l'enfant sera remis au maire. Celui-ci alors agit comme officier de police, et non comme officier de l'état civil; car ce n'est pas là un enfant trouvé, dans l'expression juridique de ce mot, et les dispositions de l'article 58 ne sont point applicables.

Il est bien entendu que, dans tous ces cas, l'hôtelier devra toujours déclarer la naissance; et même, en l'absence des parents, il fera baptiser l'enfant, surtout si celui-ci est en danger de mort. C'est d'abord un devoir de chrétien; puis, comme nous le disions pour les décès, l'hôtelier évitera ainsi tous reproches de la famille et répondra, sur ce point, à la question qui lui sera officiellement adressée au commissariat; car il importe au fonctionnement régulier de la société de savoir à quelle parenté et à quelle religion appartient tel ou tel citoyen. Rappelons même, à ce sujet, que la cérémonie entièrement gratuite du baptême peut précéder la déclaration de naissance. (Dalloz, *Dictionnaire pratique de Droit*, v° *Actes de l'état civil.*)

La pensée d'un baptême nous amène tout naturellement à parler de fêtes, réceptions et dîners.

257. — Réceptions, bals, concerts, etc. —

Aujourd'hui, la vie d'hôtel s'est élégamment transformée. C'est, parfois, l'administration elle-même qui offre à ses clients un bal, un concert, une représentation théâtrale; ou bien c'est un voyageur qui veut fêter ses nombreux amis ; ou bien encore un habitant de la ville ou une société corporative, désirant mettre à profit les vastes salons de l'établissement pour y donner un repas ou une grande réception.

Quelles seront les précautions à prendre et les responsabilités à éviter ?

Rappelons tout d'abord que les bals publics sont assujettis à la surveillance et à l'inspection de l'autorité municipale, qui, par un arrêté, peut fixer l'heure de fermeture ou refuser l'autorisation.

Or, « on doit classer parmi les bals publics, ne pouvant être ouverts que conformément aux règlements de police, le bal organisé dans un local public et auquel est admise, soit gratuitement, soit après payement d'une cotisation, toute personne qui se présente pour y assister.

« Au contraire, il y a lieu de considérer comme bal particulier celui où ne sont reçues que les personnes nominativement invitées à l'avance, sur présentation des invitations rigoureusement personnelles qui leur ont été adressées. Il faut appliquer ici les principes établis par la loi du 6 juin 1868, qui distingue les réunions publiques des réunions privées ; aux tribunaux appartient le soin de déterminer les caractères qui différencient ces deux sortes de réunions. » (*Traité* de Huard et Mack, n° 996.) La jurisprudence a consacré cette manière de voir. (Cass., 6 juillet et 3 août 1867 et 22 janvier 1869.) Enfin la loi du 30 juin 1881 n'a imposé aucune formalité pour les réunions privées.

Ainsi donc, s'il ne s'agit que d'une réunion de famille, repas de noce, dîner ou soirée avec invitations personnelles, aucune autorisation préalable n'est demandée.

Nous supposons, bien entendu, que la réception

a lieu dans l'hôtel même, et que pour l'hôtel aucune heure de fermeture n'a été fixée par l'autorité.

S'il en était autrement, ou si la réunion, même privée, avait pour local le café, ou le restaurant, ou une autre salle dépendant de l'hôtel, mais qui, d'après les arrêtés de police, doit être fermée à telle heure, une autorisation serait nécessaire pour dépasser ce délai, même en fermant portes et fenêtres. (Dalloz, *Dictionnaire pratique de Droit*, v° *Réunions publiques*.)

258. — Responsabilité quant aux effets apportés dans ces réunions.

— Quand le propriétaire d'un hôtel loue ses salons pour un dîner, un bal, une soirée, il n'agit plus comme hôtelier, mais comme traiteur, restaurateur, entrepreneur de bals ou de concerts. Il en sera de même à l'égard des personnes autres que les voyageurs, si un café, un restaurant, une salle de billard dépendant de l'hôtel a ses portes ouvertes au public étranger à l'établissement.

Dans ces circonstances, quelle est la responsabilité du propriétaire de l'hôtel sur les effets apportés dans ces pièces par des clients non logés chez lui ?

L'article 1952 est-il applicable ?

Oui, ont répondu certains auteurs ; mais nous combattons absolument cette doctrine, et, nous rangeant à l'avis de Marcadé, appuyé par toute la jurisprudence nouvelle, nous déclarons que cet article, qui est tout exceptionnel et qui aggrave si sensiblement les conditions ordinaires de la responsabilité, ne saurait s'étendre à des cas qu'il n'a pas expressément prévus. (Cass., 3 février 1896, *le Droit* du 18 avril 1896.)

Il est bien entendu que le voyageur descendu à l'hôtel pourra toujours invoquer ces articles 1952 et 1953, alors même qu'il assisterait, comme invité, au repas ou à la soirée donnée dans ce local spécial, parce que ce local fait toujours partie de la maison, et que la surveillance et la responsabilité doivent protéger, là comme ailleurs, l'individu logé à l'établissement.

Mais les autres personnes ne sauraient, à aucun titre, se prévaloir d'une aussi rigoureuse exception.

Il n'y a point ici de dépôt nécessaire, et il n'y a point de motif pour y assimiler l'apport accidentel et sans nécessité, légalement parlant, de quelques pardessus ou de quelques chapeaux. Si un portefeuille ou un bijou sont égarés ou volés, le droit commun est suffisant pour sauvegarder ces intérêts.

259. — Droits d'auteurs. — La distinction, entre les réunions publiques et les réunions privées, a encore une très grande importance quand il s'agit de concerts ou de représentations théâtrales qui seraient donnés à l'hôtel.

En effet, l'article 3 du décret des 13-19 janvier 1791 relatif aux spectacles est ainsi conçu : « Les ouvrages des auteurs vivants ne pourront être représentés sur aucun théâtre public, dans toute l'étendue de la France, sans le consentement formel et par écrit des auteurs, sous peine de confiscation du produit total des représentations au profit des auteurs. »

A ces dispositions il faut joindre l'article 428 du Code pénal, dont voici le texte : « Tout directeur, tout entrepreneur de spectacle, toute association d'artistes qui aura fait représenter, sur son théâtre, des ouvrages dramatiques, au mépris des lois et règlements relatifs à la propriété des auteurs, sera puni d'une amende de 50 francs au moins, de 500 francs au plus, et de la confiscation des recettes. »

Ouvrons maintenant le répertoire de Huard et Mack, en matière de propriété littéraire et artistique :

« N° 980. Les termes de l'article 428 du Code pénal ne sont pas limitatifs; l'interdiction, édictée par cet article, ne s'applique pas seulement aux directeurs et entrepreneurs de spectacles, mais à tous ceux qui, propriétaires de cafés-concerts, cafés chantants, casinos et autres établissements publics, y font exécuter des scènes ou des morceaux de musique, et donnent ainsi de véritables représentations *publiques*. Il importe peu, dans ce cas, que les représentations soient ou non gratuites et qu'elles aient un but de bienfaisance ou de lucre, le droit de l'auteur étant absolu et indépendant de tout préjudice matériel. (Cour de Bordeaux, 20 mai 1869 ; Pataille, 1870, page 317.)

« N° 981. Il importe peu que l'exécution n'ait pas eu lieu dans un théâtre proprement dit ou qu'elle ait été gratuite. Il suffit, pour donner lieu à l'application de l'article 428 du Code pénal, qu'il y ait eu exécution *publique,* sans le consentement des auteurs ou de leurs ayants droit, d'œuvres musicales (ou littéraires) non tombées dans le domaine public. » (Tribunal civil de la Seine, 11 avril 1889, *le Droit* du 14 avril 1889.)

C'est dans le même sens que s'est prononcé le tribunal de Grasse, le 23 juin 1904 :

« Quelques hôteliers du littoral avaient permis à des artistes de passage d'organiser des concerts dans leurs établissements.

« La Société des auteurs avait demandé le payement des droits, et les hôteliers s'y étaient refusés, prétendant qu'ils étaient étrangers à l'organisation de ces concerts.

« Le tribunal a jugé que le directeur d'hôtel qui organise ou laisse organiser, dans son établissement, des concerts est un véritable entrepreneur de spectacles publics, et que, par suite, il est tenu de payer les droits d'auteur. En outre, les propriétaires des hôtels ont été déclarés civilement responsables des condamnations encourues par leurs directeurs-gérants. » (*Bulletin du Syndicat des grands hôtels*, année 1904.)

260. — Réunions publiques. — Pour les réunions publiques proprement dites, qui se tiendraient dans les salles de l'hôtel, elles doivent être précédées d'une déclaration indiquant leur but et leur caractère et signée par deux personnes domiciliées dans la commune. Cette déclaration est remise, contre récépissé, à Paris au préfet de police; en province au préfet, au sous-préfet ou au maire.

La réunion ne peut avoir lieu que vingt-quatre heures après la délivrance de ce récépissé, ou deux heures après, pendant la période électorale.

Si cette déclaration n'a pas été faite, ceux qui ont prêté ou loué le local peuvent être punis d'une amende de 100 francs à 3 000 francs.

Enfin, n'oublions pas l'article 294 du Code pénal, cité plus haut, et punissant d'une amende de 16 francs à 200 francs tout individu qui aura, sans la permission de l'autorité municipale, accordé ou consenti l'usage de sa maison pour la réunion d'une association même autorisée.

Et, comme l'hôtelier ne peut se faire juge du caractère de l'association, il demandera prudemment cette permission dès qu'il aura quelque doute.

261. — Tapage nocturne. — Dans tous les cas, d'ailleurs, l'hôtelier doit veiller au bon ordre et empêcher le tapage qui pourrait troubler la tranquillité publique.

En effet, l'article 479 du Code pénal, § 8, punit d'une amende de 11 à 15 francs inclusivement les auteurs ou complices de bruits ou de tapages injurieux ou nocturnes troublant la tranquillité des habitants.

Et serait considéré comme complice l'hôtelier qui laisserait des personnes ainsi reçues porter cette atteinte à l'ordre public dans l'intérieur de sa maison ou dans les dépendances de celle-ci. (Cass., 8 novembre 1855, D. P. 55. 5. 431).

262. — Émeutes. Complots. Arrestations. — Dans les temps d'émeutes ou d'agitations politiques, divers incidents peuvent se produire qui peuvent engager encore la responsabilité professionnelle.

Un voyageur est arrêté. Il se réclame de son hôtelier.

Si celui-ci le connaît bien, il fournira tous les renseignements et toutes les garanties pour éviter à son hôte des ennuis sérieux.

S'il le connaît peu ou point, nous conseillons à l'hôtelier une extrême réserve. Il fournira un extrait de son livre de police, et rien de plus.

Le voyageur étranger préviendra l'ambassade ou le consulat de sa nation. L'hôtelier pourra faire ces démarches, quand il s'agira d'un véritable client; mais rien ne l'y oblige.

De même, rien ne l'oblige à manifester telle ou telle opinion par des illuminations ou des drapeaux.

L'hôtelier ne donnera point asile à des individus ou à des sociétés pouvant troubler la paix publique ou porter violemment atteinte à la sûreté de l'État par pillages, guerre civile, incendies.

Il n'oubliera point que l'article 99 du Code pénal inflige les travaux forcés à temps à ceux qui, connaissant le but et le caractère de ces troupes armées, leur auront, sans y être forcés, procuré des logements, lieux de retraite ou de réunion.

Sans dramatiser les choses, l'article 294 du même Code punit d'une amende de 16 francs à 200 francs tout individu qui, sans la permission de l'autorité municipale, aura accordé ou consenti l'usage de sa maison ou de son appartement, en tout ou en partie, pour la réunion d'une association même autorisée.

Mais, après tant d'incidents divers, revenons à l'exercice paisible de la profession et au voyageur heureux qui n'a pas d'histoire !

CHAPITRE IV

263. — Durée de la location. — Le plus souvent, pour les hôtels, aucun écrit ne précise la durée de la location consentie au voyageur.

Quel sera le mode d'appréciation ?

L'article 1758 du Code civil répond à cette difficulté :

« Le bail d'un appartement meublé est censé fait à l'année, quand il a été fait à tant par an ; au mois, quand il a été fait à tant par mois ; au jour, s'il a été fait à tant par jour.

« Si rien ne constate que le bail soit fait à tant par an, par mois ou par jour, la location est censée faite suivant l'usage des lieux. »

Or, à Paris, dit Dalloz, en l'absence de toute convention, l'usage est de considérer les appartements garnis comme loués pour un terme de 15 jours. (R. v° *Louage,* n° 715.)

D'une façon générale, dans ces sortes de locations, est-il nécessaire de donner congé ?

264. — Congé. — A quelle époque doit-il être donné ?

Encore ici, il faut suivre l'usage des localités. A Paris, le congé est obligatoire ; les délais à observer pour l'avertissement réciproque diffèrent suivant la durée de la location.

« La location *au jour* cesse par l'avertissement donné le jour même avant midi.

« La location *à la semaine* cesse par l'avertissement donné le quatrième jour après l'entrée, avant midi ;

« La location à la quinzaine cesse par l'avertissement donné le huitième jour après l'entrée, avant midi ;

« La location au mois cesse par l'avertissement donné le quinzième jour après l'entrée, avant midi.

« Faute d'avertissement dans ces délais, la location continue, par tacite reconduction, pour un nouveau jour, une nouvelle période de huitaine, quinzaine, etc. » (Carré, *Nos petits procès*, page 119.)

Si nous faisons application de ces principes au cas qui se présente le plus fréquemment dans la clientèle ordinaire, nous déciderons que le voyageur est tenu de payer la chambre pour la journée, lorsqu'il n'a pas prévenu, avant midi, l'hôtelier que celui-ci pouvait disposer du logement.

265. — Fixation du temps de location au point de vue légal. — On comprend, par là même, l'importance de définir nettement les périodes que nous avons indiquées.

« La semaine se compose de sept jours, du jour de l'entrée au jour correspondant de la semaine suivante, à midi, quelle que soit l'heure d'entrée du premier jour ;

« La quinzaine se compose de quatorze jours, du jour

de l'entrée au jour correspondant de la seconde semaine qui suit, à midi, quelle que soit l'heure d'entrée du premier jour ;

« Le mois se compose du nombre de jours existant entre la date du jour du mois de l'entrée à la date correspondante du mois suivant, à midi, quelle que soit l'heure d'entrée du premier jour. » (Carré, même ouvrage.)

Cette fixation évitera déjà bien des discussions.

266. — Quel est le juge de ces difficultés ? — Ces discussions, quand elles se produisent, doivent être soumises au juge de paix.

Le commissaire de police ne peut intervenir que pour empêcher le désordre, les injures ou les voies de fait.

Mais il a été déclaré, par une décision du tribunal civil de la Seine, rendue le 13 janvier 1888, qu'un commissaire de police qui se fait juge d'une contestation entre propriétaire et locataire excède le droit qu'il tient de ses fonctions, et commet, à l'égard du propriétaire, une faute qui engage sa responsabilité.

267. — Contestation sur la location même. — Le débat peut porter sur la location même ou sur le prix.

Par exemple, un voyageur a seulement déposé ses effets dans un appartement garni. Il n'en a pas pris personnellement possession. Il a parcouru la ville, a trouvé un hôtel mieux situé, vient reprendre ses bagages et nie avoir loué la chambre. Le propriétaire de l'hôtel soutient que la location a été faite verbalement pour telle période de durée.

Dans ce cas, d'après l'article 1715 du Code civil, la

preuve ne peut être reçue par témoins, quelque modique que soit le prix ; le serment peut seulement être déféré à celui qui nie le bail.

268. — Contestation sur le prix. — Mais si la contestation ne s'élève que sur le prix, quand l'exécution du bail a commencé, c'est à la bonne foi du propriétaire qu'il faudra s'en rapporter, à moins que le locataire ne préfère demander une estimation par experts ; auquel cas, les frais de l'expertise restent à sa charge si l'estimation excède le prix qu'il a déclaré. (Code civil, art. 1716.)

Enfin, à propos de ces locations, Masson étudie la situation, au point de vue administratif et légal, de l'hôtelier et du client, quand ce dernier reste à l'hôtel pendant plusieurs années.

269. — Installations à l'année. — « Il y a, dit-il, nombre d'individus qui, avec la possibilité d'avoir un appartement indépendant, préfèrent résider dans un hôtel et y restent effectivement des années. La partie du local qu'ils y occupent ainsi est-elle réputée distraite de l'exploitation de l'établissement ? »

Non, avait répondu la Cour de cassation, le 24 décembre 1824. L'Administration y exerce toujours la même surveillance, la responsabilité de l'hôtelier reste la même.

Nous supposons, bien entendu, comme le fait Masson dans le paragraphe cité par nous, que le logement en question n'a pas été séparé matériellement de l'hôtel ; qu'il communique toujours avec les autres pièces de l'établissement, et que, si le voyageur a ses domestiques à lui, il emploie également les gens de la maison, comme le font les autres clients ; qu'enfin il laisse la clef de son appartement à l'hôtel, comme un voyageur de passage laisse la clef de sa chambre.

Rappelons ici que le temps a fait son œuvre et que la même Cour de cassation, par son arrêt du 25 juin 1913, a proclamé que les articles 1952 et 1953 du Code civil sur la responsabilité hôtelière ne s'appliquaient qu'aux personnes qui, venues à titre temporaire et passager, n'ont ni le temps ni les moyens de vérifier les garanties offertes par la maison. (*Gazette des tribunaux* du 4 juillet 1913.) L'Administration seule conserve son droit de surveillance.

Mais, quelle que soit la durée du séjour, la question capitale est celle de la note. Étudions-la complètement.

270. — Dépenses d'hôtellerie. — Il importe à la tranquillité, comme à la bonne tenue de l'hôtel, que des discussions ne puissent s'élever sur le payement des dépenses faites par le voyageur.

Nous devons donc rechercher les meilleurs moyens d'éviter toutes contestations.

271. — Prix convenus d'avance. — Et d'abord, suivant un usage qui se généralise de plus en plus, le client, à son arrivée même, convient d'un prix par jour, par semaine ou par mois, avec le propriétaire de l'établissement, pour le logement, l'éclairage, le service et la nourriture, d'après les conditions débattues et arrêtées séance tenante.

De cette façon, le traité est formel ; il n'y a qu'à l'exécuter, et il ne saurait donner lieu à aucune difficulté.

Si cependant le voyageur, par fantaisie ou obligation réelle, abrège son séjour, comment se fera le règlement ?

17 — Code de l'hôtelier.

Par exemple, le prix a été convenu pour un mois, et le client ne reste que huit jours dans la maison.

Le tribunal de paix du XIVe arrondissement de Paris a jugé que l'hôtelier avait alors le droit de demander le prix à tant par jour, au lieu du prix du mois qui avait été convenu. (Trib. de paix de Paris, XIVe arrondissement, mars 1887.)

Cette décision nous paraît absolument équitable dans les circonstances ordinaires; par exception, cependant, il peut arriver que cette rupture du traité cause un véritable préjudice à l'hôtelier et lui donne droit à des dommages-intérêts équivalents, par exemple, au payement du mois tout entier.

Ce sont là des questions de fait, dont les solutions varient selon les différentes hypothèses.

272. — Prix affichés. — Un autre usage, que nous approuvons fort, consiste à afficher, dans chaque chambre, le tarif du logement, du service et des repas.

« L'hôtelier, dit M. Carré, peut-il imposer ces prix aux voyageurs? En l'absence de conventions, je ne le crois pas; il me paraît être sans droit pour exiger les sommes qu'il a fixées et qu'il a formellement agréées; et, en cas d'exagération, le voyageur, qui n'est lié par aucun engagement, est fondé à exiger une réduction. » (*Nos petits procès*, p. 113.)

Nous demandons la permission de ne point adopter cet avis.

Déjà, en descendant dans un hôtel sans en discuter préalablement les prix, le voyageur accepte tacitement les conditions de la maison.

Mais en s'installant dans une chambre où ces prix sont affichés, en y demeurant, en prenant ses repas, d'après ce tarif qui est là sous ses yeux, le voyageur ne confirmerait-il pas cette acceptation par chacun de ces faits ? Pourquoi n'a-t-il pas protesté ? pourquoi n'a-t-il pas demandé cette réduction, non point à la fin, mais au début de son séjour ?

L'offre a été nettement précisée ; le locataire en a profité ; le contrat est formé.

273. — Prix à débattre. — La réduction de la note ne saurait être réclamée qu'en dehors des deux cas ci-dessus étudiés, alors qu'il n'est intervenu aucune convention ni tacite, ni expresse.

Dans ces circonstances, nous ne nous dissimulons point les difficultés.

Car, si le juge de paix a la compétence voulue pour les résoudre, ce qui promet une solution rapide, l'hôtelier cependant, jusqu'à cette décision, a le droit de retenir les malles du client, ce qui amènera pour tout le monde de sérieux embarras.

D'autre part, quelles seront les bases de cette réduction ? Qu'est-ce que le juste prix ?

Il varie selon la clientèle, les frais généraux, la tenue de l'établissement, la difficulté des approvisionnements, l'enchérissement des denrées, l'affluence exceptionnelle des voyageurs.

Si ces derniers doivent être protégés contre de véritables exploitations, il ne faut pas oublier non plus que l'hôtelier doit pouvoir trouver, dans sa profession, la légitime rémunération de son travail et, comme dit Masson, « y amasser, par l'économie, la subsistance de sa famille et l'indépendance de ses vieux jours ; il n'a pas moins besoin d'être assuré d'un gain honnête que le voyageur d'être hébergé, et l'utilité publique ne réclame pas moins l'un que l'autre. » (*Traité des locations en garni*, p. 269.)

Le jugement sera donc assez difficile à prononcer. L'expérience locale, l'usage, les prix habituels, la bonne renommée de l'hôtelier, guideront le magistrat dans l'accomplissement de cette tâche.

274. — Contestation sur le principe de la dette. — Il peut arriver que la discussion porte non sur le montant de la note, mais sur le principe même de la dette; par exemple, que le voyageur soutienne avoir payé, ou conteste la durée, indiquée par l'hôtelier, de son séjour chez lui.

Nous supposons, bien entendu, qu'il n'existe aucun écrit.

Qui va-t-on croire ?

Et comment décider devant ces assertions contradictoires ?

L'article 1315 du Code civil s'exprime en ces termes :

« Celui qui réclame l'exécution d'une obligation doit la prouver.

« Réciproquement, celui qui se prétend libéré doit justifier le payement ou le fait qui a produit l'extinction de son obligation. »

C'est là que le livre de police, tant de fois décrié, va trouver sa réhabilitation. L'arrivée et le départ du voyageur sont inscrits sur ce livre; la durée du séjour est donc ainsi établie.

En produisant ce registre, l'hôtelier, « qui réclame l'exécution d'une obligation, » fait la preuve exigée par la loi : le voyageur est descendu chez lui, il y est resté tant de jours, il est donc forcément débiteur.

Que répondra celui-ci ?

Qu'il a payé ? qu'il n'a pas demeuré aussi longtemps dans la maison ?

Le paragraphe deuxième de l'article 1315 est formel;

qu'il prouve l'extinction totale ou partielle de son obligation !

275. — Serment. — Certains auteurs ajoutent qu'au surplus, en cas de doute, le juge peut déférer le serment soit à l'aubergiste, soit au voyageur, suivant les circonstances et la qualité des personnes.

Il faudrait cependant distinguer entre les dépenses nécessaires et les dépenses n'ayant point trait exclusivement à la chambre et aux repas, comme les vins fins, les liqueurs, les cigares, les voitures, le feu.

Car l'article 1367 expose dans quelles circonstances le serment peut être déféré par le juge :

« Il faut : 1° que la demande ou l'exception ne soit pas pleinement justifiée ;

« 2° Qu'elle ne soit pas totalement dénuée de preuves.

« Hors ces deux cas, le juge doit ou adjuger ou rejeter purement et simplement la demande. »

Eh bien ! pour les dépenses nécessairement faites pendant le temps où il est certain que le voyageur est resté à l'hôtel, pour les repas pris à table d'hôte, pour l'appartement occupé, la demande du créancier est pleinement justifiée. Il n'y a pas lieu à déférer le serment.

Pour les autres dépenses, au contraire, la contestation soulevée par le voyageur n'est pas totalement dénuée de preuves, et la réclamation de l'hôtelier n'est pas pleinement justifiée. Le serment peut être déféré.

Avec cette distinction, la combinaison des articles 1315 et 1367 amènera d'équitables résultats et tranchera bien des difficultés.

276. — Insolvabilité. Filouterie et grivèlerie. — A côté des clients qui discutent les prix, il en est d'autres pour lesquels rien n'est jamais trop cher, car ils ont l'intention arrêtée de ne point payer, et ils seraient d'ailleurs dans l'impossibilité absolue de le faire.

Ils ont rendu indispensable une loi nouvelle qui porte la date des 26 juillet-3 août 1873, et qui ajoute à l'article 401 du Code pénal le paragraphe suivant, pour protéger, dans une certaine limite, les restaurateurs, aubergistes et cabaretiers :

« Quiconque, sachant qu'il est dans l'impossibilité absolue de payer, se sera fait servir des boissons ou des aliments qu'il aura consommés en tout ou en partie dans des établissements à ce destinés, sera puni d'un emprisonnement de six jours au moins et de six mois au plus, et d'une amende de 16 francs au moins et de 200 francs au plus. »

Ce n'est là, avons-nous dit, qu'une protection relative ; car il est seulement question de boissons et d'aliments.

L'hôtelier proprement dit se trouvera souvent désarmé pour recouvrer une créance importante, alors que le moindre cabaretier peut faire mettre au poste le client qui a abusé de sa confiance.

Un exemple nous fera mieux comprendre, et la question d'ailleurs, par la gravité du préjudice à craindre, mérite une étude complète.

Posons la situation :

Un hôtel a organisé son rez-de-chaussée en café-restaurant. Un consommateur entre dans ce café, demande un bock de 30 centimes, le boit et déclare qu'il ne peut le payer.

L'hôtelier a le droit absolu de faire arrêter ce client insolvable.

Un voyageur arrive, non plus dans le café, mais dans

le vestibule de l'hôtel, demande une chambre, en prend possession ; puis, l'heure du dîner venue, il descend au restaurant, se fait servir un bon repas, remonte dans son appartement, déjeune solidement le lendemain, continue ainsi pendant deux ou trois jours, et, finalement, déclare qu'il ne peut rien payer.

L'hôtelier n'a d'autre droit que de retenir, pour une dépense de 30 à 50 francs, un sac de nuit qui vaut bien 25 sols, et qui contient quelques vieux numéros de la *Revue des Deux-Mondes*, plus... une brosse à dents et un peigne cassé.

Est-ce possible ? — Absolument.

Pourquoi ? — Parce que c'est la loi.

Mais pourquoi est-ce la loi ? — Cherchons :

En 1873, les députés Voisin, Humbert, Berthauld et Dauphinot avaient proposé d'ajouter à l'article 405 du Code pénal le paragraphe suivant : « Quiconque, sachant qu'il n'a pas le moyen de payer, se sera fait servir des boissons ou des aliments dans un restaurant, un café, une auberge, *ou se sera fait donner un logement dans un hôtel*, sera puni d'un emprisonnement de deux mois au moins et de deux ans au plus, et d'une amende de 16 francs au moins et de 500 francs au plus. »

Cette proposition, disait la commission législative, a un véritable intérêt : « Elle permet d'arriver à protéger toute une classe de personnes, restaurateurs, *hôteliers, aubergistes,* cafetiers, cabaretiers, journellement victimes d'actes de véritable improbité, d'actes dont le caractère délictueux est depuis longtemps reconnu par de nombreux documents de jurisprudence, d'actes dont la répression est d'autant plus nécessaire que les délinquants, dans la plupart des cas, sont des repris de justice. »

Tout allait donc bien lorsque, après la première lecture en séance publique, le projet fut renvoyé dans les bureaux ; et, quand la commission se présenta, pour la seconde fois, à la Chambre, elle annonça ainsi ses modifications : « Il n'est d'abord plus question du logement qu'un individu, dénué de toutes ressources, se serait fait donner dans un hôtel. L'assimilation de cet acte à l'acte de se faire servir des boissons ou des aliments dans un restaurant pouvait présenter certains dangers et n'était pas entièrement exacte. Le fait retenu est d'ailleurs celui qui se commet le plus grand nombre de fois, et qui constitue véritablement ainsi un danger social. »

Nous avouons humblement ne pas saisir toute la portée de cette théorie juridique, qui laisse un délit impuni parce qu'il se commet moins souvent qu'un autre ; car c'est bien là un des motifs allégués.

Quoi qu'il en soit, la loi fut votée dans ces termes, le 26 juillet 1873 :

« Quiconque, sachant qu'il est dans l'impossibilité absolue de payer, se sera fait servir des boissons ou des aliments qu'il aura consommés en tout ou en partie, dans les établissements à ce destinés, sera puni d'un emprisonnement de six jours au moins et de six mois au plus et d'une amende de 16 francs au moins et de 200 francs au plus. »

Et la jurisprudence s'empresse de proclamer que « le délit nouveau n'existe que de la part de l'individu qui se fait servir des boissons ou aliments ». (Dalloz, *Code pénal annoté*, art. 401, n° 89.)

Donc, comme nous le disions, si, au lieu de se faire servir une boisson quelconque, un individu se fait donner une chambre, il ne commet aucun délit. Mais si, avec cette chambre, il prend un ou plusieurs repas, le délit existera-t-il, au moins, quant à ces boissons et aliments ? Non, pourvu que le voyageur ait eu soin de s'installer d'abord dans son appartement.

Le tribunal de Chambéry, dans un jugement du 11 janvier 1889, a prononcé : « Que les prévisions de la loi ci-dessus ne s'appliquaient pas au fait par un individu de se faire servir des boissons ou des aliments *dans l'auberge où il loge,* alors même qu'il se savait dans l'impossibilité de payer ; et qu'à défaut par le ministère public de rapporter la preuve des éléments constitutifs de l'escroquerie, l'acte de se faire donner un logement dans un hôtel où l'on aura consommé des boissons ou des aliments ne constitue aucune infraction tombant sous le coup de la loi pénale. » (*La Loi* du 6 février 1889.)

Par quel raisonnement arrive-t-on à ce résultat ? Nous trouvons la réponse dans un jugement rendu par le tribunal de Narbonne, le 2 février 1891, et confirmé par arrêt de la cour de Montpellier, le 28 du même mois. La cour ayant pleinement adopté les motifs du tribunal, voici le texte même du jugement :

« Attendu que la loi du 26 juillet 1873 a pour but de réprimer *limitativement* un genre de fraude contre lequel les intéressés peuvent difficilement se prémunir ; que le consommateur d'aliments ou de boissons peut seul tomber sous le coup de cette disposition pénale ;

« *Qu'il n'en est pas de même de celui qui demande et obtient d'abord une chambre dans un hôtel ou une auberge et se fait ensuite servir un repas,* puisque, dans ce cas, l'hôtelier peut exiger facilement une garantie soit en bagages, soit en argent ; que, du reste, la discussion du projet de loi indique clairement que telle a été la volonté du législateur, puisque l'assimilation, qui existait dans le projet de loi, a été rejetée, au moment du vote de la loi ;

« Que, dès lors, quelque blâmables que soient les actes reprochés, ils ne sont pas punissables. » (*Le Droit* du 22 février 1891.)

Voilà qui est net, et les conséquences, que nous critiquons respectueusement, apparaissent ici dans la clarté et la solennité d'un arrêt de cour d'appel. Pourquoi donc ces conséquences ?

Parce que l'hôtelier peut exiger facilement une garantie !

La commission législative, alors que le projet de loi comprenait les hôteliers et aubergistes, avait déjà répondu à cet argument : « Les chefs d'établissements, disait-elle, ne pourraient utilement se défendre qu'en exigeant des consommateurs, avant de leur rien servir, ou de l'argent, ou *une garantie* quelconque. Mais n'est-il pas évident qu'en agissant ainsi, non seulement ils nuiraient à leurs affaires, mais rendraient même impossible, dans la plupart des cas, l'exercice de leur industrie ? Ils ne sont donc pas libres de prendre des mesures de précaution, et comme les contrats ne peuvent se former que par le libre accord de deux volontés, nous arrivons ainsi facilement à reconnaître, avec la réalité même des faits, que l'existence d'un contrat n'est nullement démontrée, et que l'idée d'un pur dol civil doit être écartée ; la vérité est que les chefs d'établissements subissent les conséquences d'une situation qui s'impose à eux, et qu'ils n'ont aucune faute, aucun manque de prévoyance à se reprocher. C'est donc à juste titre que la loi pénale doit intervenir pour les protéger à l'avenir. »

Est-ce que ces arguments qui, nous le répétons, s'appliquaient dans le principe aux aubergistes et hôteliers, est-ce que ces arguments ont perdu de leur valeur dans notre cause ? Et ne voit-on pas, d'ici, le succès d'un hôtel dans lequel le voyageur, à son arrivée, recevrait, comme souhait de bienvenue, une demande de garantie en argent ?

Soit ! nous dit-on ; mais les bagages ?

Eh bien ! parlons un peu de la garantie en bagages. Étudions-la pratiquement.

Avant de donner une chambre au voyageur, l'hôtelier va-t-il faire ouvrir les malles et évaluer ce qu'elles contiennent ? Évidemment, non. Il n'en a ni le droit, ni la possibilité.

Alors, comment apprécier cette garantie légale ? à l'œil, ou au poids ? Y aura-t-il un nombre de colis exigé pour un appartement au premier, ou un poids déterminé pour un cabinet au troisième ? Alors quoi ?

Le client, absolument sans bagages, sera refusé. C'est entendu ; mais refusera-t-on celui qui n'en a que peu, et à quelle limite en aura-t-il assez ?

Dans tous les pays d'excursions, Pyrénées, Savoie, Dauphiné, Vosges, il existe d'excellents hôtels auxquels on n'arrive qu'à pied ou à mulet. Là, pas de bagages possibles. Le havresac du touriste sera-t-il une garantie sérieuse ? Non, certes. L'hôtelier reste donc absolument désarmé.

Dans les grandes villes, le danger est plus sérieux encore. Le vrai filou sait bien qu'une certaine mise en scène est indispensable à l'exercice de son industrie. Aussi, très correctement vêtu, il descend de l'omnibus de l'hôtel ou saute d'une voiture de place, qu'il paye largement, tout en tendant au garçon une valise, petite, mais assez lourde. Puis il demande, avec assurance, une bonne chambre et l'heure de la table d'hôte. Chacun s'empresse. Si, par impossible, son unique colis attire une timide observation, notre filou répond que ses malles sont à la gare, puisqu'il est obligé de repartir le lendemain dans la journée. On s'excuse, on l'installe. Dès lors le tour est joué.

Et pas le moindre délit à poursuivre contre ce client! — Mais il a parlé de ses autres bagages? — Soit, c'est un mensonge, ce n'est pas une manœuvre constitutive de l'escroquerie. Il ne peut être ni arrêté, ni condamné pour ces faits. — Mais il a laissé sa valise, avec deux gros bouquins? — Que voulez-vous! il aime la lecture; cela n'est pas défendu. — Mais il a fait une dépense de 50 francs? — Tant pis pour l'hôtelier! la loi, dans ce cas, n'a point à le protéger.

Qui protège-t-elle alors? La réponse s'impose; et voilà les conséquences immédiates, tangibles, auxquelles mène la rigueur doctrinaire d'un raisonnement juridique.

Enfin, nous dit-on, c'est la loi, vous n'y pouvez rien!

Pardon, c'était aussi la loi, cet ancien article 1953 qui faisait peser sur l'hôtelier, en cas de vol dans sa maison, une responsabilité illimitée. Comment donc, aujourd'hui, cette responsabilité est-elle réduite à 1 000 francs dans les conditions que nous avons étudiées plus haut?

C'est que le Syndicat général de l'industrie hôtelière a usé de son droit et rempli son devoir en signalant aux pouvoirs publics les lacunes ou les défectuosités de nos Codes. Ce qu'il a déjà fait, il peut le faire encore.

Mais, en attendant, la jurisprudence est formellement contre nous, et la cour d'Amiens, le 7 mai 1897, décidait encore : « Ne constitue pas un délit punissable le fait de se faire servir, dans un hôtel ou une auberge, des aliments et des boissons, après avoir annoncé à l'hôtelier qu'on a l'intention de passer quelques jours chez lui, et s'être mis d'accord avec lui sur la somme à payer par jour, et ce, alors même que l'impossibilité absolue de payer serait certaine chez les consommateurs. » (*Le Droit* du 3 juillet 1897.)

Ruben de Couder indique la même théorie.dans son *Dictionnaire de Droit commercial,* au mot « grivèlerie », et nous rappelons, dans le même sens, les arrêts des cours de Douai, 14 novembre 1883 (D. P. 86. 2. 101); Paris, 22 février 1883 (D. P. 86. 2. 101); Nîmes, 10 février 1887 (*Journal du droit criminel,* 1887, p. 45).

Cependant la cour d'Amiens ajoute : « Il n'en est toutefois ainsi que si le voyageur n'a employé aucune manœuvre frauduleuse pour se faire remettre les aliments ou les boissons. »

Cela constituerait, en effet, une véritable escroquerie.

277. — Escroquerie. — Mais nous avons vu combien la preuve de ce délit est difficile à faire, et la preuve incombe à l'hôtelier; il faut, pour qu'il y ait escroquerie, une série de manœuvres, l'usage de faux noms ou de fausses qualités; la loi exige, en outre, que ces manœuvres, ces actes précis, aient directement entraîné la confiance et la fourniture des logements et denrées.

« Ainsi il a été jugé qu'il n'y avait pas escroquerie, de la part d'un individu qui se serait fait inscrire sous un faux nom, sur le registre de l'hôtel, si cette indication mensongère n'avait eu ni pour but, ni pour effet de tromper le maître de l'établissement sur la solvabilité de son client. (Dalloz, *Code pénal annoté,* art. 401, n° 87.)

« Ni de la part de l'individu qui, pour se soustraire au payement de la dépense par lui faite dans une auberge, se serait donné une fausse qualité, par exemple celle d'ouvrier d'un tel; l'usurpation de cette qualité ayant eu lieu après la livraison des objets consommés, et non pour se les faire servir. » (Bordeaux, 25 novembre 1841.)

L'hôtelier sera donc souvent victime de sa confiance. La loi ne le protège que quand il n'a réellement pas eu le temps de refuser un crédit; dès, qu'il a pu contrôler la solvabilité du client, il ne doit s'en prendre qu'à l'imprudence qu'il a commise en le recevant. Mais quel est le délai de cette appréciation? Notre Code ne l'indique pas.

Ce point est, au contraire, sagement précisé par la législation des États-Unis : « Toute personne qui obtiendra crédit dans un hôtel, à l'aide de faux prétextes, et qui, après avoir obtenu ce crédit, disparaîtra ou cherchera à disparaître, ou à enlever subrepticement son bagage; toute personne qui refusera volontairement d'acquitter ce qu'elle doit, sera, sur la preuve faite, jugée coupable d'un délit, et sera punie par un emprisonnement n'excédant pas soixante jours, ou par une amende n'excédant pas 100 dollars, ou par les deux, emprisonnement et amende, à la discrétion de la cour, avec la réserve que ces dispositions ne s'appliqueront pas aux pensionnaires à la semaine ou au mois de l'hôtel ou de l'auberge. »

En effet, les pourparlers nécessaires pour la pension constituent un traité ordinaire, soumis au droit commun; car l'hôtelier a dû ou pu prendre ses renseignements et ses garanties; mais comment se protégera-t-il mieux contre le client qui demande une chambre pour un jour, que contre celui qui demande un repas? Voilà ce que nous comprenons difficilement.

Quoi qu'il en soit, notre loi est formelle, et, tant qu'elle n'aura pas été modifiée, elle ne s'applique qu'aux boissons et aliments.

278. — Minorité du voyageur. — Une autre source de difficultés, c'est l'âge même du voyageur, mineur de vingt et un ans. Dans nos pays d'excursions, par exemple, les Alpes, les Pyrénées, le Dauphiné, l'Auvergne, et dans nos grandes villes, l'hôtelier aura souvent à recevoir des jeunes gens qui, légalement, ne peuvent s'obliger envers leur créancier pour les dépenses par eux faites.

MM. Carteret et Sébire exposent ainsi la question : « Un aubergiste a-t-il une action en justice contre le père d'un mineur à qui il a fourni la nourriture et le logement? Il y a lieu de distinguer : Si l'enfant était en état de pourvoir à sa subsistance, ou si, pendant son séjour dans l'auberge, il recevait de son père une pension convenable, le père ne saurait être tenu de payer l'aubergiste; il en serait autrement dans le cas contraire. »

Nous recommanderons néanmoins la plus extrême prudence; car si, d'une part, le père est responsable, suivant les circonstances et dans une certaine mesure, d'autre part, en droit strict, l'hôtelier a fait une convention avec un mineur, c'est-à-dire absolument nulle.

Si donc le jeune homme doit séjourner un certain temps dans l'hôtel, le propriétaire agira sagement en écrivant au père ou au tuteur une lettre, dont la réponse sauvegardera sa créance ou sa responsabilité.

L'hôtelier devra même s'opposer à toutes dépenses excessives, refuser tout prêt d'argent, et surtout ne jamais escompter la majorité prochaine du client, en faisant souscrire, par ce dernier, des billets, reconnaissances ou effets de commerce.

Non seulement ces engagements seraient nuls, mais ils tomberaient sous l'application de l'article 406 du Code pénal, qui prononce un emprisonnement de deux mois

au moins, de deux ans au plus, et la privation des droits
civils, contre quiconque aura abusé des besoins, des fai-
blesses ou des passions d'un mineur pour lui faire souscrire, à son préjudice, des obligations ou quittances,
sous quelque forme que cette négociation ait été faite ou
déguisée.

279. — Femme mariée. — La femme mariée, la
mère de famille, voyage souvent seule ou avec ses
enfants, pour leur santé ou la sienne, pour affaires d'intérêts ou devoirs de parenté. Dans ses dépenses, selon
le régime matrimonial que le droit civil lui a donné,
elle peut obliger son mari sans s'obliger elle-même, au
payement de la dette, ou s'y engager seule, ou rendre
cette dette solidaire pour tous les deux.

L'hôtelier ne saurait connaître ni demander tous ces
renseignements de procédure; et il a été jugé que son
droit sur les bagages apportés chez lui par une femme
mariée frappe même les effets appartenant au mari, si
l'hôtelier ignorait cette circonstance.

Ainsi l'a décidé la cour de Dijon, le 11 juillet 1872.
(D. P. 73. 2. 215.)

Nous allons étudier, dans le chapitre suivant, ce droit
du propriétaire de l'hôtel pour le recouvrement de sa
créance; mais résumons bien d'abord les éléments de
cette créance.

**280. — Résumé et définition des dépenses d'hô-
tellerie.** — « Les dépenses d'hôtellerie comprennent
tout ce qui a été la conséquence du séjour du voyageur
dans l'hôtellerie et lui a été fourni par l'hôtelier ou ses
préposés : non seulement les frais de nourriture, de logement, d'éclairage, mais aussi les frais de service, les
voitures ou chevaux ou autres moyens de transport four-

nis par l'hôtelier ou l'aubergiste, ainsi que les frais d'entretien ou de remise en état des moyens de transport appartenant au voyageur et qui l'accompagnaient, si c'est l'aubergiste qui les a payés ou qui s'en est chargé. » (R. v° *Compétence civile des tribunaux de paix*, n° 211.)

Nous croyons devoir rappeler que les reçus ou notes de dépenses sont soumis au timbre de 10 centimes. En effet, tout récemment encore, l'Administration des finances, dans une circulaire, rappelle que, d'après l'article 18 de la loi du 23 août 1871, tous les titres, *de quelque nature qu'ils soient, signés ou non signés,* qui emportent la libération ou décharge, tels que factures, mémoires, quittances, reçus, etc., doivent être soumis au droit de timbre de 0 fr. 10, dès lors qu'il s'agit d'une somme supérieure à 10 francs.

L'omission de cette formalité rend le créancier qui délivre la quittance passible d'une amende de 62 fr. 50, amende qu'il est tenu de supporter personnellement et sans recours.

L'Administration des finances se propose non seulement de renouveler auprès de ses agents les instructions qu'elle leur a déjà adressées, mais de prendre en outre des dispositions nouvelles en vue d'assurer la recherche et la répression de fraudes, qui sont devenues intolérables.

Elle croit, en conséquence, devoir mettre le public et plus particulièrement les commerçants, hôteliers et restaurateurs, en garde contre les infractions aux dispositions ci-dessus rappelées, infractions qu'elle est résolue à réprimer avec la plus grande sévérité, et pour lesquelles elle ne consentira plus à l'avenir aucune remise ni réduction.

Nous avons étudié la créance ; voyons comment elle est garantie.

18 — Code de l'hôtelier.

CHAPITRE V

281. — Droit de gage. — Suivant l'article 2102, § 5, du Code civil, les fournitures faites par un aubergiste établissent en sa faveur une créance privilégiée sur les effets du voyageur qui ont été transportés dans son auberge. (Dalloz, *Dictionnaire pratique de Droit,* v° *Privilèges et hypothèques.*)

« Ce privilège, constituant une espèce de gage, est subordonné à la possession des objets, et ne peut être exercé par l'aubergiste qu'autant que les effets du voyageur se trouvent encore entre ses mains. » (R. v° *Privilèges et hypothèques,* n° 392.)

L'hôtelier doit donc retenir ces effets jusqu'au payement de la dette ; car leur enlèvement, même frauduleux, anéantirait ce droit spécial et mettrait la créance en danger.

Mais, tant que les objets sont dans l'hôtel, le privilège subsiste.

Il frappe même ceux qui ne sont pas la propriété du locataire, s'ils ont été apportés par ce dernier sans qu'il ait prévenu l'hôtelier de cette particularité.

282. — Privilège et nantissement. — Des discussions, des réclamations peuvent être soulevées alors par le véritable propriétaire, par le vendeur de ces effets, par l'ouvrier qui les a réparés, ou par d'autres créanciers de ce client ; mais, en conservant ces objets dans sa maison et sous sa garde, l'hôtelier a conservé son privilège.

Et il a été jugé que ni la saisie-arrêt pratiquée par d'autres créanciers sur les effets du voyageur, entre les mains de l'aubergiste, ni le jugement validant cette saisie, même déclaré commun avec celui-ci, ne sauraient nuire à son droit de gage, qui est antérieur.

L'aubergiste est nanti de ces objets, et, grâce à ce nantissement, il vient, par privilège, immédiatement après les frais de vente et de poursuite.

Il suffit, comme nous l'avons dit, qu'il soit de bonne foi.

Ainsi l'hôtelier doit obtenir la préférence sur le droit du vendeur, à la condition qu'il n'ait pas su que les meubles qu'il détient n'avaient pas été payés. (R. v° *Privilèges et hypothèques,* n° 592.)

L'ouvrier qui a fait des frais pour la conservation de ces objets ne viendra également qu'après l'hôtelier, si celui-ci ignorait l'existence de la dette au moment où il a reçu les effets en nantissement. (R. v° *Privilèges et hypothèques,* n° 594.) Cette dernière solution est cependant discutée par certains auteurs.

283. — Concurrence entre les privilégiés. — Mais le principe généralement admis est que, parmi plusieurs privilégiés, le dernier nanti a un droit de préférence.

« Ainsi, dit Masson, un voiturier amène dans une auberge un voyageur et ses effets, pour le transport desquels un prix particulier a été stipulé. La dépense du voyageur et de sa suite, y compris le voiturier, excède, avec les frais de voiture, la valeur des effets déposés dans l'auberge.

« Qui, de l'aubergiste ou du voiturier, sera premier créancier? Il faudrait décider en faveur de l'aubergiste. Une des conséquences qu'en fait de meubles le droit s'acquiert par la possession avec bonne foi, est que, parmi plusieurs privilégiés, le dernier nanti est préférable. » (Masson, *Locations en garni,* n° 576.)

En effet, l'article 1141 du Code civil, prévoyant le cas où un objet mobilier est dû à deux personnes successivement, décide que celle des deux qui en a été mise en possession réelle est préférée et en demeure propriétaire, encore que son titre soit plus récent, pourvu que la possession soit de bonne foi.

Cette question de préférence entre les créances privilégiées est une des plus ardues de notre droit civil.

284. — Conseil pratique. — Aussi l'avis général et pratique que nous donnons à nos lecteurs est celui-ci :

Retenir d'abord les bagages; en cas de difficultés, s'adresser à un avoué expérimenté, et attendre les événements sans se dessaisir des effets apportés, tant que la justice n'en aura pas décidé autrement.

285. — Principes généraux. — Rappelons cependant les principes fondamentaux sur ce sujet :

« Le privilège est un droit que la qualité de la créance donne à un créancier d'être préféré aux autres créanciers même hypothécaires. » (Code civil, art. 2095.)

« Les privilèges peuvent être sur les meubles ou sur les immeubles. » (Code civil, art. 2099.)

Sur les meubles, les privilèges sont généraux ou particuliers. C'est parmi ces derniers que nous trouvons celui de l'anbergiste. A leur égard, l'ordre de préférence a été fixé pour quelques-uns seulement.

Au contraire, les privilèges portant sur la généralité des meubles doivent s'exercer dans l'ordre numérique où ils se trouvent placés par l'article 2101 du Code civil, c'est-à-dire :

1° Les frais de justice ;

2° Les frais funéraires ;

3° Les frais de la dernière maladie, concurremment entre ceux à qui ils sont dus ;

4° Les salaires des gens de service, pour l'année échue et ce qui est dû sur l'année courante ;

5° Les fournitures de subsistances faites au débiteur et à sa famille, savoir, pendant les six derniers mois, par les marchands au détail, tels que boulangers, bouchers et autres, et pendant la dernière année par les maîtres de pension et marchands en gros.

286. — Difficultés théoriques. — La concurrence survenant entre les privilèges généraux et les privilèges spéciaux a donné lieu à de nombreuses discussions :

Dans une première opinion, les privilèges généraux sur les meubles doivent être préférés aux privilèges spéciaux. (Bordeaux, 12 avril 1853, D. P. 53. 2. 242.)

Dans un second système, on soutient que tous les privilèges de l'article 2101, les frais de justice exceptés, ne peuvent être colloqués qu'après les privilèges spéciaux de l'article 2102. (D. P. 1850. 1. 250; tribunal civil de Châtillon-sur-Seine, 20 mai 1863, D. P. 63. 3. 63.)

Enfin, dans une troisième doctrine, on ne tient compte ni de la généralité, ni de la spécialité du privilège; les prenant tous dans l'ensemble, on les compare entre eux et l'on en détermine le rang suivant le degré de faveur qui s'attache à chaque créance. (Cass., 19 janvier 1864, D. P. 64. 1. 80.)

Telles sont les décisions contradictoires auxquelles ont donné lieu les termes trop vagues de l'article 2096 :

« Entre les créanciers privilégiés, la préférence se règle par les différentes qualités des privilèges. »

Et l'article 2097 ajoute à cette incertitude, quand il parle de la concurrence entre les créanciers privilégiés qui sont dans le même rang ; car c'est justement ce rang, c'est cette qualité qui n'ont point été fixés d'une manière suffisante.

287. — Exemple pris dans la profession. — Masson, que nous citions tout à l'heure, donne un exemple frappant et pratique de ces difficultés.

« M. X..., colonel en retraite, logeait depuis long-temps à l'hôtel B... Il y mangeait à table d'hôte. Il y tombe malade et, un mois après, meurt.

« Les scellés sont apposés. L'inventaire constate un peu d'argent, ses vêtements, une créance et une dette non hypothécaire. Il y a de beaucoup insuffisance.

« L'hôtelier s'est conduit humainement : il a appelé un médecin ; il a placé une garde auprès du malade ; il a préparé et fourni à ce dernier les aliments et breuvages pour lesquels l'art du pharmacien n'est pas indispensable. Il a fourni les objets nécessaires aux pansements et à l'ensevelissement. Quant aux démarches multipliées qu'il a faites, il ne veut réclamer aucun salaire ; mais il a avancé une partie des frais funéraires ; il a remboursé à un domestique de l'hôtel ce qui lui était dû par le défunt pour soins pendant les six derniers mois de sa vie ; de plus, il a été établi gardien des scellés et des effets inventoriés jusqu'au moment où il les a remis au commissaire-priseur pour être vendus dans une salle de vente publique qu'il a fallu louer. Il a fait réparer les meubles et la tenture de la chambre, dont il avait fait constater les dégradations par état sommaire dans le procès-verbal d'apposition de scellés. Enfin, il lui était dû des loyers, et il en réclamait plusieurs mois échus.

« Voilà donc :

« 1° Des frais de justice ;

« 2° Des frais funéraires ;

« 3° Des frais de dernière maladie ;

« 4° Des salaires de gens de service ;

« 5° Des fournitures de subsistances : toutes créances privilégiées dont le total excède ici, de beaucoup, les deniers disponibles. Il devient nécessaire de les classer, d'abord, pour l'application des articles 2096 et 2097, puis d'appeler les classes par ordre ; ce qui sera facile, puisque l'ordre des privilèges généraux est déterminé par l'article 2101.

« Ainsi, par exemple, les frais de scellés et d'inventaire forment deux créances privilégiées qui sont appelées ensemble à la distribution. Il en sera de même des frais funéraires et des frais de dernière maladie, qui comprennent les mémoires du médecin, du chirurgien, du pharmacien, de la garde-malade.

« Chaque classe sera payée en totalité, avant qu'il soit question de celle qui la suit ; et la classe sur laquelle les fonds manqueront en partie partagera le restant entre les créanciers de cette classe. Tout cela est sans difficulté.

« Mais l'hôtelier, qui voit que pour ses fournitures d'aliments il ne viendrait qu'en cinquième ordre, pourra-t-il invoquer son privilège spécial sur le prix distinct des effets du défunt trouvés et inventoriés dans son auberge ? C'est la question très importante de savoir si les privilèges généraux passeront avant les privilèges spéciaux, sur le prix des meubles affectés à ces derniers: » (Masson, *Locations en garni*, nº 377.)

Or cette question, nous l'avons démontré ci-dessus, a donné lieu aux solutions les plus diverses.

Que l'hôtelier, en ce cas, conforme donc sa conduite à ses renseignements sur la situation sociale et pécuniaire du voyageur.

Les frais excessifs ou absolument en dehors de la profession, les indications inexactes fournies aux personnes appelées pendant la maladie ou après le décès, deviendraient autant d'arguments pour les autres créanciers contre le droit de gage et le rang du privilège réclamé par l'hôtelier.

Si, au contraire, celui-ci a loyalement agi avec tout le monde, ou si la famille est là pour assumer toute la responsabilité, il retiendra les bagages jusqu'au payement de sa note, ou prélèvera le montant de sa créance sur la vente des effets, sans avoir à craindre de sérieuses contestations.

288. — A quelles dépenses s'applique le privilège. — Ce droit de retenir les effets du client donne à l'hôtelier une garantie exceptionnelle. C'est plus qu'un privilège. Il importe donc d'en bien préciser le caractère.

Nous avons dit, d'une façon générale, qu'il sauvegardait la créance des fournitures faites par l'aubergiste.

« Le privilège, étant restreint aux fournitures, ne s'applique qu'à celles que l'hôtelier a été tenu de procurer aux voyageurs, dans l'exercice de sa profession. Il ne saurait donc garantir la créance pour sommes d'argent prêtées au client par l'hôtelier. » (Dalloz, *Nouveau Code civil annoté*, art. 2102, nºˢ 1195 et suiv.) Ainsi très souvent, à Paris surtout, les magasins ou les fournisseurs envoient à l'hôtel des objets choisis par le voyageur, et qui, en son absence, sont payés par l'hôtelier. Le privilège ne s'applique pas aux sommes avancées dans ces circonstances.

Mais tout ce qui est dû à l'aubergiste pour le logement du voyageur et de ses gens, pour l'abri de leurs chevaux, chiens ou bestiaux, et le remisage de leurs voitures et charrois, est privilégié. Tous les aliments et boissons fournis et servis dans l'auberge au voyageur et à ses gens, la nourriture donnée à leurs chevaux, bestiaux ou chiens, sont dus par privilège.

Il en serait autrement des comestibles et fourrages vendus et livrés comme articles d'un commerce spécial, en dehors de la consommation sur place.

289. — Dépenses d'un précédent voyage. — De même, « le privilège de l'aubergiste sur les effets du voyageur n'existe que pour les dépenses faites actuellement dans l'hôtellerie, et non pour les dépenses faites lors d'un précédent voyage : en ne retenant pas alors les effets du voyageur, l'aubergiste est censé avoir renoncé à son privilège. » (Dalloz, *Nouveau Code civil annoté,* art. 2102, n° 1219.)

Et il ne le recouvre pas quand le voyageur revient avec les mêmes effets. Ceux-ci ne servent de gage que pour les dépenses actuelles.

290. — Sur quels objets frappe le privilège. — L'article 2102, § 5, nous dit que ce droit existe « sur les effets du voyageur qui ont été transportés dans l'auberge ».

Et comme, dans les articles 1952 et 1953, ce mot « effets » doit être pris dans son sens le plus général, il est de toute justice qu'à la responsabilité dont nous avons parlé, corresponde une sûreté proportionnelle pour le remboursement des dépenses et pour les indemnités.

Cette expression comprend donc également, au point de vue du privilège, tous les objets mobiliers, bagages, marchandises, voitures, chevaux, chiens ou autres animaux, bijoux, argent, valeurs, papiers, vêtements apportés ou amenés dans l'hôtel par le voyageur.

291. — Argent, habillement. — L'argent comptant peut assurément être retenu par l'hôtelier.

De même, si le voyageur avait avec lui une certaine quantité d'effets d'habillement dont l'usage ne lui fût pas indispensable, l'aubergiste aurait le droit de les garder comme gage de sa créance.

292. — Papiers d'affaires. — Pour les papiers de sûreté et de police, ils ne peuvent jamais être saisis.

Quant aux papiers d'affaires, les avis sont partagés. Un jugement du tribunal civil de la Seine a décidé, le 6 juillet 1836, « que le privilège de l'hôtelier sur les effets du voyageur ne lui donne pas le droit de retenir ses papiers et titres de créance, jusqu'à payement des fournitures. » Mais d'autres auteurs soutiennent que les papiers d'affaires seront légalement retenus, alors même qu'ils appartiendraient à des tiers, sauf à ceux-ci à venir les dégager.

Car ces détails sont indifférents à l'aubergiste. Il ne connaît qu'un propriétaire, le client, vis-à-vis duquel il est responsable de tout ce que celui-ci a apporté. Il y a là une réciprocité absolument juridique.

293. — Objets n'appartenant pas au voyageur. — C'est dans cet ordre d'idées qu'a été rendu l'arrêt de

Dijon, cité plus haut, décidant que le privilège frappe même les objets qui ne sont pas la propriété du voyageur, alors que l'aubergiste les a reçus dans l'ignorance de cette circonstance.

La présomption vis-à-vis de l'hôtelier est que les effets apportés sont la propriété du client, et d'ailleurs la loi dit formellement que le privilège portera, non point sur les effets appartenant au voyageur, mais sur les effets transportés dans l'auberge. (R. v° *Privilèges et hypothèques*, n° 390.)

M. Persil, dans son *Traité des privilèges et hypothèques*, tome Ier, page 55, développe ainsi la même doctrine :

« Quand un voyageur arrive dans une auberge et qu'il y séjourne, l'aubergiste ne peut savoir si la malle qu'il porte, si les chevaux, la voiture qu'il amène, lui appartiennent ou non. Pour l'aubergiste, la présomption est qu'ils sont sa propriété ; et comme, en fait de meubles, la possession vaut titre, tous les effets sont à lui, par cela seul qu'il les possède. Autrement, l'aubergiste ne serait jamais tranquille pour le payement de ses avances, de ses fournitures. Vainement l'attirail, les équipages, les autres effets paraîtraient plus que suffisants pour payer les dépenses du client, puisque, au moment où l'aubergiste voudrait les saisir, un officieux ami viendrait les revendiquer. On dira que, s'il y a fraude, si le revendicant n'est qu'un prête-nom, on sera reçu à l'établir ; mais la fraude est toujours difficile à démasquer, et les droits d'une classe de négociants qui, par état, prêtent ou font des avances d'argent, sans y être entraînés par une confiance aveugle, ne peuvent être ainsi abandonnés. »

294. — Novation. Ses dangers. — L'hôtelier a donc, en cette matière, une situation vraiment privilégiée. Qu'il se garde bien de la modifier! qu'il refuse obstinément toute autre garantie! Il lâcherait la proie pour l'ombre.

Le problème, en effet, se pose ainsi :

Un hôtelier, inquiet du payement de la note qu'il avait présentée sans résultat, imagine, pour plus de sûreté, de faire inscrire, au dos, par le voyageur la mention ci-après : « Je reconnais devoir à M. (le propriétaire de l'établissement) la note ci-contre, montant à 738 francs pour logement et nourriture dans son hôtel. » Et cette reconnaissance était régulièrement signée par le voyageur.

Faut-il voir là une double garantie? c'est-à-dire, l'hôtelier peut-il, à la fois, poursuivre en justice le recouvrement de cette dette ainsi reconnue, et retenir, jusqu'à libération, les bagages de son client? ou bien, au contraire, cette reconnaissance a-t-elle opéré novation de la créance? c'est-à-dire, a-t-elle replacé l'hôtelier dans la situation d'un créancier ordinaire, en lui enlevant son droit particulier sur les effets du voyageur?

Nous répondons qu'il y a eu novation, et que, pour obtenir deux sûretés, le malheureux hôtelier a perdu la seule qui fût efficace et sérieuse.

Voici comment nous prouvons notre dire :

Le contrat d'hôtellerie, qui se forme sans écrit et par le seul fait de l'arrivée du voyageur, assure à l'hôtelier, en payement de ses fournitures, un droit de gage spécial sur tous les effets apportés par le client. Leur valeur approximative fixera donc le plus ou moins de crédit à accorder, et leur retenue sera la garantie des dépenses.

Mais la signature d'une reconnaissance de dette substitue au contrat d'hôtellerie, et à ses avantages particuliers, un contrat ordinaire, une pure obligation dénuée de toute sanction spéciale.

Le voyageur, devenu simple débiteur, emportera donc ses bagages, et l'hôtelier, simple créancier, devra poursuivre ce recouvrement par les moyens ordinaires et obtenir un jugement qui, après de longs délais et des frais relativement considérables, lui permette de former des saisies, de prendre hypothèque, ou bien de se trouver tristement devant une insolvabilité réelle ou factice, mais absolue.

Nous maintenons donc absolument notre conseil : ne jamais chercher mieux que le simple traité d'hôtellerie.

295. — Réalisation du gage. — Voyons maintenant l'exécution de ce contrat. Il y a quelques années seulement, lorsque des voyageurs, pour garantir leurs dépenses, laissaient tout ou partie de leurs bagages, ou lorsqu'ils les abandonnaient au moment de leur départ, l'hôtelier était obligé de remplir les nombreuses formalités prescrites par la loi ancienne en matière de réalisation de gage. La procédure était longue et coûteuse. Heureusement, et sous la bienfaisante influence du Syndicat, est intervenue la loi du 31 mars 1896, « relative à la vente des objets abandonnés ou laissés en gage par les voyageurs aux aubergistes ou hôteliers. » (Dalloz, *Petit Code civil.*)

Cette loi est ainsi formulée :

« Article premier. — Les effets mobiliers apportés par le voyageur ayant logé chez un aubergiste, hôtelier ou logeur, et par lui laissés en gage pour sûreté de sa dette, ou abandonnés au moment de son départ, peuvent être vendus dans les conditions et formes déterminées par les articles suivants.

« Art. 2. — Le dépositaire pourra présenter au juge de paix du canton où les effets mobiliers ont été laissés en gage ou abandonnés une requête qui énoncera les faits, désignera les objets et leur valeur approximative.

« L'ordonnance du juge, mise en bas de la requête, fixera

le jour, l'heure, le lieu de la vente, qui ne pourra être faite que *six mois* après le départ constaté du voyageur.

« Cette ordonnance fixera en outre la mise à prix des objets à vendre, commettra l'officier public qui devra y procéder et contiendra, s'il y a lieu, l'évaluation de la créance du requérant.

« L'officier public chargé de la vente *fera ouvrir en présence du dépositaire,* les malles, paquets ou autres sous fermeture quelconque et dressera de son opération, un procès-verbal, qui sera communiqué au juge de paix.

« En cas d'extrême urgence, le juge pourra autoriser la vente *avant* l'expiration du délai de *six mois* et devra justifier, dans son ordonnance, des motifs de l'abréviation de ce délai.

« ART. 3. — La vente sera annoncée *huit jours* à l'avance par affiches apposées dans les lieux indiqués par le juge, qui pourra même autoriser la vente après une ou plusieurs annonces à son de trompe.

« La publicité donnée à la vente sera constatée par une mention insérée au procès-verbal de vente.

« ART. 4. — L'officier public commis par le juge *préviendra huit jours à l'avance, par lettre recommandée,* le voyageur, des lieu, jour et heure de la vente, dans le cas où son domicile sera connu.

« La vente aura lieu aux enchères, et il y sera procédé tant en l'absence qu'en présence du déposant.

« ART. 5. — Le propriétaire pourra s'opposer à la vente par exploit signifié au dépositaire. Cette opposition emportera de plein droit citation à comparaître à la première audience utile du juge de paix qui a autorisé la vente, nonobstant toute indication d'une audience ultérieure. Le juge devra statuer dans le plus bref délai.

« ART. 6. — Sur le produit de la vente, et après le prélèvement des frais, *l'officier public payera la créance du dépositaire.* Le surplus sera versé à la Caisse des dépôts et consignations, au nom du propriétaire, par l'officier public, qui ne dressera aucun procès-verbal du dépôt. Il en retirera récépissé : ce récépissé lui vaudra décharge.

« Si le produit de la vente est insuffisant pour couvrir les frais, le surplus sera payé par le dépositaire, sauf recours contre le déposant.

« Le montant de la consignation en principal et intérêts sera acquis de plein droit au Trésor public, deux ans après le dépôt, s'il n'y a eu, dans l'intervalle, réclamation de la part du propriétaire, de ses représentants ou de ses créanciers.

« Art. 7. — Les articles 624 et 625 du Code de procédure civile sont applicables aux ventes prévues par la présente loi.

« Ces ventes seront faites conformément aux lois et règlements qui déterminent les attributions des officiers qui en seront chargés.

« Art. 8. — Tous les actes, spécialement les exploits, ordonnances, jugements et procès-verbaux faits en exécution de la présente loi, sont dispensés du timbre et enregistrés gratis.

« Pour tenir lieu des droits de timbre et d'enregistrement, il sera perçu sur le procès-verbal de vente, lorsqu'il sera présenté à la formalité, sept pour cent (7 p. 100) du produit de la vente, sans addition de décimes. »

Voilà une loi simple, claire, et d'une facile exécution. L'hôtelier n'a qu'à s'adresser à son juge de paix et à le laisser faire. Pas de frais inutiles, pas de lenteurs de procédure, et tous les intérêts sont sauvegardés.

296. — Exceptions au droit de gage. — « Si l'aubergiste et l'hôtelier ont le droit de retenir les objets mobiliers et les effets du voyageur, comme garantie des frais de logement et de nourriture qui peuvent leur être dus, ce droit ne peut aller jusqu'à autoriser ces industriels à retenir, parmi les objets appartenant à leurs débiteurs, ceux de ces objets qui sont déclarés insaisissables par la loi.

« Un violon, pour un artiste vivant de la profession de violoniste, rentre incontestablement dans une des catégories énoncées aux 4e et 6e alinéas de l'article 592 du Code de procédure civile. Il est donc insaisissable, de par l'autorité même de la loi.

« La rétention arbitraire d'un objet insaisissable donne lieu à une action en dommages-intérêts au profit du débiteur. »

Tels sont les principes proclamés par le tribunal de commerce de Saint-Étienne, le 28 décembre 1898. (*La Loi* du 12 janvier 1899.)

Et rappelons les dispositions de l'article 592 dont il vient d'être parlé :

« *Ne pourront être saisis... :* Les habits dont les saisis sont vêtus et couverts... Les livres relatifs à la profession du saisi, jusqu'à la somme de 300 francs, à son choix... Les équipements des militaires, suivant l'ordonnance et le grade... Les outils des artisans nécessaires à leurs occupations personnelles... »

297. — Prescription des fournitures d'hôtel. — Après avoir étudié les garanties de la créance, nous devons en indiquer la durée.

Le droit, pour l'hôtelier, de réclamer en justice les frais de logement et de nourriture par lui fournis au client se prescrit par six mois. (Code civil, art. 2271.)

Et cette prescription de six mois est opposable aux hôteliers par le client, quand même celui-ci aurait traité à tant par année. (R. v° *Prescription,* n° 974.)

La circonstance que ces fournitures auraient été faites à un autre commerçant ne change pas le délai ainsi établi. (Cass., 20 juin 1838.)

Le point de départ de cette prescription ne peut avoir lieu que du jour où ont été faites les dernières fournitures. (Tribunal civil de la Seine, 19 novembre 1892; *la Loi* du 7 décembre 1892.)

Quand il y a eu citation en justice, le droit de demander les sommes dues, en vertu de l'article 2271, dure autant que la citation.

Lorsqu'il y a eu arrêté de compte, cédule ou obligation, la prescription de trente ans est la seule qui, dorénavant, puisse être opposée. (R. v° *Prescription*, n° 1044.)

Mais « une simple lettre missive, adressée à un hôtelier par l'un de ses pensionnaires, dans laquelle celui-ci reconnaît qu'il est débiteur pour nourriture et logement, sans indiquer la somme due, ne saurait suppléer le compte arrêté, la cédule ou l'obligation qu'exige l'article 2274 du Code civil pour nover la créance originaire et transformer la prescription de six mois en celle de trente ans ». (Tribunal civil de la Seine, 6° chambre, 29 mars 1895 ; *Gazette des tribunaux* du 26 juillet 1895.)

La *cédule* est l'acte sous signature privée, et l'*obligation* est l'acte notarié, par lesquels le débiteur s'engage à payer telle somme.

Par *compte arrêté*, dans le sens de l'article 2274, on entend la reconnaissance mise par le débiteur au bas d'une facture ou d'un mémoire.

En dehors de ces cas spéciaux, six mois après la fourniture faite, l'hôtelier est déchu de son droit si la prescription lui est opposée.

298. — Serment déféré. — L'article 2275 lui donne bien la faculté de déférer le serment à son client sur la question de savoir s'il a réellement payé. Mais ce seraient des frais bien inutiles ; car, si le voyageur est honnête, il n'opposera point la prescription, et, s'il est malhonnête, il ne reculera pas même devant un parjure. Le Code pénal, cependant, prononce un emprisonnement d'une année au moins et de cinq ans au plus, et une amende de 100 francs à 3000 francs, avec privation des droits civils, contre celui qui, en semblable

19 — Code de l'hôtelier.

occasion, aura fait un faux serment. (Code pénal, art. 366.)

Mais cette condamnation serait sans utilité pour l'hôtelier, car le résultat de la poursuite correctionnelle ne peut avoir aucune influence sur le procès civil qui a été terminé par le serment déféré et prêté ; à tel point que l'on ne saurait revenir contre ce jugement, ni obtenir des dommages-intérêts devant la juridiction criminelle, la question pécuniaire ayant été tranchée définitivement par cela seul que l'hôtelier s'en est rapporté, même imprudemment, à cette déclaration de son débiteur. (Cass., 21 août 1834, 7 juillet 1843.)

Le plus simple est donc de se faire payer à l'avance la location de la chambre, ou de présenter la note chaque semaine ou chaque mois, et de ne pas hésiter, en cas de non-payement, à employer les moyens légaux que nous venons de rappeler, avant l'expiration du délai fixé pour la prescription.

299. — Droit de refuser la clef du logement. — L'usage, à Paris, vient particulièrement en aide, sur ce point, aux hôteliers qui logent seulement le voyageur.

Ainsi le montant de la location doit toujours se payer d'avance.

A défaut de payement d'avance, l'hôtelier est autorisé à refuser la clef de l'appartement. A plus forte raison il a ce droit, si la note de huitaine ou de quinzaine n'est pas payée.

C'est pour éviter, dans la mesure du possible, toutes ces difficultés que nous ne cessons de multiplier nos recommandations sur chaque incident professionnel.

CHAPITRE VI

300. — Départ. Avis à donner. — Le voyageur
doit annoncer son départ.

S'il n'a pas prévenu avant midi, le prix de la journée peut lui être réclamé pour la location de la chambre.

Mais si ce prix a été convenu à tant par jour, nourriture comprise, pourra-t-il être exigé, lors même que
le voyageur n'aurait pas pris de repas, le soir?

Cela semble rigoureux tout d'abord. Cependant, en
n'avertissant pas l'hôtelier que l'appartement sera libre,
le client l'a empêché, dans certains cas, de recevoir
d'autres voyageurs qui auraient dîné à table d'hôte. Il
lui a ainsi causé un préjudice.

Nous engageons toutefois le propriétaire de l'hôtel à
n'user de son droit qu'avec une grande réserve, suivant
les circonstances, et seulement s'il a souffert un réel
dommage. La bonne réputation de sa maison compensera
largement cette déception ou cet ennui.

D'ailleurs, la situation a été plusieurs fois établie
juridiquement et dans un sens peu favorable à nos prétentions.

C'est ainsi que le tribunal civil de la Seine, 7ᵉ chambre, a déclaré, le 16 juillet 1898, « qu'en l'absence d'une convention formelle, et dont il doit rapporter la preuve, un hôtelier qui, d'habitude, loge à la nuit et ne prend pas uniquement des pensionnaires, ne peut prétendre à une indemnité de départ, si le voyageur, qui est descendu dans son hôtel, ne reste qu'une seule journée, sans prévenir à l'avance de son départ. Il doit en être ainsi alors même que, dans les chambres d'hôtel, il serait affiché que les locataires sont priés de prévenir de leur départ dans tel délai. »

Mais voici une espèce plus significative encore :

Un riche étranger, *depuis deux mois à l'hôtel*, le quitte, le 23 décembre, vers deux heures de l'après-midi, sans avoir officiellement prévenu de son départ dans la matinée. L'hôtelier lui réclame le loyer du 23 au 24 décembre. Le jugement repousse cette demande dans les termes suivants :

« Attendu que, outre qu'il n'est pas établi par S... que R... ait quitté l'hôtel après deux heures, il est certain pour le tribunal que S... ne pouvait ignorer le départ de son client ; que le prix du loyer de l'appartement occupé par R... à l'hôtel, indique une suite assez nombreuse de domestiques, dont les agissements lors des préparatifs du départ n'ont pu échapper au personnel de l'hôtel ;

« Attendu que S... prétend en vain établir qu'il existe dans sa maison une convention, acceptée par tous ses clients, qui mettrait à la charge de ces derniers le prix de leur chambre pendant vingt-quatre heures du jour de leur départ, au cas où ce départ n'aurait pas été annoncé au bureau de l'hôtel, avant deux heures de l'après-midi ; mais que les documents fournis ne sauraient justifier cette prétention. » (Tribunal civil de la

Seine, 7ᵉ chambre, 27 juin 1890, *Gazette des tribunaux du 4 juillet 1890.)*

Que devrait donc faire l'hôtelier pour assurer son droit? Le problème est très délicat. En effet, tout engagement écrit substituerait un contrat ordinaire au contrat d'hôtellerie et enlèverait à l'intéressé ses droits spéciaux sur les bagages. Ce serait lâcher la proie pour l'ombre. Le seul conseil pratique que nous puissions donner, c'est de surveiller les agissements du voyageur et de l'interpeller nettement sur ses intentions en le prévenant de ce qu'il aura à payer.

301. — Note à présenter. — Elle devra pouvoir être présentée au voyageur à première demande.

Si, par exemple, le client, voulant prendre le lendemain le premier train du matin, réclame sa note, la veille au soir, l'hôtelier la lui fera remettre immédiatement.

Il évitera ainsi les discussions de la dernière heure, qui laissent toujours le voyageur sous une mauvaise impression et lui font supposer que cette présentation de la note, au moment même du départ, était calculée pour empêcher une vérification sérieuse.

De plus, en cas de difficultés sur le payement, l'hôtelier aura tout le temps de prévenir qu'il retient les bagages, sans que l'exercice irréfléchi ou trop brusque de ce droit l'expose à des dommages-intérêts.

302. — Bagages descendus en attendant la voiture. — Mais la note est soldée, l'heure approche, les domestiques descendent les bagages; on attend la voiture.

Ici encore les plus minutieuses précautions seront prises. Car, ne l'oublions point, tant que les effets du voyageur n'ont pas quitté l'établissement, l'hôtelier en est responsable, aux termes des articles 1952 et suivants du Code civil.

Ainsi donc, toute méprise entre les objets appartenant à différents clients, toute détérioration, tout vol dans la cour ou sous la porte, au moment du chargement, entraînent cette responsabilité redoutable à laquelle nous avons consacré une étude particulière.

303. — Transport à la gare ou au bateau. — Quant au transport des colis à la gare ou au bateau, nous ne pouvons que rappeler ce que nous avons dit lors de l'arrivée du voyageur pour le transport inverse, de la gare ou du bateau à l'hôtel.

Si le transport est effectué par un garçon de l'hôtel, c'est l'article 1384 seulement qui est applicable : « Les maîtres sont responsables du dommage causé par leurs domestiques et préposés dans les fonctions auxquelles ils les ont employés. » C'est le droit commun.

Comme nous l'avons indiqué, la faute commise par le domestique, le chiffre de la réclamation, devront être établis et justifiés par le demandeur, selon les prescriptions ordinaires de la loi.

304. — Omnibus de l'hôtel. — Si le transport est effectué par l'omnibus de l'hôtel, c'est l'article 1782 qui est applicable, et nous avons vu qu'il entraîne la même responsabilité que l'article 1952, c'est-à-dire : preuve par témoins, serment, appréciation du tribunal sur l'existence et la valeur des effets.

305. — Autres voitures. — Pour toutes les autres voitures, c'est celui qui encaisse le prix des places qui est responsable.

Donc, une fois les malles chargées, l'hôtelier est tranquille ; ce n'est plus à lui désormais qu'il faudra s'adresser.

A moins toutefois que des effets ne soient oubliés ou laissés volontairement chez lui ; ce qui donne lieu à des difficultés nouvelles.

Étudions-les.

306. — Objets laissés volontairement à l'hôtel. — Lorsque des objets sont laissés volontairement à l'aubergiste, après le départ du voyageur, ce fait ne constitue pas un dépôt nécessaire, mais un dépôt volontaire. (Cassation, 10 février 1832.)

Ainsi les mêmes effets qui, pendant le séjour du client, imposaient à l'aubergiste une surveillance si exceptionnelle, ne lui imposent plus que celle apportée par lui aux objets qui sont sa propriété. On sera seulement plus exigeant, s'il a stipulé un salaire, ou s'il s'est offert spontanément pour la garde et la conservation de ces effets.

C'est là, d'ailleurs, le texte des articles 1927 et 1928 du Code civil.

Le lecteur saisit facilement les différences légales entre le *dépôt nécessaire* des effets apportés par le voyageur, et le *dépôt volontaire* concernant les effets que le voyageur, en quittant l'hôtel, laisse à la garde de l'hôtelier.

Au point de vue de la responsabilité, une des conséquences les plus intéressantes de cette distinction ressort d'un jugement rendu, le 23 avril 1891, par la sixième chambre du tribunal civil de la Seine. En voici les termes :

« Attendu que M... (voyageur) réclame à P... (hôtelier) le payement : 1° d'une somme de 1 233 fr. 55 représentant la valeur d'objets mobiliers par lui confiés à la garde du défendeur; 2° d'une somme de 260 fr. 45 à titre de dommages-intérêts ;

« Attendu qu'il résulte des renseignements versés aux débats que, dans le courant de mai 1887, M..., en quittant l'hôtel meublé tenu par P..., laissa à la garde de ce dernier une malle et quatre caisses en bois, fermées et cadenassées, renfermant divers objets mobiliers et effets d'habillement et de lingerie ;

« Attendu que P... reconnaît qu'il a accepté ce dépôt, ainsi qu'il l'avait fait les années précédentes, et qu'en présence et du consentement du demandeur, les colis furent placés dans un petit cabinet, non fermé à clef, dépendant d'une chambre de voyageurs, située au troisième étage et portant le numéro 17 ;

« Attendu que, lors de son retour à Paris, le 24 août 1887, M... constata que, pendant son absence, les colis avaient été fracturés et qu'une partie des objets qu'ils renfermaient avaient été soustraits ;

« Que P... ne dénie pas le vol ; qu'il explique que ce vol a dû être pratiqué, trois semaines environ avant le retour de M..., par un voyageur de passage ayant occupé la chambre 17 ; que s'il n'en a pas avisé immédiatement soit le plaignant, soit le commissaire de police, c'est parce que, à la même époque, sa femme, décédée depuis, était tombée gravement malade, et que, dans le trouble d'esprit où il se trouvait, il n'avait pas songé à porter le fait dont il s'agit à la connaissance de l'intéressé et de l'autorité judiciaire ; que d'ailleurs, ajoute-t-il, M... ne lui avait pas fait connaître le contenu des caisses au moment de leur remise, ni indiqué quelle en était la valeur ;

« Attendu que, bien que le dépôt ait été accepté sans réserve, il y a lieu, d'après les conditions et les circonstances dans lesquelles il a été effectué et l'aveu de P..., de le ranger dans la catégorie des *dépôts volontaires* et d'appliquer à l'espèce les règles posées par les articles 1923 et suivants du Code civil ; qu'il en suit que si le défendeur est responsable de la perte ou du vol des objets confiés à sa garde, c'est à lui que la loi réserve le droit de fixer la valeur desdits objets ;

« Par ces motifs : Déclare M... mal fondé en sa demande, l'en déboute ; moyennant quoi P... fera, dans la quinzaine de la signification du présent jugement, la déclaration de la valeur des objets volés et en effectuera le payement ;

« Condamne M... aux dépens. »

Nous avons cru nécessaire de rappeler en entier cette décision, parce qu'elle nous indique, d'une façon très nette, comment la même cause, le vol, peut produire les effets les plus différents, selon qu'il a été commis sur des bagages apportés par le client, et pendant son séjour à l'hôtel, ou sur des colis laissés par lui, après son départ.

Dans le premier cas, c'est le droit, si rigoureux pour l'hôtelier, qui s'applique ; dans le second cas, c'est le droit commun. Dans le premier cas, c'est l'article 1952 du Code civil qui soumet la déclaration du voyageur à l'appréciation souveraine du juge, suivant la qualité des personnes et les circonstances du procès ; dans le second cas, c'est l'article 1924 qui est invoqué.

Or en voici les termes : « Lorsque le dépôt, étant au-dessus de cent cinquante francs, n'est point prouvé par écrit, celui qui est attaqué comme dépositaire *en est cru sur sa déclaration*, soit pour le fait même du dépôt, soit pour la chose qui en faisait l'objet, soit pour le fait de sa restitution. »

Ainsi, d'après le jugement qui vient d'être cité, la responsabilité de l'hôtelier existe toujours, mais déterminée par sa probité même, et dans des conditions tout autres que celles imposées par les articles **1952** et suivants.

Il importe maintenant de préciser les droits et obligations de l'hôtelier sur les effets dont nous venons de parler.

307. — Droits et devoirs de l'hôtelier sur ces effets. — Ainsi l'hôtelier ne peut se servir ni des effets, ni des chevaux volontairement laissés par le voyageur, sans sa permission expresse ou présumée. (Code civil, art. 1930.)

Il ne doit point chercher à connaître ce qui lui a été confié dans un coffre fermé ou sous une enveloppe cachetée. (Code civil, art. 1931.)

Il doit rendre identiquement ce qu'il a reçu. Par exemple, le dépôt des sommes monnayées doit être rendu dans les mêmes espèces qu'il a été fait, soit dans le cas d'augmentation, soit dans le cas de diminution de leur valeur. (Code civil, art. 1932.)

Les détériorations qui ne sont pas survenues par le fait du dépositaire sont à la charge du déposant. (Code civil, art. 1933.)

Si le voyageur, après avoir laissé volontairement des effets ou marchandises, veut les faire reprendre ou expédier à tel endroit, il devra donner à l'hôtelier des instructions formelles, ou lui envoyer un mandataire muni de pouvoirs nettement précisés; car le dépositaire ne doit restituer le dépôt qu'à celui qui le lui a confié, ou à celui qui a été indiqué pour le recevoir. (Code civil, art. 1937.)

308. — Obligations du dépositaire envers les héritiers du déposant. — Si le voyageur vient à mourir après son départ, le dépôt ne peut être rendu qu'à son héritier.

S'il y a plusieurs héritiers, il doit être rendu à chacun d'eux pour leur part et portion.

Tels sont les termes de l'article 1939 du Code civil. Mais l'hôtelier ne peut se faire juge de la question de savoir si l'individu qui se présente est bien l'héritier, ou si d'autres n'ont pas qualité, comme lui, pour réclamer les effets laissés à l'hôtel.

La Cour de cassation a résolu la difficulté en ces termes, par son arrêt du 11 juillet 1860 :

« Le dépositaire qui, de bonne foi, a des doutes sur le droit de ceux qui se présentent comme héritiers du déposant pour retirer le dépôt, peut se refuser de le leur rendre jusqu'à ce qu'il soit autorisé par justice ; et, en ce cas, le retard dans la restitution ne saurait donner lieu à des dommages-intérêts contre le dépositaire. »

De même, si le dépôt est indivisible, comme un bijou, un tableau, les héritiers doivent s'accorder entre eux pour le recevoir (art. 1939); mais l'hôtelier agira toujours prudemment en mettant sa responsabilité à l'abri d'une autorisation judiciaire, pour peu qu'il ait la moindre inquiétude sur le droit des réclamants, soit à la suite d'un décès, soit après un mariage, une nomination de tuteur, une interdiction, un conseil judiciaire. (Code civil, art. 1940 et suivants.) Il devra exiger des justifications légales et les soumettre, selon les cas, à son avoué ou au tribunal, ou au juge de paix.

De son côté, la personne qui a fait le dépôt est tenue de rembourser au dépositaire les dépenses qu'il a faites pour la conservation de ce dépôt, et de l'indemniser de tout préjudice. (Code civil, art. 1947.)

309. — Objets laissés après un vol. — Supposons maintenant qu'un voyageur part en laissant ses effets à l'hôtelier. Celui-ci apprend que ces objets ont été volés et que son client était un malfaiteur.

Si la justice a commencé une instruction, ou si le véritable propriétaire est inconnu, l'hôtelier préviendra le commissaire de police, afin de dégager sa responsabilité et d'être autorisé à placer les objets litigieux ailleurs que chez lui.

Si l'hôtelier connaît le véritable propriétaire, il doit lui dénoncer le dépôt; et si le déposant, même poursuivi, s'oppose à cette restitution, si, par exemple, il nie le vol, l'hôtelier doit appeler en cause celui à qui les objets appartiennent, et faire déclarer par le juge à quelle personne ils doivent être rendus.

Autrement, il encourrait des dommages-intérêts, dans le cas où le vol ne serait pas établi.

Aussi l'hôtelier ne peut-il jamais être tenu de remettre le dépôt en l'absence du déposant.

Si la garde des effets est onéreuse ou peut engager sa responsabilité, l'hôtelier s'adressera à la justice pour faire nommer un gardien auquel il les remettra, ou, s'il s'agit d'une somme d'argent, il la versera lui-même à la Caisse des dépôts et consignations à Paris, en province à la recette particulière.

Tel est le résumé de la jurisprudence, que nous avons emprunté à Dalloz sur le sujet qui nous occupe.

310. — Effets oubliés. — Mais, le plus fréquemment, la question portera sur les effets oubliés par le voyageur.

Quels sont alors les droits et les devoirs de l'hôtelier?

D'abord, et toujours pour éviter les difficultés, nous

ne saurions trop recommander de faire l'inspection soigneuse de l'appartement, après que le voyageur l'a quitté et avant qu'il soit parti de la maison.

Supposons cependant que cette précaution n'ait pas été prise, ou que des effets soient restés dans une armoire ou dans une autre salle de l'hôtel.

Plusieurs questions fort délicates se présentent :

Et d'abord l'objet oublié conserve-t-il le caractère de dépôt nécessaire ?

311. — Caractère juridique de l'effet oublié. — L'objet oublié, dit Merlin, conserve le caractère de dépôt nécessaire qu'il avait au moment où son propriétaire est arrivé dans la maison.

« Il en est du contrat de dépôt nécessaire comme de tout autre contrat : il ne peut cesser que par des moyens légaux, et ces moyens ne peuvent être que la novation ou le retrait des effets qui ont été l'objet du dépôt nécessaire. Or, point de novation sans volonté réciproque, et il n'y a point de volonté là où il y a simplement oubli. Le contrat n'aurait pu cesser que par le retrait de tous les effets apportés. »

Ainsi la même surveillance doit être exercée, les mêmes précautions doivent être prises que pendant le séjour du voyageur.

Or, parmi ces objets, il en est dont l'importance attire particulièrement nos recommandations :

312. — Oubli par le voyageur d'un portefeuille contenant des valeurs. — On a bien voulu nous consulter sur la question suivante : Un voyageur oublie, en partant, un portefeuille ou un carnet pouvant contenir des papiers intimes, des valeurs ou des billets de banque ; l'hôtelier doit-il faire un inventaire sommaire de ces objets avant de les mettre en lieu sûr ?

Nous répondons : Non, et pour plusieurs motifs.

Nous avons expliqué, plus haut, comment l'objet ainsi oublié conservait le caractère de dépôt nécessaire ; il ne peut donc pas être plus examiné, dans le cas proposé, qu'une malle ou une valise ne peut être ouverte pendant le séjour du client.

Cet inventaire constituerait, parfois, une indiscrétion blâmable ; enfin il établirait, à la charge de l'hôtelier, une responsabilité spéciale, puisqu'il serait, de sa part, un acte personnel et volontaire, susceptible d'être incriminé. Pourquoi, dira-t-on, avoir agi ainsi ? N'est-ce pas, justement, pendant cet inventaire, que telle valeur ou tel billet a été perdu ou soustrait ?

Car il faut, hélas ! toujours compter avec la mauvaise foi possible de l'adversaire.

D'ailleurs, quel serait pour l'hôtelier l'intérêt pratique de cet inventaire ? Il ne saurait le faire devant des témoins ainsi mis au courant de secrets ne lui appartenant pas. Il le ferait donc seul. Et comme nous sommes en présence d'un dépôt nécessaire, ses affirmations n'auront pas plus de poids que celles du voyageur devant le juge qui, suivant la loi, se déterminera selon la qualité des personnes et les circonstances du fait.

Comment donc l'hôtelier devra-t-il procéder ?

Il mettra d'abord en lieu sûr le portefeuille, tel qu'il l'aura trouvé dans la chambre.

Puis, s'il connaît le client, il le préviendra immédiatement de ce qui s'est passé, en lui demandant comment lui renvoyer ce carnet, quelles valeurs il contient, quelles déclarations il faudra faire à la poste ou aux messageries.

La réponse diminuera d'autant la responsabilité.

Si l'oubli a été fait par un voyageur inconnu, parti sans laisser d'adresse, l'hôtelier remettra aussitôt le portefeuille au commissaire de police. Ce magistrat donnera acte du dépôt, fera inventaire officiel du contenu, et prescrira les mesures nécessaires à la sauvegarde des intérêts communs.

La responsabilité du déposant sera, dès lors, absolument garantie.

Car, quelle que soit la nature de l'effet oublié, le problème débute toujours ainsi : Le voyageur est-il connu ou non ?

Si l'hôtelier connaît le voyageur et son domicile, il doit lui adresser ces objets en laissant à sa charge les frais de cette expédition.

313. — Propriétaire ou domicile inconnu. — Mais, si l'hôtelier ne sait ni où ni comment renvoyer les effets, il faut distinguer suivant leur espèce.

S'il s'agit d'un animal dont la garde est coûteuse, l'aubergiste s'adressera à la justice et obtiendra la nomination d'un gardien ou l'autorisation de vendre, sauf à consigner le prix, en attendant la réclamation du propriétaire, dont le droit n'est prescrit qu'après trois ans. (Code civil, art. 2279.)

S'il s'agit d'un objet inanimé, l'arrêté du 19 frimaire an XIII fixe encore aujourd'hui la conduite de l'hôtelier. Cet arrêté s'exprime ainsi :

« Tout effet trouvé doit être rendu de suite à son propriétaire, s'il est connu. S'il n'est pas connu, l'effet doit être porté dans les vingt-quatre heures chez l'officier de police le plus voisin, qui en reçoit la déclaration et la transmet, avec l'objet trouvé, au préfet de police. »

C'est donc, à Paris comme en province, à l'officier

de police le plus voisin, commissaire ou maire, que l'effet sera remis. Telle est la loi.

Voici comment elle est pratiquée à Paris :

314. — Dépôt à la préfecture, droits qui en résultent. — Les dépôts sont centralisés à la préfec- ture, dans un bureau spécial.

Combien de temps y restent-ils ? Nous avons vu que l'article 2279 conserve pendant trois ans le droit du propriétaire de l'objet oublié ou perdu.

Mais, dit Brayer dans son *Dictionnaire général de police,* « si l'on avait attendu l'expiration du délai de trois ans pour restituer les dépôts non réclamés par les propriétaires, il eût été à craindre que la longueur du terme n'éloignât les déposants. Aussi la préfecture a adopté l'usage d'en opérer la remise au bout d'un an, quand toutes les recherches ont été jusque-là infruc- tueuses, à la charge par les réclamants de les conserver pendant les deux autres années durant lesquelles la revendication est admise.

« La remise, à cette condition, n'est toutefois autori- sée au bout d'un an, que si le réclamant paraît présen- ter des garanties de solvabilité et de moralité suffi- santes. Dans le cas contraire, la remise est ajournée à l'expiration des trois années pendant lesquelles la revendication peut utilement s'exercer.

« Quant aux formalités exigées des personnes qui ont trouvé l'objet, et des propriétaires, pour la remise des effets, la préfecture ne demande aux déposants que de justifier de leur individualité, et aux autres de prouver leur propriété. »

315. — Propriétaire incertain, série de voya- geurs. — L'hôtelier devra suivre également ces prescriptions, lorsque la succession rapide de voyageurs dans le logement ne lui permet pas de savoir, d'une façon précise, à quel client appartiennent les objets oubliés.

Jamais, en aucun cas, l'hôtelier ne doit s'emparer de l'objet oublié, sans avoir rempli les formalités dont nous avons parlé.

Car la Cour de cassation, dans un arrêt du 28 octobre 1813, a déclaré que l'article 386 du Code pénal était applicable, alors même que l'objet que l'aubergiste s'est approprié aurait été oublié, dans la maison, par un voyageur.

Or l'article 386 dit formellement : « Sera puni de la peine de la reclusion tout individu coupable de vol commis dans l'un des cas ci-après : si le vol a été commis par un aubergiste, un hôtelier, un voiturier, un batelier, ou un de leurs préposés, lorsqu'ils auront volé tout ou partie des choses qui leur étaient confiées à ce titre. »

Cette aggravation de châtiment atteint donc la personne qui a gardé les effets oubliés, maître ou domestiques.

316. — Objets trouvés par les domestiques. — Ceux-ci, par compensation, et après dépôt au commissariat, acquièrent-ils un droit personnel à la propriété des effets ainsi trouvés, quand, dans les trois ans, ils n'ont pas été réclamés ?

Ainsi, par exemple, après le départ du client, le garçon, en faisant la chambre ou en rangeant le secrétaire ou l'armoire, trouve un bijou, un diamant, un rouleau d'or. Il en prévient le propriétaire de l'hôtel. Qui devra faire le dépôt et la déclaration au commissariat ? Et à qui, par conséquent, l'objet sera-t-il remis après une année ou au bout de trois ans ?

Le Code, à cet égard, ne nous donne aucune réponse décisive.

Car l'article 717 annonce bien les lois particulières qui fixeront le droit de propriété sur ces effets; mais ces lois n'ont jamais été faites.

Il nous faut donc chercher la solution dans les principes mêmes que nous avons étudiés au cours de ce volume.

Or, pour le voyageur, l'hôtelier seul est responsable.

Et, par conséquent, il nous semble juste que cette responsabilité ait, après trois ans, pour corollaire, la mise en possession des objets oubliés.

En tout cas, le domestique ne peut, directement et sans prévenir le maître, faire au commissariat le dépôt de ce qu'il a trouvé; car, au lieu d'accomplir un acte de probité, il empêcherait ainsi les recherches, puisque l'hôtelier, auquel on s'adresserait toujours, répondrait naturellement qu'il ne sait rien.

D'autre part, cependant, il faut bien compter avec la faiblesse de la nature humaine et avec les fréquents déplacements des employés. Si ces derniers n'ont plus aucun intérêt dans la découverte et le dépôt d'un bijou, d'une somme d'argent; s'ils n'ont pas l'espoir honorable d'un bénéfice au bout d'un certain temps ou d'une gratification immédiate, il est à craindre qu'ils ne gardent pour eux leur trouvaille sans en rien dire à personne.

L'hôtelier prudent fera donc lui-même la visite de l'appartement laissé vacant. Si cela est impossible, le personnel aura été averti que tout objet trouvé doit être déposé au bureau de l'hôtel, et que ce dépôt donne lieu, selon les cas, à une gratification immédiate ou à un droit de propriété après les délais légaux.

Les quelques sacrifices que l'hôtelier fera à cet égard

pourront d'abord être remboursés par le client, et seront, quoi qu'il advienne, largement compensés par la bonne réputation de l'établissement.

317. — Lettres à faire suivre. — Des lettres peuvent arriver après le départ du voyageur. S'il a laissé à l'hôtelier son adresse ou des instructions pour faire suivre ses lettres, ce dernier doit exécuter ce qui lui a été prescrit; autrement il s'exposerait à des dommages-intérêts, car il a tacitement accepté un mandat.

A la rigueur, il peut éviter toute responsabilité en indiquant au client d'avoir à s'entendre directement avec la poste.

Mais si rien n'a été convenu, et qu'une ou plusieurs lettres arrivent quand le voyageur est parti, l'hôtelier devra donner au facteur l'adresse qu'il connaît, et l'Administration fera parvenir le courrier. Si l'adresse est inconnue, la lettre sera refusée purement et simplement, et la poste renverra à l'expéditeur. L'hôtelier n'encourra aucun reproche; c'était à son client à lui dire ce qu'il avait à faire.

318. — Réparations locatives. — Le voyageur, au moment de son départ, doit-il des réparations locatives? La question avait été soulevée dans une des espèces citées plus haut, après un long séjour du client. Le jugement du 27 juin 1890, rendu par la 7e chambre du tribunal de la Seine (*Gazette des tribunaux* du 14 juillet 1890) a repoussé la réclamation de l'hôtelier :

« Attendu qu'aucun état des lieux n'a été dressé lors de l'arrivée de R... à l'hôtel; que R... ne saurait être rendu responsable des dégâts qui pourraient être le fait de l'occupant de la veille, et être mis, selon la fantaisie de l'hôtelier, à la charge de l'occupant du lendemain. »

Cette théorie, après une location de deux mois, ne nous semble devoir être acceptée que sous réserve. Cependant, en principe, le voyageur ordinaire, bien qu'étant censé avoir trouvé la chambre et les meubles en bon état, ne doit point de réparations locatives. Mais il répond des dommages causés par sa faute personnelle, tels que : parquets détériorés, tapis déchirés, glaces brisées, tentures tachées, meubles fracturés.

C'est donc encore par la surveillance incessante et la réclamation immédiate qu'il faudra procéder, constater le dégât aussitôt qu'il est produit, et porter sur la note de huitaine telle ou telle réparation.

319. — Renseignements sur les voyageurs. — Si un hôtelier avait gravement à se plaindre d'un voyageur qui aurait, par exemple, commis un vol ou une filouterie, peut-il le signaler à ses correspondants ou à ses confrères, sans s'exposer à une action en diffamation ?

Voici la réponse de la cour d'Aix, dans son arrêt du 2 février 1899 (D. P. 99. 2. 96) :

« La diffamation n'étant punissable que si elle se produit par publicité, c'est-à-dire par l'un des moyens énoncés aux articles 23 et 28 de la loi du 29 juillet 1881, ne tombe pas sous le coup de la loi pénale une communication confidentielle adressée par le président d'un syndicat professionnel à ses collègues, alors d'ailleurs qu'elle a été transmise aux destinataires avec toutes les précautions propres à assurer qu'eux seuls pourraient en avoir connaissance. »

320. — Renseignements sur les hôtels. — Dans quelle mesure l'éditeur d'un guide peut-il louer ou critiquer tel ou tel établissement ?

Pour la louange ou la réclame, il n'y aura jamais de difficultés ; mais pour le blâme, la question est plus délicate, et voici comment l'a résolue le tribunal de commerce de la Seine, le 26 novembre 1896 :

« Si l'éditeur d'un guide peut, à son gré, s'abstenir de recommander et même de désigner les hôtels qui ne lui semblent pas répondre aux desiderata qu'il conçoit, il ne peut, sans engager sa responsabilité, fournir des renseignements particuliers sur ces mêmes hôtels qu'autant qu'en le faisant il ne commette pas une faute entraînant pour leurs propriétaires des conséquences dommageables. » (*Bulletin du Syndicat des grands hôtels,* 1er janvier 1897.)

Un jugement rendu par le tribunal de Nancy, le 7 août 1889 (*Sirey,* 98. 2. 21) examine, le problème avec plus de détails et fixe les principes suivants :

« L'auteur d'un *Guide,* spécialement destiné à renseigner les voyageurs, peut, sans commettre aucune faute engageant sa responsabilité, publier la liste des hôtels de chaque localité, classés d'après son appréciation personnelle, et même attirer l'attention des lecteurs du *Guide* sur quelques-uns de ces hôtels, dont la bonne ou la mauvaise tenue seraient indiquées par un signe convenu ou par une mention jointe à leur désignation.

« Mais la mention : « On s'en plaint, » placée à la suite de la désignation d'un hôtel, dépasse sensiblement le droit de critique et d'appréciation qu'il est permis à l'auteur d'un *Guide* d'exercer, une pareille mention n'ayant pas le caractère d'une appréciation personnelle à l'auteur, mais tendant, par le caractère général de sa formule, à faire croire que les plaintes dont l'hôtel a été l'objet émanent de la généralité des voyageurs, et portent sur l'ensemble des services de l'hôtel.

« En pareil cas, l'hôtelier est en droit de demander à l'auteur et à l'éditeur du *Guide* la réparation du préjudice qui lui a été causé par cette mention.

« Mais aucune faute de nature à engager sa responsabilité n'est imputable au libraire qui s'est borné à mettre en vente, sans vérification préalable, le *Guide,* dont le caractère sérieux et la notoriété ne pouvaient lui inspirer aucune crainte sur les conséquences de cette mise en vente. »

Ainsi la critique personnelle doit être admise : « Attendu, dit le même jugement, que tout commerçant qui, par son enseigne et ses annonces, provoque l'attention commune, et fait ainsi plus ou moins appel à la publicité, se soumet par là même, dans une certaine mesure, au jugement et à l'appréciation de tous ; qu'il donne ainsi prise à la critique sur l'objet de son commerce, les qualités et les défauts de son établissement, et qu'il doit, dans cette mesure, subir toute appréciation faite avec probité, modération, et sans intention de nuire. »

Nous avons fait tous nos efforts pour ne rien oublier des incidents si nombreux que peut amener le séjour du client.

Puissions-nous avoir réussi !

Le voyageur est parti. Étudions maintenant le départ de l'hôtelier.

LIVRE IV

CESSATION DE COMMERCE

CHAPITRE PREMIER

321. — Formalités administratives à remplir.
— L'article 26 de l'ordonnance rendue par le préfet de
police, le 25 octobre 1883, et confirmée par l'article 29
de l'ordonnance du 19 octobre 1908, s'exprime en ces
termes :

« Lorsque le logeur cessera d'exercer sa profession, il
devra immédiatement déposer au commissaire de police de
son quartier ou de sa circonscription le récépissé de sa déclaration et le registre mentionné à l'article 9 ci-dessus.

C'est-à-dire le registre pour l'inscription des voyageurs, et le reçu qui lui a été délivré lorsqu'il a déclaré à la préfecture son intention d'exploiter un hôtel meublé.

En effet, cette déclaration est essentiellement personnelle et doit être renouvelée toutes les fois que le garni sera tenu par un nouvel exploitant. (Art. 6 de la même ordonnance.)

Car il importe également à la police de savoir quel hôtel est ouvert et qui est l'hôtelier, puisque c'est contre lui que seront poursuivis les délits, quasi-délits, contraventions, et que c'est lui qui supportera les responsabilités encourues dans l'exercice de sa profession.

La cessation de commerce peut avoir quatre causes principales :

Le retrait de l'autorisation préfectorale ;

La vente de l'établissement ;

La faillite de l'hôtelier ;

Son décès.

322. — Retrait d'autorisation. — La première de ces causes est contenue dans l'article 25 de l'ordonnance précitée :

« Le récépissé, dont il est question à l'article 4 ci-dessus, pourra être retiré en cas de non-exécution des prescriptions de la présente ordonnance. »

Or l'article 4 est ainsi conçu : « Le logeur ne pourra recevoir des locataires qu'à partir du jour où il lui aura été délivré par la préfecture de police un récépissé de sa déclaration. »

Donc, le retrait de cette pièce entraîne la cessation, au moins momentanée, de cette industrie.

323. — Vente de l'établissement. — La deuxième cause est la vente du fonds de commerce.

Pour cette vente, nous réitérons l'avis bien formel
que nous avons donné pour l'acquisition : s'adresser à
un notaire. Les frais d'un acte authentique seront largement compensés par la sécurité absolue qu'il procure,
et le vendeur a besoin de mettre sa responsabilité à
l'abri, car la loi lui impose diverses obligations que
nous allons étudier successivement.

324. — Obligations du vendeur. — Tout d'abord,
à l'appui de notre dire, nous trouvons l'article 1602 du
Code civil, qui s'exprime ainsi :

« Le vendeur est tenu d'expliquer clairement ce à quoi
il s'oblige, » c'est-à-dire de préciser ce qu'il vend, à
quel prix et à quelles conditions, et cela de façon
à éviter toutes difficultés d'interprétation.

325. — Rédaction de l'acte. — Il ne saurait donc,
sans une grave imprudence, laisser la confection de ce
traité à un homme d'affaires plus ou moins expérimenté ;
d'autant plus que ce même article 1602 dispose que
toute clause obscure ou ambiguë *s'interprète contre le
vendeur.*

Ce dernier supporterait donc seul la conséquence de
son mauvais choix ; car, en cas de préjudice, il se trouvera, le plus souvent, en présence d'un insolvable.

Tandis que si, par impossible, ce préjudice avait pour
cause la rédaction défectueuse d'un acte notarié, la responsabilité du notaire se trouverait engagée, et sa fortune personnelle comme son cautionnement rembourse-
rait tout dommage.

La volonté du vendeur étant clairement expliquée, il
a encore deux obligations principales :

Il doit mettre le fonds de commerce en la possession
de l'acheteur.

Il doit garantir ce dernier contre tous troubles et évictions.

326. — Livraison. — Le fonds de commerce doit être livré en l'état où il se trouvait au jour de la vente, dans le lieu même où il s'exploite, et dans le délai fixé par la convention.

En cas de retard imputable au vendeur, l'acquéreur pourra, à son choix, demander la résolution de la vente ou sa mise en possession (Code civil, art. 1610), et s'il a subi un préjudice, le vendeur doit être condamné à des dommages-intérêts.

L'exactitude est donc rigoureusement exigée, à moins de circonstances tout à fait exceptionnelles.

La livraison doit comprendre tous les accessoires, tous les éléments du fonds vendu.

Nous avons étudié, au livre Ier de cet ouvrage, la transmission de l'achalandage, des marchandises, de l'enseigne, du nom; mais d'autres questions vont trouver place ici.

327. — Livres de commerce. — Que décider, par exemple, à l'égard des livres de commerce?

Sont-ils compris dans la vente?

Non, dit un arrêt de la cour de Paris rendu le 10 décembre 1864. Ces livres peuvent être utiles au vendeur pour opérer sa liquidation; il suffit qu'il les mette à la disposition de l'acquéreur et lui fournisse tous les renseignements nécessaires; mais il n'est pas tenu de les livrer avec le fonds, s'il n'a point pris un engagement formel à cet égard.

Nous pensons, au contraire, qu'en l'absence d'engagement ou de clause spéciale, la remise des registres doit être effectuée, car ils sont un accessoire de la vente.

Et nous disons avec Dalloz : « C'est au vendeur à faire des réserves, dans le traité, s'il a besoin encore de ces registres, à charge par lui de s'engager à ne pas abuser des renseignements qu'ils renferment, au préjudice de l'acheteur qui lui paye loyalement le prix stipulé. »

328. — Correspondance. — Autre question : A qui doit être remise la correspondance?

En fait, le plus souvent, quel est le véritable destinataire? C'est le fonds lui-même.

Par conséquent, l'acquéreur, autorisé à se dire seul successeur du vendeur, a seul le droit d'ouvrir les lettres portant la dénomination commerciale sous laquelle le fonds de commerce est connu de la clientèle.

Ainsi l'a décidé la cour de Paris dans un arrêt du 20 novembre 1883.

Les tribunaux ont, d'ailleurs, en pareille matière, un pouvoir souverain d'appréciation.

Cependant la Cour suprême, le 10 avril 1866 (D. P. 66. 1. 342), a maintenu la doctrine suivante, que nous appliquons à notre sujet :

C'est à l'acquéreur d'un hôtel, connu sous le nom du vendeur, que devront être remises les lettres dont l'adresse porte, à la fois, le nom du précédent propriétaire, l'indication de sa profession et la rue où l'hôtel est situé.

Dans le cas où des lettres ainsi adressées parviendraient par erreur à ce précédent propriétaire, celui-ci est tenu de les remettre immédiatement à son successeur sans les décacheter.

Enfin un arrêt de la cour de Lyon, en date du 18 décembre 1867, fait cette distinction :

Les lettres adressées au vendeur, sous son ancien nom commercial, doivent être remises à l'acquéreur de

la maison de commerce, et celles à lui adressées en son
nom particulier doivent lui être remises à lui-même.

Dalloz (*Dictionnaire pratique de Droit*, v° *Lettre
missive*, n° 8) s'exprime ainsi : « Il est certain que les
lettres doivent être remises à la personne dont elles
portent le nom ; toutefois, si les lettres portent le nom
du vendeur, mais avec l'indication de la rue où est
situé le fonds vendu, le vendeur ne peut légitimement
s'opposer à ce que les lettres soient remises à l'acquéreur. (Req. 8 nov. 1892, D. P. 93. 1. 33.) S'il y a contestation, la question pourra être portée devant le juge
des référés. (Tribunal civil de la Seine, 3 août 1901,
D. P. 1903. 2. 97.)

329. — **Droit au bail.** — Nous avons déjà traité la
question du droit au bail, au point de vue de l'acheteur. Rappelons que la cession du droit au bail est l'accessoire obligé de la vente du fonds ; que le fait d'avoir
passé deux actes distincts ne saurait briser la solidarité
des deux stipulations dont la réunion peut seule compléter la convention. (Limoges, 6 décembre 1868,
Sirey, 72. 1. 292.)

Mais la vente du fonds ne comprend pas le droit à
un renouvellement ou à une prolongation de bail.

Cependant, dit M. Lèbre, si le vendeur s'engage,
comme cela se pratique assez souvent, à obtenir une
prolongation de bail aux mêmes conditions, quelle est
la nature de cet engagement ?

Il y a là une convention spéciale, indépendante de la
vente du fonds, contenant, de la part du vendeur, l'obligation personnelle d'obtenir cette prolongation ou de
payer des dommages-intérêts, s'il n'arrive pas à ce
résultat.

Ainsi le tribunal de commerce de la Seine a, dans

son jugement du 24 octobre 1882, déclaré que le vendeur d'un fonds de commerce qui, dans l'acte de vente, a promis à l'acquéreur que le propriétaire de la maison où s'exploite le fonds lui consentirait une prolongation de bail, aux mêmes conditions que celui qui était en cours au moment de la vente, est tenu de procurer à son acheteur une prolongation de bail, sous peine de dommages-intérêts.

Dans certains cas, cet engagement peut être considéré comme une condition sans l'accomplissement de laquelle la vente n'existera pas, par exemple lorsque la valeur du fonds dépend du local où il est installé. Alors, si le propriétaire de l'immeuble se refuse à consentir la prolongation de bail promise par le vendeur à l'acheteur, les tribunaux déclareront la convention annulée dès l'origine.

Le vendeur sera donc très prudent dans les engagements qu'il prendra de la sorte, et se rendra un compte très exact de ce qu'il est tenu de délivrer à l'acquéreur.

330. — Défaut de payement. — Toute obligation cesse cependant, si ce dernier ne paye pas le prix, quand aucun délai ne lui a été accordé.

Le vendeur alors garde sa propriété.

Il doit en opérer livraison, au cas contraire où il aurait accordé terme et délai, et alors même qu'il aurait des craintes sur la solvabilité de l'acheteur.

La faillite ou la déconfiture de ce dernier, survenue depuis la vente, pourrait seule dispenser d'exécuter la livraison. Et encore l'acheteur aurait le droit de l'exiger en donnant caution de payer au terme indiqué. (Code civil, art. 1613.)

De même, la faillite de l'acquéreur ne fait point disparaître l'obligation de livrer, lorsque le payement du prix de vente est offert comptant par les syndics. (Bordeaux, 16 juillet 1840.)

Mais il faut ajouter, à la faillite ou à la déconfiture, les faits nouveaux qui auraient diminué les sûretés données par l'acheteur au moment de la convention. (Cass., 8 août 1870, D. P. 71. 1. 331 ; Paris, 11 juillet 1853, D. P. 54. 2. 33.)

A plus forte raison, la livraison pourrait être refusée, si l'acheteur ne fournit pas les sûretées promises, ou si le vendeur a été trompé dans celles qui lui ont été données.

331. — Caution. — Enfin, continue M. Lèbre, lorsque la vente d'un fonds de commerce n'a été faite qu'à la charge par l'acheteur de fournir une caution pour le payement du prix, si la caution, offerte et acceptée, se trouve insolvable le jour où la prise de possession de l'hôtel doit avoir lieu, le vendeur est en droit de se refuser à la livraison, et la vente doit être résiliée, à défaut par l'acquéreur de fournir une caution solvable dans un délai déterminé par le jugement. (Paris, 8 mai 1869.)

Mais si c'est le vendeur lui-même qui a choisi et exigé la caution, il ne saurait demander qu'elle fût remplacée quand elle est devenue insolvable depuis la vente. (Code civil, art. 2020 ; Tribunal de commerce de la Seine, 7 septembre 1876.)

D'après tout ce qui vient d'être dit, nous voyons qu'il peut y avoir entre la vente et la livraison un certain espace de temps.

Or, nous l'avons indiqué ci-dessus, l'établissement doit être remis à l'acheteur dans le même état qu'au jour de la vente.

De là une double obligation :

1° Jusqu'à cette remise, le vendeur doit, selon l'expression juridique, apporter tous les soins d'un bon père de famille à la conservation du fonds de commerce vendu. (Code civil, art. 1136.)

2° Les produits et bénéfices de l'hôtel appartiennent à l'acquéreur, du jour même de la vente. (Code civil, art. 1614.)

Maintenant, supposons la livraison faite et le prix non payé ; supposons même que l'acquéreur ait déjà revendu le fonds : quelle sera, légalement, la situation du vendeur primitif ?

Le vendeur a toujours le droit de demander la résolution de la vente quand l'acheteur ne paye pas son prix. (Code civil, art. 1654.)

En matière de fonds de commerce, l'action en résolution est valablement dirigée contre le tiers auquel l'acheteur a revendu le fonds, ce second acheteur fût-il même de bonne foi.

L'article 2279 du Code civil n'est, en effet, applicable qu'aux titres au porteur et aux meubles corporels susceptibles de tradition manuelle.

Si l'action est intentée contre le premier acheteur *in bonis*, elle ne peut être paralysée par sa faillite ultérieure, et le vendeur a le droit de poursuivre, contre le syndic, le payement du montant total des condamnations prononcées à son profit.

Le second acheteur ne peut s'en prendre qu'à lui-même de ne s'être pas fait représenter le contrat d'acquisition de ses vendeurs et de n'avoir pas recherché si ces derniers s'étaient complètement libérés de leur prix.

Ainsi l'a décidé la 6ᵉ chambre de la cour de Paris, dans son arrêt du 22 mai 1901. (D. P. 1903. 2. 97.)

Mais se rend passible de dommages-intérêts, le vendeur non payé d'un fonds d'hôtel meublé, qui, après avoir fait expulser son acquéreur, se remet purement et simplement en possession du fonds au lieu de le faire vendre judiciairement, en continue l'exploitation et le revend ensuite à un tiers. (Tribunal de la Seine, 11 novembre 1895; *Bulletin du Syndicat des grands hôtels,* 1ᵉʳ janvier 1897.)

332. — **Garantie.** — Occupons-nous maintenant de la garantie due par le vendeur à l'acheteur.

Cette garantie est de droit, et existe en l'absence de toute convention.

D'après l'article 1626, en effet, quoique lors de la vente il n'ait été fait aucune stipulation sur la garantie, le vendeur est obligé de droit à garantir l'acquéreur de l'éviction totale ou partielle, ou des charges prétendues sur l'objet vendu ou non déclarées lors de la vente.

Telle est la règle générale; faisons-en l'application aux questions plus spéciales qui nous occupent en ce moment.

Le vendeur doit donc, comme nous l'avons dit, défendre l'acquéreur contre tous troubles et évictions, et particulièrement contre les troubles et évictions qui viendraient de son propre fait. Le tribunal de commerce de la Seine a statué ainsi, dans son jugement du 26 juillet 1899 :

« Le vendeur d'un fonds de commerce qui, contrairement à la vérité, a déclaré dans l'acte de vente qu'il réalisait annuellement dans le fonds vendu un chiffre d'affaires annoncé lui laissant un bénéfice net fixe par an, encourt la résolution de la vente et la reprise de son fonds si ces résultats n'ont point été atteints.

« Il en est surtout ainsi lorsque l'acheteur n'a traité que sur la foi des déclarations du vendeur dont il n'a pu

soupçonner l'inexactitude ni contrôler les livres qui lui
avaient été promis et qui lui ont été refusés. Dans ce
cas, l'acheteur n'a pu connaître les vices cachés de la
chose vendue, dont le vendeur est tenu de le garantir.

« L'acheteur est, en outre, fondé à réclamer des dommages-intérêts pour le préjudice par lui subi. »

Enfin, d'une manière générale :

« Le vendeur d'un fonds de commerce, tenu, en
dehors de toute stipulation spéciale, de garantir à son
acquéreur la possession paisible de la chose vendue, ne
peut faire aucun acte qui, directement ou indirectement,
porte atteinte à cette paisible jouissance. »

Ainsi, la vente d'un fonds de commerce emporte, par
elle-même, l'interdiction de tout fait tendant à détourner
directement ou indirectement l'achalandage et la clientèle.

Dans de telles conditions, le vendeur a-t-il la faculté
de se rétablir ailleurs ?

333. — Droit de se rétablir. — Si le contrat
s'explique à ce sujet, il faut en exécuter les clauses.

S'il est muet, il faut en revenir à la jurisprudence.

Dans un arrêt du 20 juin 1860, la cour d'Agen a formulé ces principes :

« La garantie est de droit. Le vendeur ne peut fonder
dans la même ville un établissement rival et faisant concurrence à celui qu'il a cédé, s'il ne s'en est réservé la
faculté. Il est également tenu de ne rien faire qui soit
nuisible à l'exploitation du fonds vendu, et de ne point
en détourner la clientèle soit à son profit, soit au profit
de qui que ce soit. » (D. P. 1860. 2. 176.)

Le 25 janvier 1861, la cour de Paris se prononçait
dans un sens identique, interdisant au vendeur de se
rétablir dans le même genre de commerce et de faire

aucune opération pouvant constituer une concurrence ou porter préjudice à son acheteur.

En un mot, la vente doit être complète et loyale ; et l'on ne saurait garder ou reprendre indirectement ce qui a été payé.

Mais si les circonstances sont telles que l'acquéreur ne puisse subir aucun préjudice, alors, en l'absence de toutes autres conventions, la liberté commerciale reprend tous ses droits.

Ainsi, le vendeur peut fonder un nouvel établissement, si celui-ci présente avec le premier des différences notables, spécialement quant à l'organisation matérielle, au mode d'exploitation et à la nature de la clientèle. (Cass., 10 août 1869, D. P. 70. 1. 115.)

Ainsi encore, il faut apprécier le temps plus ou moins long qui s'est écoulé depuis la vente et la distance plus ou moins grande qui sépare les deux établissements.

En général, on doit présumer que le vendeur s'est interdit de se replacer dans un certain périmètre du fonds cédé, et avant un certain temps depuis la vente.

Il est bien évident qu'il ne saurait y avoir, sur ce point, de principe absolu, et qu'il faudra toujours décider d'après les circonstances de fait. Comme le dit très justement M. Lèbre, le périmètre différera suivant qu'il s'agit d'une grande ou d'une petite ville. En province, le rayon interdit au vendeur comprendra facilement la ville entière. A Paris, au contraire, il sera limité aux quartiers où la concurrence peut s'exercer.

Quant au délai, il sera apprécié suivant le temps jugé nécessaire pour fixer la clientèle, et sa durée dépendra de la nature du commerce.

334. — Clauses à insérer dans l'acte. — Mais toutes ces incertitudes entraîneront souvent de graves inconvénients. Le vendeur prudent fera donc insérer, dans l'acte de vente, des clauses spéciales à cet égard et précisant nettement son droit.

Autrement, il pourrait voir ordonner par justice la fermeture, avec dommages-intérêts, du nouveau fonds qu'il aurait créé.

Mais l'interdiction *absolue* de se rétablir, sans distinction de temps ni de lieu, serait nulle et contraire à la liberté commerciale.

Tandis que « l'interdiction de se rétablir n'est point contraire aux principes d'ordre public concernant la liberté du travail et de l'industrie lorsqu'elle n'est pas absolue et ne s'applique qu'à une certaine localité et à une distance déterminée ». (Dijon, 28 novembre 1866.) Et la Cour de cassation a consacré cette doctrine dans un arrêt du 31 mars 1884.

Ainsi donc, soit aux termes de la convention, soit d'après l'usage et l'équité, le vendeur a le droit de se rétablir, pourvu, comme nous l'avons dit, qu'il ne détourne pas à son profit une portion des choses cédées à l'acquéreur ou des avantages sur lesquels celui-ci a dû compter.

Telle est la règle générale. Nous allons étudier dans le chapitre suivant les difficultés de détail qui peuvent se présenter.

CHAPITRE II

RÉTABLISSEMENT INDIRECT. — CALCUL DE LA DISTANCE A LAQUELLE IL EST PERMIS DE SE RÉTABLIR. — GARANTIE DU BAIL. — ENGAGEMENT DE RESTER QUELQUE TEMPS POUR METTRE AU COURANT DE LA MAISON. — OBLIGATIONS DE DROIT COMMUN. — RÉSILIATION DE LA VENTE. — ENGAGEMENT SOLIDAIRE.

335. — Rétablissement indirect. — Tout d'abord, le vendeur ne peut occasionner indirectement le préjudice qu'il s'est interdit de causer directement.

Ainsi, le vendeur d'un fonds de commerce qui s'est engagé à ne former aucun établissement du même genre, dans un rayon déterminé, ne peut s'intéresser dans une entreprise rivale. (Bordeaux, 4 mai 1859, D. P. 60. 2. 19.)

Ainsi encore, le vendeur d'un fonds de commerce qui possède, dans une localité voisine, un autre établissement du même genre, qu'il s'est réservé d'exploiter, commet un acte de mauvaise foi et doit être condamné à des dommages-intérêts envers son acquéreur, s'il envoie des circulaires aux clients de l'hôtel vendu, pour les rappeler à l'hôtel qu'il exploite.

De même, comme nous l'avons déjà dit, il ne peut ni prendre une enseigne semblable à celle qu'il a cédée, ni conserver l'indication de son ancienne maison sur ses cartes, annonces, tableaux et prospectus. (Paris, 18 octobre 1854; 13 février 1861.)

Enfin il ne lui est permis :

Ni d'autoriser sa femme à tenir un hôtel faisant concurrence à l'établissement vendu ;

Ni de devenir lui-même gérant ou employé intéressé dans un hôtel rival ;

Ni d'avancer des fonds à un tiers, à son ancien commis, par exemple, pour porter préjudice à l'acheteur.

336. — Vendeur propriétaire louant sa maison pour un commerce semblable. — Mais la Cour de cassation, dans un arrêt du 10 juin 1879, a déclaré que le vendeur d'un fonds de commerce qui s'est interdit le droit d'exploiter ou de faire valoir directement ou indirectement tout autre établissement semblable, dans la même localité, ne contrevient pas à cette prohibition par cela seul qu'il a loué partie d'une maison qui lui appartient, et dans laquelle il habite lui-même, à un tiers qui exerce le même commerce que son acquéreur, alors qu'en fait il ne peut en résulter pour celui-ci aucune concurrence sérieuse, et qu'il n'est établi non plus, à la charge du vendeur, ni détournement de clientèle, ni participation directe ou indirecte à ce commerce qu'il s'était interdit. (D. P. 1880. 1. 37.)

M. Pouillet, dans son *Traité des marques de fabrique*, laisse même une plus grande latitude. En effet, dit-il, il est hors de doute que l'engagement pris par le vendeur de ne former directement ou indirectement, dans un rayon déterminé, aucun établissement de même nature, ne saurait aller jusqu'à l'empêcher de louer son immeuble, dans ledit rayon, en vue d'y établir un commerce rival, alors toutefois qu'il y demeure étranger lui-même ; sa qualité de vendeur ne se confond pas avec sa qualité de propriétaire d'immeuble.

337. — **Associés.** — Lorsque, dans la liquidation d'une société formée pour l'exploitation d'un fonds de commerce, tout l'actif de la société, comprenant notamment la clientèle et l'achalandage, a été attribué à l'un des associés, à la charge de payer à l'autre la somme représentant ses droits dans l'actif, rien ne s'oppose, en l'absence d'une clause spéciale, à ce que celui-ci exploite, *exclusivement sous son nom*, un fonds de commerce de même nature que celui que son ancien associé continue à exploiter, pourvu qu'il ne fasse rien de contraire à la bonne foi commerciale. (Paris, 30 juin 1854, D. P. 55. 5. 367.)

338. — **Veuve remariée.** — « Enfin, dit M. Lèbre, lorsqu'une veuve, en vendant le fonds de commerce exploité jadis par son mari, s'est interdit le droit de se rétablir ou de s'intéresser directement ou indirectement dans une industrie similaire, elle ne contrevient pas à cette clause en se remariant avec un négociant qui fait le même commerce, et l'on ne saurait dire que celui-ci est tenu de respecter l'obligation prise par sa femme. Toutefois il n'en serait ainsi qu'autant que la femme ne s'immiscerait pas dans le commerce du mari, et qu'elle serait mariée sous le régime de la séparation de biens. Si, au contraire, la femme était intéressée personnellement, nous appliquerions les principes ordinaires. »

Rappelons à ce sujet un arrêt rendu par la cour de Rouen, le 9 août 1899, et publié dans la *Gazette du Palais*, le 8 mars 1900.

Voici comment il posait les principes :

« Est licite, fait la loi des parties, et doit recevoir sa pleine et entière exécution, toute stipulation expresse par laquelle une partie s'interdit tout commerce simi-

laire, dans telle ville désignée « et dans quelque situa-
« tion qu'elle se trouve à l'avenir ».

« Notamment, par le fait de son mariage, éventualité
rentrant précisément dans les prévisions de la convention, une femme venderesse d'un fonds de commerce,
ne peut se trouver déliée de ses engagements; et, sous
le prétexte qu'elle est en puissance de mari, il ne lui
appartient ni de troubler son acquéreur dans la libre
jouissance de la chose vendue, ni de rentrer ainsi en
possession d'un achalandage et d'une clientèle dont elle
a déjà touché le prix.

« Elle ne saurait du reste invoquer le principe de la
liberté du commerce et de l'industrie, qui ne peut rendre
licite ce qui est contraire à la bonne foi commerciale,
à l'équité et aux engagements pris; pas plus qu'elle ne
saurait exciper des droits et des devoirs, conséquence
de son état de femme mariée, puisque ni ces droits, ni
ces devoirs ne sauraient s'exercer au détriment et au
mépris des engagements légalement formés. »

Le problème juridique a sa délicatesse. Ce sera, le
plus souvent, une question de fait et de bonne foi.
Mais les principes de droit ne doivent jamais être négli-
gés, car ce sont eux qui éclairent et entraînent la solution pratique de ces difficultés.

339. — Résumé des exemples ci-dessus. — Tous
ces exemples démontrent la nécessité impérieuse de stipulations très précises dans l'acte de vente, et cette
précision doit fixer également la distance à laquelle il
sera permis de se rétablir.

Rappelons-nous, en effet, que l'obscurité d'une clause
s'interprète toujours contre le vendeur. (Code civil,
art. 1602.)

Or, trop souvent, les mots *distance* ou *rayon* sont

employés indistinctement dans la rédaction des contrats. Le calcul est cependant bien différent, d'après certains arrêts de la cour de Paris et certaines décisions du tribunal de commerce de la Seine.

340. — Sens juridique des mots distance, rayon, périmètre. — Ainsi la clause de l'acte de vente par laquelle le vendeur s'interdit d'exploiter un commerce du même genre, à moins d'une distance de mille mètres du fonds vendu, s'entend en ce sens que la distance doit être calculée en suivant la ligne la plus courte par les rues. L'expression isolée *distance* ne saurait être considérée comme l'équivalent des mots *rayon, périmètre* ou *distance à vol d'oiseau,* qui impliquent l'idée d'une mesure géométrique en ligne droite. (Paris, 19 juillet 1883, *Sirey,* 83. 2. 247.)

Lorsque le vendeur d'un fonds s'est interdit de se rétablir dans un certain rayon, le mot *rayon* doit s'entendre dans son sens littéral absolu; c'est donc à vol d'oiseau, géométriquement, et non en suivant le parcours des rues, que la distance doit être calculée. (Ruben de Couder, *Dictionnaire de Droit commercial, Fonds de commerce,* n° 5 *bis.*)

Et la cour de Paris, le 20 avril 1880, a donné cette explication juridique :

« Pour déterminer si le vendeur contrevient à la clause par laquelle il s'interdit de se rétablir dans un *rayon* de mille mètres, il faut rechercher si le nouveau fonds se trouve soit en dedans, soit en dehors du périmètre d'un cercle ayant pour centre le lieu de l'établissement cédé et un rayon de mille mètres, et non pas si le chemin à parcourir entre les deux établissements dépasse cette distance; ce parcours pouvant en effet varier, suivant la création de nouvelles voies publiques ou la modification de celles existantes. » (*Sirey*, 1881. 2. 134.)

En somme, toutes ces décisions proclament ce principe unique, à savoir, que le vendeur, qui doit garantie à son acheteur, ne peut ni directement ni indirectement l'évincer de ce qu'il a payé.

341. — Éviction partielle. — Cette éviction peut provenir du fait de l'Administration, ou du fait du vendeur. Nous avons déjà étudié ces diverses éventualités, et nous prions le lecteur de vouloir bien se reporter au chapitre II du livre premier, où il trouvera d'intéressantes décisions, notamment un arrêt de la cour de Paris du 6 novembre 1892. (*Le Droit* du 30 janvier 1893.)

342. — Garantie du bail. — Nous avons vu que le droit au bail constitue un des éléments du fonds de commerce. La garantie est donc due par le vendeur sur l'existence et la durée de ce bail.

Aussi la cour de Paris, le 29 avril 1873, a annulé la vente d'un fonds de commerce conclue par l'acheteur sur la foi de l'existence d'un bail dont le vendeur ne pouvait justifier, et celui-ci a été condamné à des dommages-intérêts.

Il est bien entendu qu'il ne serait dû aucune garantie pour le cas où le bail ne pourrait plus être exécuté, à la suite d'un cas de force majeure : guerre, expropriation, etc.

Mais si une portion de l'hôtel est incendiée, quels vont être les droits de l'acquéreur vis-à-vis du vendeur, qui est en même temps son bailleur?

L'acquéreur obtiendra soit une réduction de loyer, soit même la résiliation du bail; mais la vente du fonds subsiste toujours.

Car le vendeur, après avoir mis l'acheteur en possession des lieux loués, ne répond point des faits qui surviennent ultérieurement et qui lui sont étrangers.

C'est ainsi qu'il a été jugé par le tribunal de commerce de la Seine, le 2 décembre 1872, que la destruction, par force majeure, de l'immeuble dans lequel se trouvait le fonds de commerce ne peut autoriser l'acquéreur, qui en était alors possesseur, à demander la résiliation de la vente, sous le prétexte que le bail qui en était la condition essentielle ne pouvait plus être continué.

343. — Engagement de rester quelque temps pour mettre au courant l'acquéreur. — Enfin, dans les obligations spéciales à notre sujet, nous trouvons celle par laquelle le vendeur s'engage à rester pendant un certain délai auprès de l'acheteur pour le mettre au courant du commerce et de la clientèle.

L'inexécution de cet engagement entraînerait des dommages-intérêts.

Si cependant elle avait pour cause un événement de force majeure, aucune condamnation ne serait encourue; mais le vendeur serait tenu, aussitôt que les obstacles auraient cessé, d'exécuter son obligation en complétant le laps de temps prescrit par le traité. (Paris, 12 mars 1872.)

344. — Obligations de droit commun. — Pour le surplus, nous retombons dans les dispositions du droit commun.

Nous les rappelons rapidement :

La garantie légale peut être augmentée, diminuée, et même supprimée par des conventions particulières. (Code civil, art. 1627.)

Cependant, quoiqu'il soit dit que le vendeur ne sera soumis à aucune garantie, il reste toujours tenu de celle qui résulte d'un fait à lui personnel. (Code civil, art. 1628.)

Dans le même cas de stipulation de non-garantie, le vendeur, en cas d'éviction, est toujours tenu à la restitution du prix, à moins que l'acquéreur n'ait connu, lors de la vente, le danger de l'éviction, ou qu'il n'ait acheté à ses risques et périls. (Code civil, art. 1629.)

Mais c'est le vendeur, assigné en restitution du prix, qui doit prouver que l'acheteur connaissait, au moment de la vente, le danger de cette éviction. (R. v° *Vente*, 908.)

Toutefois le vendeur peut être déclaré affranchi de toute garantie, même pour des charges non exprimées en l'acte, alors qu'il est reconnu, en fait, que l'acquéreur avait, lors du traité, une parfaite connaissance de la position du vendeur, de ses obligations, de la nature et de l'étendue de sa propriété, et que, d'ailleurs, il était dans la commune intention des intéressés de substituer entièrement l'acquéreur au vendeur, soit quant aux droits, soit quant aux charges. (Cass., 22 février 1837, R. v° *Vente*, 802.)

345. — **Restitutions à faire.** — Lorsque la garantie a été promise, ou qu'il n'a rien été stipulé à ce sujet, si l'acquéreur est évincé, il a droit de demander contre le vendeur :

1° La restitution du prix ;

2° Celle des fruits ou produits, lorsqu'il est obligé de les rendre au propriétaire qui l'évince ;

3° Les frais judiciaires occasionnés par cette éviction ;

4° Enfin, les dommages-intérêts ainsi que les frais et loyaux coûts du contrat. (Code civil, art. 1630.)

On doit comprendre, dans le prix à restituer par le vendeur, les pots-de-vin ou épingles que l'acheteur a payés en exécution de la vente, ou même par suite d'un accord ultérieur.

Les fruits ou produits du commerce que l'acquéreur peut se faire restituer par le vendeur sont, en cas de bonne foi dans l'acquisition, ceux qui sont échus depuis la demande du véritable propriétaire.

Enfin, les dommages-intérêts ne doivent pas être confondus avec le prix. Ils sont dus en outre de ce prix, et ont pour cause le préjudice occasionné par l'inexécution des engagements du vendeur. Le prix sera toujours restitué; l'allocation des dommages-intérêts dépend des circonstances. (R. v° *Vente*, n° 1012.)

Le vendeur est tenu des dommages-intérêts, alors même qu'il a ignoré que le fonds vendu appartenait à autrui, à moins qu'il ne lui fût impossible absolument de connaître la véritable situation. (R. v° *Vente*, n°1011.)

Ces dommages-intérêts comprennent tout le préjudice que cette éviction a pu causer à l'acheteur, et spécialement les frais de déménagement et ceux qu'il a faits pour se procurer un logement convenable à la profession qu'il exerce. (Bourges, 5 avril 1821, Dalloz, *Nouveau Code civil annoté*, art. 1630, n° 74.)

Si le fonds vendu se trouve avoir augmenté de prix à l'époque de l'éviction, indépendamment même du fait de l'acquéreur, le vendeur est tenu de lui payer cette augmentation. (Code civil, art. 1633.)

Si cependant cette plus-value dépasse toutes les prévisions, le vendeur de bonne foi n'est pas obligé de payer l'augmentation entière; il doit seulement la somme la plus considérable à laquelle, au moment du traité, on a pu présumer que les dommages-intérêts pourraient jamais s'élever. (R. v° *Vente*, n° 1017.)

Mais le vendeur est tenu de rembourser, ou de faire rembourser à l'acquéreur par celui qui l'évince, toutes les réparations et améliorations utiles, et à plus forte raison les dépenses nécessaires qu'il aura faites dans l'intérêt du fonds de commerce. (Code civil, art. 1634.)

Ce qui doit être remboursé quand les travaux étaient *nécessaires,* c'est ce qui a été effectivement dépensé, sans examiner s'il en est résulté un accroissement de valeur pour le fonds.

Pour les dépenses *utiles,* elles ne sont dues à l'acheteur évincé qu'autant qu'elles ont réellement tourné à l'avantage du propriétaire et ont augmenté la valeur de l'établissement.

Quant aux dépenses de luxe, elles ne peuvent être réclamées que si le vendeur était de mauvaise foi. (Code civil, art. 1635.)

Telles sont, résumées le plus brièvement possible, les obligations du vendeur en cas d'éviction totale.

346. — Résiliation de la vente. — En cas d'éviction partielle dont la responsabilité remonte à ce vendeur, si le fonds de commerce reste dans un état tel que l'acquéreur ne l'eût point acheté ainsi, ce dernier peut faire résilier la vente. (Code civil, art. 1636.)

S'il préfère maintenir le traité, la valeur de la portion du fonds de commerce dont il est évincé lui est remboursée suivant l'estimation à l'époque de l'éviction, et non proportionnellement au prix total de la vente, soit que la chose vendue ait augmenté ou diminué de valeur. (Code civil, art. 1637.)

Tout ce qui précède indique suffisamment au vendeur la nécessité d'un acte notarié, ou tout au moins très soigneusement rédigé.

Il doit, dans son intérêt, faire préciser ce qu'il

vend, à quelles conditions et aussi à quelles personnes.

347. — Personnalité juridique de l'acheteur. —

Ainsi la femme, même séparée de biens, ne pouvant faire le commerce sans l'autorisation de son mari, il y a lieu de déclarer nulle l'acquisition qu'elle a faite d'un hôtel, par exemple, alors même qu'elle aurait dissimulé sa véritable situation de femme mariée, en se présentant comme veuve. Et il n'y a pas lieu d'accorder des dommages-intérêts contre elle au vendeur, qui aurait pu facilement connaître la vérité. (Paris, 21 février 1862.)

348. — Solidarité entre acheteurs. — Mais si l'individu qui se présente pour acheter l'hôtel est marié, le vendeur aura soin d'exiger la signature de la femme et de stipuler expressément la solidarité de l'engagement ainsi contracté par les deux époux.

L'article 1487 du Code civil nous dit, en effet : « La femme, même personnellement obligée pour une dette de la communauté, ne peut être poursuivie que pour la moitié de cette dette, à moins que l'obligation ne soit solidaire. »

Ainsi donc, sans solidarité, le prix est dû par le mari pour la totalité, et par la femme pour moitié seulement.

Elle est obligée au payement intégral, si la solidarité a été stipulée.

Cette distinction a une très grande importance en cas de décès du mari ; car, si elle ne s'est pas engagée solidairement, et si elle renonce à la communauté, elle peut, en vertu d'une clause du contrat de mariage autorisant le survivant des époux à conserver le fonds de commerce pour son compte personnel, rester propriétaire de ce fonds sans avoir à payer plus que la moitié du prix.

Le vendeur subirait donc un préjudice contre lequel il était utile de le mettre en garde.

349. — Nom de la femme du vendeur. — Quant à la femme du vendeur, lorsque l'hôtel est connu sous le double nom de son mari et d'elle-même, peut-elle s'opposer à ce que le sien soit compris dans la cession de l'établissement ?

Peut-elle prétendre qu'elle n'a laissé donner son nom à l'hôtel que tant qu'il serait dirigé par son mari ?

En principe, le nom commercial, composé des noms du mari et la femme, peut être transmis à l'acquéreur. Et, comme le dit M. Lèbre, sauf preuve contraire, la femme qui a autorisé son mari à faire usage de ces deux noms doit être présumée lui avoir donné le droit de les transmettre. En effet, lorsque ce nom double a long-temps figuré sur un fonds de commerce, il serait inadmissible que la femme interdise tout à coup au mari le droit de disposer de ce nom, c'est-à-dire, en réalité, du fonds lui-même. (Même sens : Dalloz, *Dictionnaire pratique de Droit*, v⁰ *Propriété industrielle*, n° 109, et D. P. 93. 4. 41.)

Nous ne nous sommes occupé, dans cet ouvrage, que des ventes volontaires, car ce sont les seules au sujet desquelles nous puissions diriger utilement le lecteur ; quant aux ventes forcées, il est soumis à une procédure spéciale qu'il n'a qu'à subir, sans grande initiative personnelle.

Il nous reste à étudier la question relative au privilège du vendeur.

CHAPITRE III

350. — Privilège du vendeur. — Dans la cession d'un hôtel, ce que l'on appelle « privilège du vendeur » est inséré au paragraphe 4 de l'article 2102 du Code civil.

Nous y lisons, en effet, que les créances privilégiées sur les meubles sont, entre autres, « le prix d'effets mobiliers non payés, s'ils sont encore en la possession du débiteur, soit qu'il ait acheté à terme ou sans terme. »

« La jurisprudence et les auteurs décident, tout d'une voix, que le privilège établi par notre article, en faveur du créancier, sur le prix des effets mobiliers non payés, s'applique non seulement aux meubles corporels, mais encore aux meubles incorporels, tels que créances, droits successifs, *achalandages* et *fonds de commerce*. Et cette jurisprudence ne peut que se maintenir, parce qu'en définitive elle est juste et fondée en droit : juste, puisque le vendeur de meubles incorporels n'est pas moins digne d'intérêt et de protection que le vendeur de meubles corporels ; fondée en droit, parce que l'article 535 du Code civil, qui place les meubles incorporels dans la catégorie des effets mobiliers, leur rend, par cela même, applicable le texte de notre article. » (Paul Pont, *Privilèges et hypothèques*, art. 2102, n° 147.)

351. — Caractère de ce privilège. — Ainsi donc, aucun doute possible : le privilège existe pour le vendeur d'un hôtel meublé.

Dans quelles conditions ?

Ce privilège ne donne qu'un droit de préférence sur le prix de l'objet vendu et non payé ; c'est, en réalité, sur le prix qu'il s'exerce.

Par exemple, Pierre a vendu à Paul ; Paul revend à Jacques.

Pierre aura le droit de frapper d'opposition le prix dû par Jacques et d'obtenir collocation, par préférence, sur ce prix.

Et précisons bien la situation de chacun, comme le fait M. Pont dans le traité cité plus haut :

« Pierre ne vient pas saisir entre les mains de Jacques le fonds de commerce revendu par Paul. Il dit au dernier acquéreur : « La loi protège entre vos mains la pro-« priété du fonds que vous avez acheté ; mais la loi ne « saurait vous dispenser de payer le prix ; payez-le donc. » Et aux autres créanciers de Paul il dit : « Ce prix dont « Jacques est débiteur, c'est le prix de mon hôtel ; c'est « moi qui avais mis cette valeur dans le patrimoine de « Paul ; il n'est pas possible qu'elle vous enrichisse à « mon détriment. »

« En quoi ce langage pourrait-il être contesté ? Jacques n'a pas à y redire ; car, en tout état de cause, il faut bien qu'il paye, et quelle que soit la caisse dans laquelle tombent ses fonds, pourvu qu'il soit libéré, il n'a pas d'intérêt dans le débat.

« Quant aux créanciers de Paul, ils n'ont pas à y redire davantage. En effet, qu'opposeraient-ils à Pierre ? Que le mobilier par lui vendu à Paul n'est plus en la possession de celui-ci ; qu'il est en la possession légitime de Jacques ? Mais ils invoqueraient ainsi le droit de Jacques, et non leur propre droit ; et leur prétention devrait être écartée d'autant plus qu'elle ne pourrait être admise sans qu'il en résultât la négation à peu près absolue du privilège du vendeur.

« Concluons donc que si le prix de la revente est dû, s'il est libre et complètement dégagé de toute affectation spéciale, de toute délégation régulière, ce prix à l'égard du vendeur primitif, tient évidemment lieu du fonds vendu et doit, comme lui, rester affecté au privilège. » (Pont, art. 2102, n° 149.)

Et la jurisprudence est absolument d'accord avec cette doctrine. « La revente de l'achalandage d'un fonds de commerce ne met point obstacle à l'exercice du privilège ; le prix de la seconde aliénation représente le fonds de commerce lui-même. » (Paris, 8 février 1834, R. *Privilèges,* n° 346.)

Ainsi, même en cas de reventes successives, le privilège subsiste, puisque subsiste le prix que le dernier acquéreur doit payer et qui sert d'aliment même au droit de préférence. Ce droit appartient toujours au vendeur primitif. Les vendeurs intermédiaires ne viennent qu'après lui, et les créanciers des divers acquéreurs ne peuvent, comme nous l'avons démontré, s'enrichir à son préjudice.

352. — Conditions de ce privilège. — Mais, bien entendu, dans ces diverses circonstances, c'est sur le prix seulement que s'exerce le privilège ; il ne frapperait le fonds de commerce lui-même qu'à la condition qu'il fût encore entre les mains du débiteur direct, c'est-à-dire du premier acquéreur ; ou encore que le second acquéreur l'eût acheté de mauvaise foi, car il ne pourrait plus invoquer le principe de l'article 2279 : « En fait de meubles, la possession vaut titre, » puisque l'article 1141 du même Code civil exige impérieusement la bonne foi.

Si celle-ci existe, la cour de Paris, par arrêt du 28 avril 1858, a décidé que le vendeur d'un fonds de commerce, encore bien qu'il ait immédiatement demandé contre son acquéreur la résolution de la vente, n'a aucune action ni droit de revendication contre le second acquéreur qui a acheté le fonds de bonne foi.

Il ne lui resterait, comme nous venons de le dire, qu'un droit sur le prix non payé.

353. — Règlement en billets. — Lorsque ce prix est réglé en billets ou valeurs négociables, l'acceptation de ces valeurs n'emporte-t-elle pas novation de la créance ?

S'il y avait novation, le privilège disparaîtrait ; mais cette création de billets ne change pas le caractère de la dette, le privilège subsiste donc.

En conséquence, à moins de faillite, le vendeur ne vient pas au marc le franc avec les créanciers de l'acheteur, mais bien pour la totalité de sa créance personnelle.

354. — Revente à une société. — La cour de Riom a même décidé, le 20 mars 1879, que le vendeur d'un fonds de commerce acheté par un associé a un privilège soit contre l'associé acquéreur, soit contre les créanciers de la société qui en avait la possession. (D. P. 1880. 2. 4.)

Et la cour de Paris statuait, en ces termes, le 4 décembre 1871 :

« Le vendeur, non payé, d'un fonds de commerce acquis par deux personnes, solidairement, conserve son privilège, quoique les acheteurs aient, après leur acquisition, formé entre eux une société pour l'exploitation de ce fonds ; les acheteurs ne peuvent prétendre que cette société est un tiers vis-à-vis d'eux-mêmes. » (D. P. 1874. 2. 24.)

Le vendeur pourrait également, dans ce cas, faire sa déclaration de créance conformément à l'article 7 de la loi du 17 mars 1909, complétée par celle du 1er avril suivant.

Enfin ce privilège, étant indivisible de sa nature, n'est pas éteint partiellement par la faillite de l'un des acquéreurs ; il peut s'exercer intégralement sur la part de l'autre dans le prix de la revente du fonds.

355. — Nantissement. — Le vendeur trouve encore un supplément de garanties dans la nouvelle loi sur le nantissement, que nous avons étudiée au début de cet ouvrage. (17 mars 1909.)

En effet, dit M. Mémin dans son *Examen pratique de la législation et de la jurisprudence en matière de nantissement,* « le vendeur, en garantie du prix qui lui reste dû, peut se faire donner en nantissement le fonds même qu'il vend. »

Et le tribunal de commerce de Nice, dans son jugement du 10 mai 1899 (*le Droit,* 13 octobre 1899), spécifiait en ces termes les avantages de cette combinaison :

« L'article 2075 du Code civil, même modifié par la loi du 1er mars 1898, est général dans ses termes et doit l'être dans son application.

« En conséquence, rien n'interdit au vendeur d'un fonds de commerce, comme au premier créancier venu,

de stipuler à son profit une garantie supplémentaire,
qui est le droit commun, et de se faire donner ledit
fonds en nantissement pour assurer le payement du
solde lui restant dû sur le prix d'acquisition.

« Le gage ainsi constitué est valable à l'encontre des
créanciers de la faillite de l'acheteur, et le privilège en
résultant peut être exercé malgré la disposition finale
de l'article 550 du Code de commerce, laquelle s'applique exclusivement au privilège du vendeur et à l'action résolutoire qui en est la conséquence. »

356. — **Expropriation.** — M. Lèbre prévoit ainsi,
dans son *Traité des fonds de commerce*, le cas d'expropriation :

« L'expropriation de l'immeuble ne détruit pas le
fonds de commerce : le matériel, les marchàndises, la
clientèle, subsistent ; mais le fonds subit une dépréciation, et son propriétaire éprouve un préjudice. Le préjudice résulte de la perte du droit au bail, des frais
nécessités par le déplacement, et de la diminution de
clientèle que peut entraîner ce déplacement. »

Or, disons-nous avec l'auteur, l'indemnité allouée par
le jury représente pour partie le fonds vendu, puisqu'elle comprend la perte du bail et de la clientèle.
C'est donc sur cette partie de l'indemnité, dont la ventilation sera faite par le tribunal, que devra s'exercer
le privilège du vendeur non encore payé.

Cette théorie a d'ailleurs été sanctionnée par un arrêt
de la cour de Paris en date du 11 juin 1872. (*Sirey,*
72. 2. 165.)

Le privilège dont nous venons d'étudier le caractère
existe, dit l'article 2102, quand la vente a été faite à
terme, aussi bien que quand aucun terme n'a été stipulé ; mais cet article continue ainsi :

357. — Revendication. — « Si la vente a été faite sans terme, le vendeur peut même revendiquer ces effets, tant qu'ils sont en la possession de l'acheteur, et en empêcher la revente, pourvu que la revendication soit faite dans la huitaine de la livraison, et que les effets se trouvent dans le même état dans lequel cette livraison a été faite. »

Cette revendication n'est point une résolution de la vente. M. Paul Pons la définit en ces mots :

« Ce que le vendeur revendique, ce n'est pas la propriété, car il a vendu, et, par cela même, il a cessé d'être propriétaire ; c'est la possession. Ce qu'il veut, ce n'est pas supprimer la vente ou l'annihiler, car la vente a été et reste parfaite ; c'est reprendre le droit, accordé par la loi à celui qui vend sans jour ni terme, de retenir la chose vendue jusqu'au payement du prix. »

Telle est la signification juridique de ce paragraphe dans l'article qui nous occupe en ce moment.

358. — Conditions de la revendication. — Cette revendication est soumise à trois principales conditions. Il faut :

1° Que les effets vendus soient en la possession de l'acheteur ;

2° Que le droit soit exercé dans les huit jours de la livraison ;

3° Que les effets se trouvent dans le même état dans lequel la livraison a été faite.

La première condition dérive du principe qu'en fait de meubles la possession vaut titre. Il n'y a plus de revendication possible dès que l'acheteur s'est dessaisi des effets vendus et les a transmis à un tiers qui les a reçus de bonne foi.

Comme, en définitive, le but de la revendication est

de reprendre les objets que le vendeur pouvait retenir jusqu'au payement, la seconde condition impose à celui-ci un simple délai de huitaine pour qu'il ne puisse être réputé avoir abdiqué son droit en tardant à en faire usage.

La troisième condition ne doit pas être prise rigoureusement à la lettre, quand il s'agit d'un fonds de commerce. Il n'est pas nécessaire, pour l'exercice du privilège, que ce fonds se trouve entre les mains de l'acheteur dans le même état qu'au moment de la vente. (Cass., 2 janvier 1838, *Nouveau Code civil annoté*, art. 2102, n° 926.)

« Toutefois, il suffit que les meubles et ustensiles compris dans la vente d'un fonds de commerce (un café) aient été remplacés en partie et réparés pour que le privilège du vendeur, non payé, ne puisse plus être exercé sur ces objets. » (Cour de Paris, 26 novembre 1833, R. v° *Privilèges*, n° 357.)

Il est bien entendu qu'en tout état de cause la revendication serait arrêtée, si l'acquéreur ou un de ses créanciers payait au revendiquant les objets par lui vendus. C'est la conséquence du principe que la revendication n'est qu'un moyen offert au vendeur d'arriver, non à la résolution, mais à l'exécution du contrat. Or l'exécution du contrat étant précisément, pour lui, le payement du prix, il est clair que son action devient sans objet dès qu'il est payé soit par l'acquéreur, soit par un créancier de celui-ci.

359. — **Droit du bailleur.** — L'article 2102, § 4, ajoute :

« Le privilège du vendeur ne s'exerce toutefois qu'après celui du propriétaire de la maison, à moins qu'il ne soit prouvé que le propriétaire avait connaissance que les meubles et autres objets garnissant sa maison n'appartenaient pas au locataire. »

Ainsi le privilège du propriétaire, sur les objets qui garnissent la maison louée, est primé par celui du vendeur de ces objets, alors que le propriétaire savait, au moment où ils ont été apportés chez lui, qu'ils n'avaient pas été payés. (Lyon, 13 mars 1840, D. P. 49. 2. 170.)

Ce privilège du propriétaire ne peut frapper, sans aucun doute, que le matériel et les marchandises du fonds de commerce.

Il garantit le loyer, les réparations locatives, les impôts que le bailleur a payés pour le locataire. Il garantit tous les loyers échus ou à échoir. Si le bail a date certaine, ces derniers sont dus en entier ; si le bail n'a pas date certaine, il ne serait dû qu'une année, à partir de l'expiration de l'année courante.

360. — Nullité de la vente. — La dissimulation du prix de vente faite par le vendeur pour tromper ses créanciers donne à ceux-ci le droit de demander la nullité du payement ou la révocation de la vente consentie à vil prix.

Il est souvent facile d'établir la valeur d'un fonds de commerce et de prouver qu'il a été vendu à un prix notablement inférieur.

L'acquéreur complice de cet acte ne pourrait exercer aucun recours en garantie contre le vendeur. (Tribunal de commerce de la Seine, 28 décembre 1860.)

361. — Licitation. — Pour simplifier nos explications, nous avons supposé jusqu'ici un seul vendeur, un seul propriétaire de l'hôtel.

Supposons plusieurs associés. La société est dis-

soute; aucune convention n'a fixé d'une manière précise
l'avenir de l'établissement; les associés ne sont pas
d'accord.

Ou bien supposons plusieurs héritiers; aucun testament n'a indiqué ce que deviendrait l'hôtel, et les héritiers ne peuvent s'entendre sur ce point.

Dans ces deux cas, le fonds de commerce doit être
vendu sur licitation.

La licitation doit comprendre l'achalandage, l'enseigne, le nom commercial ou la raison sociale, le droit
au bail, le matériel et les marchandises.

362. — Associés. — Et la cour de Paris a jugé,
par arrêt du 5 juin 1867, que la vente d'un fonds de
commerce, après liquidation de société, comprenant
l'achalandage, emporte par là même avec elle la faculté
de se servir du nom auquel la clientèle est attachée,
c'est-à-dire de la raison sociale. (D. P. 1867. 2. 217.)

La même cour avait décidé, le 28 juin 1856, que, en
cas de vente d'un fonds de commerce dépendant de la
liquidation d'une société dissoute, l'acquéreur a le droit
d'annoncer son établissement sous la raison de commerce de cette société, en y ajoutant : un tel, successeur.

Spécialement, lorsqu'à la dissolution de la société le
fonds a été acquis par l'un des associés, celui-ci est
seul en droit de s'intituler successeur de la société, et
son ex-associé doit s'interdire toute dénomination
pareille. Car la vente d'un fonds, comprenant les marchandises et l'achalandage, donne tout naturellement le
droit d'empêcher tout ce qui peut détourner la clientèle
de l'établissement vendu. (Tribunal de commerce de
Marseille, 6 février 1878.)

M. Lèbre, à qui nous empruntons cette jurisprudence,

étudie le cas de dissolution de communauté par la mort
de l'un des époux, et cite ce jugement du tribunal de
commerce de Lyon, rendu le 19 septembre 1865 :

363. — **Veuve.** — « La veuve qui est devenue
acquéreur sur licitation du fonds de commerce créé par
son mari, est en droit de maintenir le nom de celui-ci sur
son enseigne et ses factures, en le faisant précéder de
la désignation : « ancienne maison. »

« Et c'est à tort qu'un parent porteur du même nom
et exploitant, dans la même localité, un établissement
semblable, prétendrait pouvoir seul, depuis le décès du
mari, se servir de son nom. » (D. P. 1867. 3. 88.)

Nous admettons, ici, que nulle convention matrimo-
niale n'a prévu que l'achalandage resterait au survivant,
sans indemnité, ou que le survivant garderait ce fonds
de commerce moyennant un prix à rapporter à la masse
de la communauté, et qui serait fixé à dire d'experts ;
car il n'y aurait qu'à exécuter alors les clauses de cette
convention.

364. — **Exagération du prix.** — Le vendeur
devra, bien entendu, se garder rigoureusement de toutes
manœuvres mensongères pour arriver à exagérer le prix
de son hôtel.

La cour de Paris, dans un arrêt du 30 juillet 1874,
a fait justice de pareils agissements, et a *déclaré annulée
la vente* d'un fonds de commerce dont le prix avait été
fixé d'après les livres, où la comptabilité présentait des
exagérations de bénéfices qui n'avaient jamais été réa-
lisés. Ces exagérations, qui avaient eu pour résultat de
grossir fictivement le chiffre des recettes, constituent
des actes de dol qui doivent entraîner la nullité du
contrat.

A défaut de cette résiliation complète du traité, le vendeur s'exposerait au moins à une forte réduction de prix.

Le tribunal de commerce de la Seine a rendu, le 30 août 1876, un jugement dont voici le résumé :

« Lorsque le prix d'un fonds de commerce a été évidemment exagéré par l'annonce de recettes qui n'existaient pas réellement, annonce qui a déterminé le consentement de l'acheteur, le tribunal n'est pas tenu de prononcer la résiliation; mais il doit, sur la demande de ce dernier, réduire le prix à sa juste valeur, encore bien que le vendeur n'ait donné dans l'acte aucun engagement de garantie à cet égard. »

C'est d'ailleurs l'application du principe général énoncé dans l'article 1109 du Code civil, sur l'erreur et le dol.

Dans la pratique, dit M. Lèbre, le vendeur détermine souvent le revenu du fonds, et une clause est insérée, portant qu'au cas où ce revenu n'atteindrait pas le chiffre déclaré, le prix serait diminué proportionnellement. Cette clause, dont l'usage doit être recommandé, prévient les difficultés d'évaluation et donne une base fixe aux réductions que l'on peut avoir à opérer. Cette évaluation déterminée à l'avance lie le juge, qui ne saurait arbitrer différemment la diminution de prix résultant d'un déficit dans les bénéfices. Toutefois, le tribunal ne serait pas soumis à la clause et reprendrait sa liberté d'appréciation, si ce déficit dans les bénéfices provenait de la faute de l'acquéreur.

Un arrêt rendu par la Cour de cassation, le 9 juin 1879, sanctionne cette doctrine. (*Sirey*, 1879. 1. 368.)

365. — **Intermédiaires.** — Rappelons, en terminant, ce que nous avons dit des intermédiaires, agences de fonds de commerce, mandataires employés par le vendeur pour arriver à la cession du fonds.

Nous recommandons non seulement un choix très sérieux, mais un examen attentif du bon de commission qui sera proposé, dès le début des pourparlers, à la signature du vendeur.

Celui-ci fera préciser que la commission ne sera due qu'à cette triple condition :

1° En cas de vente ;

2° En cas de vente par l'intermédiaire et sur les indications de l'agent ;

3° Et d'après les soins donnés à la conclusion du traité.

De cette façon, le vendeur évitera toute réclamation exagérée :

Si la vente n'a pas lieu, l'agent n'aura droit à aucune rétribution.

Il en sera de même si elle est effectuée en dehors de lui, sans son intermédiaire.

S'il s'est borné à indiquer l'hôtel à céder, il ne pourra réclamer les mêmes honoraires que s'il avait pris une part active à la conclusion du traité.

Enfin la rétribution convenue pourra encore être réduite par le tribunal, si l'agent n'a pas donné tous les soins promis, et surtout s'il a commis quelque négligence.

Il est donc très important de ne signer qu'un bon de commission s'exprimant formellement sur ces différents cas.

Le rôle de cet intermédiaire, au point de vue des créanciers et des oppositions par eux faites sur le prix, devient plus délicat encore dans le cas de faillite, que nous allons étudier au chapitre suivant.

CHAPITRE IV

**366. — Rôle de l'intermédiaire en cas de fail-
lite.** — « En cas de faillite du vendeur d'un fonds de
commerce, le syndic est recevable à réclamer de nouveau à l'acquéreur le payement du prix de vente,
lorsque ce prix a été versé entre les mains d'un tiers,
désigné par le vendeur et l'acquéreur, et que ce tiers,
sans tenir compte des oppositions pratiquées entre les
mains de l'acquéreur, a intégralement réparti la somme
ainsi payée entre les créanciers du vendeur, alors que
ce dernier était en état de cessation de payements.

« Le tiers, ainsi désigné, a qualité de dépositaire et
de séquestre, et ne peut se dessaisir de la somme dépo-
sée sans l'assentiment du vendeur et de l'acquéreur. Le
syndic de la faillite du vendeur a une action solidaire
en restitution de la somme versée, contre lui et l'acquéreur.

« L'acquéreur qui a versé le montant de son prix
entre les mains de ce tiers a une action en garantie
contre lui, dans le cas où la répartition n'aurait pas été
faite régulièrement entre les créanciers du vendeur.

« Le tiers désigné n'a pas d'action en garantie contre

les créanciers du vendeur qui ont valablement touché
ce qui leur était dû ; il ne peut que produire à la faillite du vendeur pour les sommes qu'il justifiera avoir
payées en son acquit. » (Tribunal de commerce de la
Seine du 16 décembre 1882 ; Lèbre, *Fonds de commerce*, p. 245.)

Nous avons tenu à citer ce jugement, car il précise
nettement la situation de chacun : intermédiaire, syndic,
créanciers, acquéreur.

Résumons maintenant les questions de faillite qui
peuvent plus particulièrement intéresser notre lecteur.

**367. — Loi portant modification à la législa-
tion des faillites. Liquidation judiciaire.** (Dalloz,
Dictionnaire pratique de Droit, v° *Faillite*, et *Petit
Code de commerce*.) — Et, d'abord, voici les principaux
articles de la loi promulguée le 4 mars 1889 :

« ARTICLE PREMIER. — Tout commerçant qui cesse ses payements peut obtenir, en se conformant aux dispositions suivantes, le bénéfice de la liquidation judiciaire telle qu'elle
est réglée par la présente loi.

« ART. 2. — La liquidation judiciaire ne peut être ordonnée
que sur requête présentée par le débiteur au tribunal de
commerce de son domicile, dans les quinze jours de la cessation de ses payements. Le droit de demander cette liquidation appartient au débiteur assigné en déclaration de faillite
pendant cette période.

« La requête est accompagnée du bilan et d'une liste indiquant le nom et le domicile de tous les créanciers.

« Peuvent être admis au bénéfice de la liquidation judiciaire de la succession de leur auteur, les héritiers qui en
font la demande dans le mois du décès de ce dernier, décédé,
dans la quinzaine de la cessation de ses payements, s'ils jus-
tifient de leur acceptation pure et simple ou bénéficiaire. »

Passons à l'article 4.

368. — Jugement admettant la liquidation judiciaire.

« ART. 4. — Le jugement qui statue sur une demande d'admission à la liquidation judiciaire est délibéré en chambre de conseil et rendu en audience publique. Le débiteur doit être entendu en personne, à moins d'excuses reconnues valables par le tribunal. Si la requête est admise, le jugement nomme un des membres du tribunal juge-commissaire et un ou plusieurs liquidateurs provisoires. Ces derniers, qui sont immédiatement prévenus par le greffier, arrêtent et signent les livres du débiteur dans les vingt-quatre heures de leur nomination, et procèdent avec celui-ci à l'inventaire. »

« Le jugement qui déclare ouverte la liquidation judiciaire est publié conformément à l'article 442 du Code de commerce. Il n'est susceptible d'aucun recours, et ne peut être attaqué par voie de tierce opposition. Cependant, si le tribunal est saisi en même temps d'une requête en admission au bénéfice de la liquidation judiciaire et d'une assignation en déclaration de faillite, il statue sur le tout par un seul et même jugement, rendu dans la forme ordinaire, exécutoire par provision et susceptible d'appel dans tous les cas. »

368 bis. — Effets de ce jugement.

« ART. 5. — A partir du jugement qui déclare ouverte la liquidation judiciaire, toute action mobilière ou immobilière et toute voie d'exécution, tant sur les meubles que sur les immeubles, doivent être intentées ou suivies à la fois contre les liquidateurs et le débiteur.

« Il ne peut être pris sur les biens de ce dernier d'autres inscriptions que celles mentionnées en l'article 4, et les créanciers ne peuvent poursuivre l'expropriation des immeubles sur lesquels ils n'ont pas d'hypothèque. De son côté, le débiteur ne peut contracter aucune nouvelle dette, ni aliéner tout ou partie de son actif, sauf dans les cas qui sont énumérés ci-après. »

369. — Droits laissés au débiteur.

« Art. 6. — Le débiteur peut, avec l'assistance des liquidateurs, procéder au recouvrement des effets et créances exigibles, faire tous actes conservatoires, vendre les objets sujets à dépérissement ou à dépréciation imminente ou dispendieux à conserver, et intenter ou suivre toute action mobilière ou immobilière. Au refus du débiteur, il pourra être procédé par les liquidateurs seuls, avec l'autorisation du juge-commissaire. Toutefois, s'il s'agit d'une action à intenter, cette autorisation ne sera pas demandée; mais les liquidateurs devront mettre le débiteur en cause.

« Le débiteur peut aussi, avec l'assistance des liquidateurs et l'autorisation du juge-commissaire, continuer l'exploitation de son commerce ou de son industrie.

« L'ordonnance du juge-commissaire qui autorise la continuation de l'exploitation est exécutoire par provision, et peut être déférée, par toute partie intéressée, au tribunal de commerce.

« Les fonds provenant des recouvrements et ventes sont remis aux liquidateurs, qui les versent à la Caisse des dépôts et consignations.

. . . .

« Art. 8. — Le jugement qui déclare ouverte la liquidation judiciaire rend exigibles, à l'égard du débiteur, les dettes passives non échues; il arrête, à l'égard de la masse seulement, le cours des intérêts de toute créance non garantie par un privilège, par un nantissement ou par une hypothèque.

« Les intérêts des créances garanties ne peuvent être réclamés que sur les sommes provenant des biens affectés au privilège, à l'hypothèque ou au nantissement. »

370. — Convocation des créanciers.

« Art. 9. — Dans les trois jours du jugement, le greffier informe les créanciers, par lettres et par insertions dans les journaux, de l'ouverture de la liquidation judiciaire et les convoque à se réunir, dans un délai qui ne peut excéder quinze jours, dans une des salles du tribunal, pour examiner la situation du débiteur. Le jour de la réunion est fixé par le juge-commissaire. »

371. — État de situation présenté par le débiteur.

« Au jour indiqué, le débiteur, assisté des liquidateurs provisoires, présente un état de situation qu'il signe et certifie sincère et véritable, et qui contient l'énumération et l'évaluation de tous ses biens mobiliers et immobiliers, le montant des dettes actives et passives, le tableau des profits et pertes et celui des dépenses.

« Les créanciers donnent leur avis sur la nomination des liquidateurs définitifs. Ils sont consultés par le juge-commissaire sur l'utilité d'élire immédiatement parmi eux un ou deux contrôleurs. »

372. — Nomination des contrôleurs.

« Ces contrôleurs peuvent être élus à toute période de la liquidation, s'ils ne l'ont été dans cette première assemblée.

« Il est dressé de cette réunion et des dires et observations des créanciers un procès-verbal portant fixation par le juge-commissaire, dans un délai de quinzaine, de la date de la première assemblée de vérification des créances.

« Ce procès-verbal est signé par le juge-commissaire et par le greffier. Sur le vu de cette pièce et le rapport du juge-commissaire, le tribunal nomme des liquidateurs définitifs. »

373. — Leur rôle.

« Art. 10. — Les contrôleurs sont spécialement chargés de vérifier les livres et l'état de situation présenté par le débiteur, et de surveiller les opérations des liquidateurs; ils ont toujours le droit de demander compte de l'état de la liquidation judiciaire, des recettes effectuées et des versements faits.

23 — Code de l'hôtelier.

« Les liquidateurs sont tenus de prendre leur avis sur les actions à intenter ou à suivre.

« Les fonctions de contrôleurs sont gratuites. Ils ne peuvent être révoqués que par le tribunal de commerce, sur l'avis conforme de la majorité des créanciers et la proposition du juge-commissaire. Ils ne peuvent être déclarés responsables qu'en cas de faute lourde et personnelle.

« Les liquidateurs peuvent recevoir, quelle que soit leur qualité, une indemnité qui est taxée par le juge-commissaire. »

Les articles 11, 12, 13 et 14 sont relatifs à la remise des titres par les créanciers, à la convocation de ces derniers, à la vérification et à l'affirmation de leurs créances.

374. — Concordat.

« ART. 15. — Le traité entre les créanciers et le débiteur ne peut s'établir que s'il est consenti par la majorité de tous les créanciers vérifiés et affirmés ou admis par provision, représentant en outre les deux tiers de la totalité des créances vérifiées et affirmées ou admises par provision. Le tout à peine de nullité.

« Si le concordat est homologué, le tribunal déclare la liquidation judiciaire terminée.

« Lorsque le concordat contient abandon d'un actif à réaliser, les créanciers sont consultés sur le maintien ou le remplacement des liquidateurs et des contrôleurs. Le tribunal statue sur le maintien ou le remplacement des liquidateurs. Les opérations de réalisation et de répartition de l'actif abandonné se suivent conformément aux dispositions de l'article 541 du Code de commerce.

« Dans la dernière assemblée, les liquidateurs donnent connaissance de l'état de leurs frais et indemnités, taxés par le juge-commissaire. Cet état est déposé au greffe. Le débiteur et les créanciers peuvent former opposition à la taxe dans la huitaine. Il est statué par le tribunal en chambre du conseil.

« Dans tous les cas où il y a lieu à reddition de comptes par les liquidateurs, la disposition du paragraphe précédent est applicable.

« Art. 16. — Sont nuls et sans effet, tant à l'égard des parties intéressées qu'à l'égard des tiers, tous traités ou concordats qui, après l'ouverture de la liquidation judiciaire, n'auraient pas été souscrits dans les formes ci-dessus prescrites. »

(Les articles 17 et 18 indiquent la procédure à suivre pour la notification à faire selon les prescriptions de l'article 450 du Code de commerce.)

375. — Déchéance du bénéfice de la liquidation judiciaire.

« Art. 19. — La faillite d'un commerçant admis au bénéfice de la liquidation judiciaire peut être déclarée par jugement du tribunal de commerce, soit d'office, soit sur la poursuite des créanciers :

« 1º S'il est reconnu que la requête à fin de liquidation judiciaire n'a pas été présentée dans les quinze jours de la cessation des payements ;

« 2º Si le débiteur n'obtient pas de concordat. Dans ce cas, si la faillite n'est pas déclarée, la liquidation judiciaire continue jusqu'à la réalisation et la répartition de l'actif, qui se feront conformément aux dispositions du deuxième alinéa de l'article 15 de la présente loi. Si la faillite est déclarée, il est procédé conformément aux articles 529 et suivants du Code de commerce.

« Le tribunal déclare la faillite à toute période de la liquidation judiciaire :

« 1º Si, depuis la cessation de payements ou dans les dix jours précédents, le débiteur a consenti l'un des actes mentionnés dans les articles 446, 447, 448 et 449 du Code de commerce, mais dans le cas seulement où la nullité aura été prononcée par les tribunaux compétents ou reconnue par les parties ;

« 2º Si le débiteur a dissimulé ou exagéré l'actif ou le

passif, omis sciemment le nom d'un ou plusieurs créanciers, ou commis une fraude quelconque, le tout sans préjudice des poursuites du ministère public ;

« 3° Dans les cas d'annulation ou de résolution du concordat. »

Passons à l'article 21.

376. — Droits électoraux.

« ART. 21. — A partir du jugement d'ouverture de la liquidation judiciaire, le débiteur ne peut être nommé à aucune fonction élective ; s'il exerce une fonction de cette nature, il est réputé démissionnaire. »

377. — Salaire des employés.

« ART. 22. — L'article 549 du Code de commerce est modifié ainsi qu'il suit :

« ART. 549. — Le salaire acquis aux ouvriers directement employés par le débiteur, pendant les trois mois qui ont précédé l'ouverture de la liquidation judiciaire ou la faillite, est admis au nombre des créances privilégiées, au même rang que le privilège établi par l'article 2101 du Code civil pour le salaire des gens de service.

« Les salaires dus aux commis pour les six mois qui précèdent le jugement déclaratif sont admis au même rang. »

378. — Déclaration de cessation de payements.

« ART. 23. — Le premier paragraphe de l'article 438 du Code de commerce et le n° 4 de l'énumération faite par l'article 586 sont modifiés comme suit :

« ART. 438, § 1er. — Tout failli sera tenu, dans les quinze jours de la cessation de ses payements, d'en faire la déclaration au greffe du tribunal de commerce de son domicile. Le jour de la cessation de payements sera compris dans les quinze jours.

« ART. 586, 4°. — ... Si, dans les quinze jours de la cessation de ses payements, il n'a pas fait au greffe la déclaration exigée par les articles 438 et 439, ou si cette déclaration ne contient pas les noms de tous les associés solidaires.

« Art. 24. — Toutes les dispositions du Code de commerce qui ne sont pas modifiées par la présente loi continueront à recevoir leur application en cas de liquidation judiciaire comme en cas de faillite. »

379. — Application de la loi nouvelle aux situations antérieures. — Enfin l'article 25 porte que le commerçant en état de cessation de payements dont la faillite n'aura pas été déclarée, ou dont le jugement déclaratif de faillite ne sera pas devenu définitif à la date de la promulgation de la présente loi, pourra obtenir le bénéfice de la liquidation judiciaire.

. . . .

« Le jugement qui homologuera le concordat obtenu par le débiteur dont la faillite aura été déclarée antérieurement à la promulgation de la présente loi, ou qui déclarera celui-ci excusable, pourra décider que le failli ne sera soumis qu'aux incapacités édictées par l'article 21 contre les débiteurs admis à la liquidation judiciaire.

« Cette disposition sera applicable à tout ancien failli qui aura obtenu son concordat ou qui aura été déclaré excusable. Il devra saisir par requête le tribunal de commerce qui a déclaré sa faillite et produire son casier judiciaire. Cette requête sera affichée pendant quinze jours dans l'auditoire. Le tribunal statuera en chambre du conseil. Sa décision n'est susceptible d'aucun recours. »

. . . .

Tel est l'ensemble de cette loi, dont le but principal a été d'éviter au commerçant malheureux les conséquences de la faillite dans leur rigoureuse application.

Notons également l'article 23, qui accorde quinze jours, au lieu de trois seulement, pour faire au greffe du tribunal de commerce du domicile la déclaration de cessation de payements.

Cette disposition est fort importante, puisque, faute de cette déclaration dans les trois jours autrefois, dans les quinze jours maintenant, de la cessation de ses payements, le failli pourrait être déclaré banqueroutier simple, ce qui l'amènerait en police correctionnelle.

380. — Dépôt du bilan. — Cette déclaration devra être accompagnée du dépôt du bilan, ou contenir l'indication des motifs qui empêcheraient le failli de le déposer.

Le bilan renfermera l'énumération et l'évaluation de tous les biens mobiliers et immobiliers du débiteur, l'état des dettes actives et passives, le tableau des profits et pertes, le tableau des dépenses; il devra être certifié véritable, daté et signé par le débiteur. (Code de commerce, art. 439.)

Nous n'avons pas la prétention de faire ici une étude de la faillite. Notre seul but est, comme toujours, de signaler au lecteur les dangers qu'il courrait en semblable matière.

381. — Banqueroute simple. — Ainsi donc, suivant l'appréciation laissée au tribunal, le commerçant failli pourra être déclaré banqueroutier simple, non seulement s'il n'a pas fait cette déclaration dans les délais dont nous venons de parler, mais encore :

S'il a signé des effets de complaisance pour des sommes trop élevées, eu égard à sa situation au moment de la signature;

S'il est de nouveau déclaré en faillite sans avoir satisfait aux obligations prises envers ses premiers créanciers;

Si, étant marié sous le régime dotal, ou sous le

régime de la séparation de biens, il n'a pas, dans le délai d'un mois à partir du jour où il est devenu commerçant, remis un extrait de son contrat de mariage, indiquant ce régime, aux greffes des tribunaux de première instance et de commerce du domicile du mari et aux chambres des avoués et notaires, s'il y en a;

Si, sans empêchement légitime, il ne s'est pas présenté en personne aux syndics, sur leur réquisition, dans les cas et dans les délais fixés, ou si, après avoir obtenu un sauf-conduit, il ne s'est pas présenté devant le tribunal;

Enfin, s'il n'a pas tenu de livres et fait exactement inventaire; si ses livres ou inventaires sont incomplets ou irrégulièrement tenus, ou s'ils n'offrent pas sa véritable situation active ou passive, sans néanmoins qu'il y ait fraude.

Tous ces cas, comme nous l'avons dit, sont soumis à l'appréciation du tribunal, qui peut, selon les circonstances de fait, les rejeter ou les retenir.

Mais, au contraire, la banqueroute simple sera forcément déclarée:

Si les dépenses personnelles du failli ou les dépenses de sa maison sont jugées excessives;

S'il a englouti des sommes considérables dans des agiotages sur les fonds publics ou les marchandises, et dans des opérations de hasard;

Si, dans l'intention de retarder sa faillite, il a fait des achats pour revendre au-dessous du cours; si, dans la même intention, il s'est livré à des emprunts, circulation d'effets et autres moyens ruineux de se procurer des fonds;

Si, après la cessation de ses payements, il a payé un créancier au préjudice de la masse. (Code de commerce, art. 585.)

382. — Répression. — La différence entre cet article et ce que nous appelons les cas facultatifs de banqueroute simple, a d'autant plus d'importance que l'article 584 du même Code s'exprime ainsi :

« Les cas de banqueroute simple seront punis des peines portées au Code pénal, et jugés par les tribunaux correctionnels, sur la poursuite des syndics, de tout créancier ou du ministère public. »

Or l'article 402 du Code pénal prononce contre les banqueroutiers simples un emprisonnement d'un mois au moins et de deux ans au plus, qui peut être encore très diminué par l'admission de circonstances atténuantes.

383. — Banqueroute frauduleuse. — Quant à ce que l'on appelle la banqueroute frauduleuse, elle est déclarée contre tout commerçant failli qui aura soustrait ses livres, détourné ou dissimulé une partie de son actif, ou qui, soit dans ses écritures, soit par des actes publics ou des engagements sous signature privée, soit par son bilan, se sera frauduleusement reconnu débiteur de sommes qu'il ne devait pas.

Dans ce cas alors, c'est la cour d'assises ; les travaux forcés à temps si le jury n'accorde pas de circonstances atténuantes, et deux ans de prison au minimum avec le bénéfice de ces circonstances.

Nous n'avons point à recommander à nos lecteurs l'honnêteté la plus scrupuleuse ; mais nous devons les mettre en garde contre les billets de complaisance, les négligences dans la tenue des livres, les dépenses excessives, les spéculations hasardeuses et surtout l'entêtement à prolonger une situation désespérée. Il est infiniment plus honorable de convoquer ses créanciers en temps utile, d'obtenir d'eux un arrangement, ou de déposer loyalement son bilan. Malheur n'est pas honte, et la loi nouvelle vient en aide à ces situations.

384. — Vente du fonds avant la faillite. — Pour en revenir à la vente du fonds de commerce, cette vente n'entraîne pas par elle-même, pour un commerçant gêné, la mise en faillite. C'est seulement la date de la cessation des payements qui doit être prise en considération.

Ainsi, la cour de Paris a décidé, le 20 février 1846, que la vente du fonds de commerce d'un négociant annoncée publiquement, et dont le prix a été employé au payements d'effets en souffrance, ne peut être prise pour point de départ de la faillite, alors même que précédemment il aurait éprouvé un embarras commercial et même subi des protêts, si, depuis cette époque jusqu'à la vente, les billets ont été payés et le commerce continué sans interruption. (D. P. 51. 2. 89; Lèbre, p. 246.)

Mais le tribunal a le droit d'apprécier et d'annuler la cession faite par le négociant, dans ces circonstances critiques, si elle constituait un avantage personnel au profit d'un des créanciers et portait préjudice aux droits des autres.

385. — Vente après faillite. — Lorsque la faillite est déclarée, le fonds de commerce est certainement le principal actif, et il y a lieu d'appliquer l'article 486 du Code de commerce :

« Le juge-commissaire pourra, le failli entendu ou dûment appelé, autoriser les syndics à procéder à la vente des effets mobiliers ou marchandises.

« Il décidera si la vente se fera, soit à l'amiable, soit aux enchères publiques, par l'entremise de courtiers ou de tous autres officiers publics préposés à cet effet.

« Les syndics choisiront, dans la classe d'officiers publics déterminée par le juge-commissaire, celui dont ils voudront employer le ministère. »

Et le tribunal de commerce de la Seine, d'accord avec la doctrine, a décidé qu'indépendamment des marchandises, l'achalandage doit être compris dans l'actif de la faillite, ainsi que l'enseigne et les autres accessoires du fonds.

386. — Nom du failli. — Mais il ne faut rien exagérer, et un jugement du 19 décembre 1888, rendu par la même juridiction, a déclaré ceci : « *La vente du fonds* de commerce, dépendant de l'actif d'une faillite, *ne peut comprendre la vente du nom du failli,* ni impliquer pour ce dernier l'interdiction de se rétablir sous son nom. Une pareille interdiction, outre qu'elle serait contraire au principe de l'inaliénabilité de la liberté d'industrie, ne tendrait à rien moins qu'à priver le failli de moyens d'existence et à lui ôter la possibilité d'exécuter ses engagements. »

Si donc l'hôtel vendu porte le nom du failli, l'acquéreur ne pourra conserver ce nom à l'établissement, à moins, dit le tribunal, que, pour éviter toute erreur, il le fasse précéder des mots : *Ancienne maison,* en toutes lettres, et avec des caractères de même grandeur, et que le nom nouveau ou la nouvelle raison sociale soit indiqué comme *successeur.*

Dans ce cas, toutes les enseignes de l'hôtel, les prospectus, affiches, annonces, et généralement tous les papiers de commerce, devront être modifiés, ainsi qu'il vient d'être dit.

387. — Acquisition nouvelle. — Quant au droit de se rétablir, pour le failli, il est régi par les principes généraux que nous avons étudiés plus haut, quand nous avons traité de la vente volontaire.

Le failli concordataire peut valablement autoriser ses créanciers à gérer et, au besoin, à vendre l'hôtel.

Lorsque l'union a été déclarée, le failli peut encore acheter un nouveau fonds de commerce, si cette acquisition n'est pas faite au préjudice des créanciers, mais ouvertement et sans opposition de leur part. De son côté, le vendeur ne saurait soulever aucune difficulté, si le payement intégral du prix a été effectué avec garantie que l'origine des fonds est à l'abri de toute recherche du chef de la faillite.

Cette théorie, soutenue par M. Lèbre dans son *Traité des fonds de commerce,* p. 254, est appuyée par de nombreuses décisions judiciaires, et notamment par un arrêt de la cour de Paris, en date du 9 juillet 1883.

« Et les créanciers du failli ne pourraient davantage critiquer la vente qui serait faite plus tard, par celui-ci, du fonds de commerce ainsi acquis à nouveau et exploité par lui. »

388. — Droits du propriétaire. — Il importe également, au moment d'une faillite, de bien connaître les droits du propriétaire, afin d'éviter toute imprudence et toute discussion.

L'article 550 du Code de commerce nous renseigne complètement sur ce point :

« Si le bail est résilié, le propriétaire d'immeubles affectés à l'industrie ou au commerce du failli aura privilège pour les deux dernières années de location échues avant le jugement déclaratif de faillite, pour l'année courante, pour tout ce qui concerne l'exécution du bail et pour les dommages-intérêts qui pourront lui être alloués par les tribunaux.

« Au cas de non-résiliation, le bailleur, une fois payé de tous les loyers échus, ne pourra exiger le payement des loyers en cours ou à échoir, si les sûretés qui lui ont été données lors. du contrat sont maintenues, ou si celles qui lui ont été fournies depuis la faillite sont jugées suffisantes.

« Lorsqu'il y aura vente des meubles garnissant les lieux loués, le bailleur pourra exercer son privilège comme au cas de résiliation ci-dessus, et, en outre, pour une année à échoir à partir de l'expiration de l'année courante, que le bail ait ou non date certaine. »

389. — Perte du privilège du vendeur et du droit de revendication. — Quant au vendeur du fonds de commerce, il perd, par le fait de la faillite, son privilège et son droit de revendication.

Le même article 550, en effet, se termine ainsi : « Le privilège et le droit de revendication établis par le n° 4 de l'article 2102 du Code civil, au profit du vendeur d'effets mobiliers, ne peuvent être exercés contre la faillite. »

Mais nous rentrons ici dans le droit commun, et il faudrait des volumes pour toutes ces questions.

Terminons donc par un mot sur la réhabilitation.

390. — Réhabilitation. — Le failli qui aura intégralement acquitté, en principal, intérêts et frais, toutes les sommes par lui dues, pourra obtenir sa réhabilitation. (Code de commerce, art. 604.)

La réhabilitation est le rétablissement du failli dans tous les droits dont il a été privé par l'effet de la déclaration judiciaire de sa faillite.

Elle peut être demandée à toute époque, quel que soit le temps écoulé depuis la déclaration ou la clôture de la faillite, et même après la mort du failli.

La demande est adressée à la cour d'appel avec les quittances et les pièces justificatives. (Code de commerce, art. 605.)

Le procureur général fait faire une enquête par le procureur de la République et le président du tribunal de commerce du domicile du demandeur, et, si celui-ci a changé de domicile depuis la faillite, au procureur de la République et au président du tribunal de commerce de l'arrondissement où elle a eu lieu, en les chargeant de recueillir tous les renseignements qu'ils pourront se procurer sur la vérité des faits de la demande; et copie de celle-ci reste affichée pendant deux mois, tant dans les salles d'audience de chaque tribunal qu'à la Bourse et à la maison commune, et est insérée par extrait dans les journaux de la localité. (Code de commerce, art. 606 et 607.)

A l'expiration des deux mois, le procureur de la République et le président du tribunal de commerce transmettent, chacun séparément, au procureur général leurs renseignements et leurs avis; le procureur général fait rendre arrêt par la cour sur l'admission ou le rejet de la demande. (Code de commerce, art. 609-610.)

L'arrêt portant réhabilitation sera transmis aux procureurs de la République et aux présidents des tribudaux auxquels la demande aura été adressée. Ces tribunaux en feront faire la lecture publique et la transcription sur leurs registres. (Code de commerce, art. 611.)

Ainsi, le commerçant honnête ne doit jamais se décourager. Déjà la loi nouvelle avec la liquidation judiciaire atténue le mal dans une large mesure, et la réhabilitation le fait disparaître entièrement.

Le point capital est, comme nous l'avons dit, d'agir avec loyauté, de se rendre toujours un compte exact de sa situation, de prendre conseil à temps, et de ne pas hésiter à faire, dans les délais fixés, la déclaration de cessation de payements avec le dépôt d'un bilan régulier.

Nous avons dû traiter ce triste sujet dans cet ouvrage, pour qu'il ne fût pas trop incomplet; mais nous espérons qu'aucun de nos lecteurs n'aura à consulter ce chapitre.

D'ailleurs, les efforts combinés de nos syndicats et des législateurs plus particulièrement dévoués aux intérêts de l'industrie hôtelière assurent à celle-ci de nouvelles sources de crédit par la création du warrant-hôtelier.

391. — Warrant-hôtelier.

Loi du 8 août 1913,

« Article premier. — Tout exploitant d'hôtel à voyageurs peut emprunter, sur le mobilier commercial, le matériel ou l'outillage servant à son exploitation, tout en conservant la garde dans les locaux de l'hôtel, à la condition que ces objets ne soient pas immeubles par destination.

« Les objets servant de garantie à la créance restent, jusqu'au remboursement des sommes empruntées, le gage du prêteur et de ses ayants droit.

« L'emprunteur est responsable desdits objets qui demeurent confiés à ses soins, sans aucune indemnité opposable au prêteur et à ses ayants droit.

« Art. 2. — L'exploitant d'hôtel, lorsqu'il n'est pas propriétaire ou usufruitier de l'immeuble dans lequel il exerce son industrie, doit, avant tout emprunt, aviser par acte extrajudiciaire le propriétaire ou l'usufruitier du fonds loué, ou leur mandataire légal, de la nature, de la quantité et de la valeur des objets constitués en gage, ainsi que du montant des sommes à emprunter. Ce même avis devra être réitéré par lettre, par l'intermédiaire du greffier de la justice de paix du canton où est exploité l'hôtel meublé. La lettre d'avis sera remise au greffier, qui devra la viser, l'enregistrer et l'envoyer sous forme de pli d'affaire recommandé avec accusé de réception.

« Le propriétaire, l'usufruitier ou leur mandataire légal, dans un délai de quinze jours francs à partir de la notification de l'acte précité, peuvent s'opposer à l'emprunt par acte extrajudiciaire, adressé au greffier, lorsque l'emprunteur n'a pas payé les loyers échus, six mois de loyers en cours et six mois à échoir.

« L'emprunteur peut obtenir mainlevée de l'opposition moyennant l'acquittement des loyers précités.

« Le défaut de réponse de la part du propriétaire, de l'usufruitier, ou de leur mandataire légal, dans le délai fixé ci-dessus est considéré comme une non-opposition à l'emprunt.

« Le privilège du bailleur est réduit jusqu'à concurrence de la somme prêtée sur les objets servant de gage à l'emprunt. Il subsiste dans les termes de droit si l'emprunt est réalisé malgré l'opposition du bailleur.

« Le bailleur peut toujours renoncer, soit à son opposition, soit au payement des loyers ci-dessus indiqués, en apposant sa signature sur le registre prévu à l'article 3.

« ART. 3. — Les constitutions de gages régies par la présente loi sont faites dans les formes ci-après :

« Il est tenu, dans chaque greffe de tribunal de commerce, un registre à souche, coté et paraphé, dont le volant et la souche portent chacun, d'après les déclarations de l'emprunteur, les indications suivantes :

« 1° Les noms, professions et domiciles des parties ;

« 2° La nature des objets mis en gage, les indications propres à établir leur identité et à déterminer leur valeur, ainsi que le lieu de leur situation ;

« 3° L'inexistence d'aucun privilège de vendeur, de nantissement ou de gage sur lesdits objets ;

« 4° Le nom de la compagnie à laquelle ils sont assurés, ainsi que l'immeuble, pendant toute la durée du prêt, contre l'incendie ;

« 5° Le montant de la créance garantie et la date de son échéance, ainsi que toutes les clauses et conditions particulières arrêtées entre les parties ;

« 6° La date de la notification de l'acte extrajudiciaire adressé au propriétaire, à l'usufruitier ou à leur mandataire légal, et celle de leur réponse;

« 7° Le montant du loyer annuel de l'hôtel et la justification que les loyers énumérés à l'article 2 ont été acquittés.

« Le volant contenant les mentions ci-dessus constitue le warrant-hôtelier.

« Art. 4. — Le warrant-hôtelier est délivré par le greffier du tribunal de commerce dans le ressort duquel est exploité l'hôtel. L'emprunteur qui le reçoit donne décharge de la remise du titre, en apposant sa signature avec la date sur le registre. Il ne peut être délivré qu'un seul warrant pour les mêmes objets. Le warrant est transféré par l'emprunteur au prêteur par voie d'endossement daté et signé.

« Le prêteur doit, dans un délai de cinq jours, faire transcrire sur le registre le premier endossement : mention de cette transcription est également énoncée sur le warrant.

« Art. 5. — Le warrant est transmissible par voie d'endossement établi suivant les prescriptions de l'article 4, mais non soumis à la formalité de la transcription comme le premier endossement.

« Tous ceux qui ont signé ou endossé un warrant sont tenus à la garantie solidaire envers le porteur.

« L'escompteur et les réescompteurs d'un warrant sont tenus d'aviser, dans les huit jours, le greffier du tribunal de commerce, par pli recommandé, avec accusé de réception ou verbalement contre récépissé de l'avis.

« L'emprunteur peut, par une mention spéciale inscrite sur le warrant, dispenser l'escompteur et les réescompteurs de donner cet avis : en ce cas, il n'y a pas lieu à application des dispositions des deux derniers paragraphes de l'article 8.

« Art. 6. — Le greffier est tenu de délivrer à tout prêteur qui le requiert, soit un état des warrants inscrits, soit un certificat établissant qu'il n'existe aucune inscription de warrant.

« Il sera tenu de faire la même délivrance à tout hôtelier ressortissant de son greffe qui le requerra, mais seulement en ce qui concerne le fonds exploité par lui.

« Cet état ne remontera pas à une époque antérieure de cinq années.

« Art. 7. — La radiation de l'inscription est opérée sur la justification soit du remboursement de la créance garantie par le warrant, soit d'une mainlevée régulière.

« L'emprunteur qui aura remboursé son warrant fera constater son remboursement au greffe du tribunal de commerce, et mention du remboursement ou de la mainlevée sera faite sur le registre prévu à l'article 3 ; certificat lui sera donné de la radiation de l'inscription.

« L'inscription est radiée d'office après cinq ans, si elle n'a pas été renouvelée avant l'expiration de ce délai ; si elle est inscrite à nouveau après la radiation d'office, elle ne vaut, à l'égard des tiers, que du jour de la date.

« Art. 8. — L'emprunteur conserve le droit de vendre les objets warrantés à l'amiable et avant le payement de la créance, même sans le concours du prêteur ; mais leur tradition à l'acquéreur ne peut être opérée qu'après désintéressement du créancier.

« L'emprunteur, même avant l'échéance, peut rembourser la créance garantie par le warrant ; si le porteur du warrant refuse les offres du débiteur, celui-ci peut, pour se libérer, consigner la somme offerte, en observant les formalités prescrites par l'article 1259 du Code civil ; les offres sont faites au dernier ayant droit connu par les avis donnés au greffier, en conformité de l'article 5 ci-dessus. Sur le vu d'une quittance de consignation régulière et suffisante, le président du tribunal de commerce dans le ressort duquel le warrant est inscrit rend une ordonnance aux termes de laquelle le gage est transporté sur la somme consignée.

« En cas de remboursement anticipé d'un warrant, l'emprunteur bénéficie des intérêts qui restaient à courir jusqu'à l'échéance du warrant, déduction faite d'un délai de dix jours.

« Art. 9. — Les établissements publics de crédit peuvent recevoir les warrants-hôteliers comme effets de commerce, avec dispense d'une des signatures exigées par leurs statuts.

« Art. 10. — Les porteurs de warrants ont, sur les indemnités d'assurances, en cas de sinistres, les mêmes droits et privilèges que sur les objets assurés.

« Art. 11. — Le porteur de warrant doit réclamer à l'emprunteur payement de sa créance échue, et, à défaut de ce payement, réitérer sa réclamation par lettre recommandée,

24 — Code de l'hôtelier.

adressée au débiteur et pour laquelle un avis de réception sera demandé.

« Faute de payement du warrant à l'échéance, le porteur a, pour la réalisation du gage, les droits que confèrent aux créanciers privilégiés ou garantis par un nantissement les dispositions des articles 16 à 23 de la loi du 17 mars 1909.

« Toutefois, le bailleur peut exercer son privilège jusqu'à concurrence de six mois de loyer, non compris les loyers en cours et les loyers d'avance visés en l'article 2 de la présente loi.

« Si le porteur fait procéder à la vente, il ne peut plus exercer son recours contre les endosseurs et même contre l'emprunteur qu'après avoir fait valoir ses droits sur le prix des objets warrantés. En cas d'insuffisance du prix pour le désintéresser, un délai de trois mois lui est imparti, à dater du jour où la vente est réalisée, pour exercer son recours contre les endosseurs.

« Art. 12. — Le porteur du warrant est payé directement de sa créance sur le prix de vente, par privilège et de préférence à tous créanciers et sans autre déduction que celle des contributions directes et des frais de vente et sans autre formalité qu'une ordonnance du président du tribunal de commerce.

« Art. 13. — Tout emprunteur convaincu d'avoir fait une fausse déclaration ou d'avoir constitué un warrant sur des objets dont il n'est pas propriétaire ou déjà donné en gage ou en nantissement ; tout emprunteur convaincu d'avoir détourné, dissipé ou volontairement détérioré, au préjudice de son créancier, le gage de celui-ci, sera poursuivi correctionnellement sous l'inculpation d'escroquerie ou d'abus de confiance, selon les cas, et frappé des peines prévues aux articles 405, 406 et 408 du Code pénal. L'article 463 du Code pénal est applicable aux infractions prévues par la présente loi.

« Art. 14. — Le montant des droits à percevoir par le greffier sera fixé par décret.

« Les avis prescrits par la présente loi seront envoyés en la forme et avec la taxe des papiers d'affaires recommandés.

« Art. 15. — Sont dispensés de la formalité du timbre et de l'enregistrement les lettres et accusés de réception, les renonciations, acceptions, acceptations et consentements prévus ci-dessus, le registre sur lequel les warrants seront inscrits, la copie des inscriptions du warrant, le certificat négatif, le certificat de radiation mentionné à l'article 7.

« Le warrant est passible du droit de timbre des effets de commerce, cinq pour cent (0 fr. 05 p. 100).

« L'enregistrement, cinquante centimes pour cent (0 fr. 50 pour 100), ne deviendra obligatoire qu'en cas de vente prévue pour non-payement.

« Le droit à percevoir sur le prix de ladite vente sera de dix centimes pour cent (0 fr. 10 p. 100) comme pour les marchandises neuves.

« Art. 16. — Sauf dans les cas où le bailleur donnerait son consentement exprès, la constitution du warrant ne peut être appliquée aux objets mobiliers se trouvant dans des immeubles dont les baux auront date certaine au jour de la promulgation de la présente loi.

« La présente loi est applicable à l'Algérie. Elle ne sera exécutoire que trois mois après sa promulgation.

Les motifs de cette loi étaient ainsi clairement exposés par M. Fernand David, ministre du Commerce et de l'Industrie.

Avec le développement des moyens de communication, s'est accru le goût des voyages, et nos stations hivernales et estivales, balnéaires et climatériques, reçoivent, chaque jour, de plus en plus de visiteurs. Mais, pour donner à ce mouvement toute son ampleur et attirer la clientèle dans les régions touristiques où l'on est retenu à la fois par la beauté des sites et par les curiosités artistiques, il est indispensable de mettre à la disposition des voyageurs des hôtels satisfaisant à toutes les exigences du confort moderne et de l'hygiène.

Sans doute, notre industrie hôtelière a fait, à cet égard, depuis quelques années, de sérieux progrès. Il est reconnu, néanmoins, que toutes les transformations réclamées en vue de satisfaire aux besoins nouveaux sont loin d'être achevées et que, pour opérer toutes les améliorations de matériel et de mobilier nécessaires, il est indispensable d'avoir des capitaux disponibles.

Pour aider cette industrie à vaincre les difficultés faisant obstacle à la réalisation de ces améliorations qui lui sont demandées par une clientèle toujours croissante, grâce aux efforts de l'Office du tourisme institué au ministère des Travaux publics et des nombreux syndicats d'initiative créés dans les régions fréquentées, il importe d'organiser le crédit hôtelier. Avec cet instrument, les hôteliers auront la faculté d'emprunter sur la valeur de leur mobilier commercial et de leur outillage professionnel, actuellement immobilisés, et dont la valeur est bien supérieure à la garantie légitimement due au propriétaire foncier.

Ce warrant-hôtelier ne fera pas double emploi avec le warrant commercial, non plus qu'avec le nantissement des fonds de commerce institué par la loi du 17 mars 1909. Il aura en effet pour but d'une part, de permettre à l'industrie hôtelière d'obtenir du crédit en donnant en gage le mobilier et l'outillage de l'hôtel, sans déplacer ce mobilier ou cet outillage qui continueront à servir à l'exploitation, ce que ne permet pas la loi de 1858, et, d'autre part, de créer un titre de gage transmissible par voie d'endossement, ce qui n'est pas prévu par la loi de 1909.

CHAPITRE V

392. — Testament. — Le père de famille peut et doit assurer la situation des siens après sa mort. Le testament lui en fournit le moyen.

Le testament est un acte par lequel le testateur dispose, pour le temps où il n'existera plus, de tout ou partie de ses biens, et qu'il peut révoquer.

Telle est la définition donnée par l'article 895 du Code civil.

Le testament peut être fait olographe, ou devant un notaire.

Chacun a le droit de rédiger son testament comme il l'entend, à la seule condition de l'écrire en entier de sa main, de le dater et de le signer.

L'article 970 du même Code dit, en effet :

« Le testament olographe ne sera point valable s'il n'est écrit en entier, daté et signé de la main du testateur : il n'est assujetti à aucune autre forme. »

Il n'est même point nécessaire, pour sa validité, qu'il soit écrit sur un papier timbré. Seulement, s'il est sur papier libre, les héritiers auront à payer une amende à l'enregistrement. Mais ce n'est là qu'une loi fiscale, la volonté exprimée doit toujours être respectée, dès que l'article 970 a été observé.

L'hôtelier qui veut faire lui-même son testament agira toujours prudemment en prenant l'avis préalable de son notaire ou de son avocat.

S'il préfère un testament par acte public, il suivra les indications de forme que lui donnera son notaire et n'aura qu'à lui dicter expressément ses dernières volontés.

L'article 971 du Code civil contient, en effet, ces dispositions : Le testament par acte public est celui qui est reçu par deux notaires, en présence de deux témoins, ou par un notaire, en présence de quatre témoins.

Si le testament est reçu par deux notaires, il leur est dicté par le testateur, et il doit être écrit par l'un de ces notaires, tel qu'il est dicté.

S'il n'y a qu'un notaire, le testament doit également être dicté par le testateur et écrit par ce notaire.

Dans l'un et l'autre cas, il doit en être donné lecture au testateur, en présence des témoins.

Il est fait, du tout, mention expresse. (Code civil, art. 972.)

Le testament doit être signé par le testateur ; si son état de maladie l'en empêche, il le déclare, et il est fait mention de sa déclaration ; les témoins signent ensuite avec les notaires. D'après la loi du 7 décembre 1897, les femmes peuvent être témoins dans ces circonstances. Toutefois le mari et la femme ne peuvent être témoins ensemble dans le même testament. (Dalloz, *Dictionnaire pratique de Droit*, v⁰ *Testament*, n⁰ 37.)

393. — Droits des enfants. — Il n'y aura généralement aucune difficulté sur les droits des enfants et de ceux que l'on appelle communément les héritiers. Ces droits sont, en effet, indiqués par la loi elle-même. En voici les principales divisions ; il faut, dit Marcadé, compter quatre ordres d'héritiers :

1° les descendants ;

2° les ascendants et collatéraux privilégiés ;

3° les ascendants ordinaires ;

4° les collatéraux ordinaires.

Les ascendants privilégiés sont les père et mère ; les collatéraux privilégiés sont les frères et sœurs et leurs descendants.

Les articles 731 à 755 du Code civil donnent, à cet égard, tous renseignements utiles ; nous ne pouvons qu'y renvoyer le lecteur.

394. — Droits de l'époux survivant. — La loi du 9 mars 1891 a donné de nouveaux droits à l'époux sur la succession de son conjoint prédécédé. En voici le texte :

« ARTICLE PREMIER. — L'article 767 du Code civil est ainsi modifié :

« ART. 767. — Lorsque le défunt ne laisse ni parents au degré successible, ni enfants naturels, les biens de sa succession appartiennent en pleine propriété au conjoint non divorcé qui lui survit, et contre lequel n'existe pas de jugement de séparation de corps passé en force de chose jugée.

« Le conjoint survivant non divorcé, qui ne succède pas à la pleine propriété et contre lequel n'existe pas de jugement de séparation de corps passé en force de chose jugée, a sur la succession du prédécédé un droit d'usufruit qui est d'un quart, si le défunt laisse un ou plusieurs enfants issus du mariage ; d'une part d'enfant légitime le moins prenant, sans qu'elle puisse excéder le quart, si le défunt a des enfants nés d'un précédent mariage ; de moitié dans tous les autres cas, quels que soient le nombre et la qualité des héritiers.

« Le calcul sera opéré sur une masse faite de tous les biens existant au décès du *de cujus*, auxquels seront réunis fictivement ceux dont il aurait disposé soit par acte entre vifs, soit par acte testamentaire au profit de successibles, sans dispense de rapport.

« Mais l'époux survivant ne pourra exercer son droit que sur les biens dont le prédécédé n'aura disposé ni par actes entre vifs ni par acte testamentaire, et sans préjudicier aux droits de réserve ni aux droits de retour.

« Il cessera de l'exercer dans le cas où il aurait reçu du défunt des libéralités, même faites par préciput et hors part, dont le montant atteindrait celui des droits que la présente loi lui attribue ; et, si ce montant était inférieur, il ne pourrait réclamer que le complément de son usufruit.

« Jusqu'au partage définitif, les héritiers peuvent exiger, moyennant sûretés suffisantes, que l'usufruit de l'époux survivant soit converti en une rente viagère équivalente. S'ils sont en désaccord, la conversion sera facultative pour les tribunaux.

« En cas de nouveau mariage, l'usufruit du conjoint cesse, s'il existe des descendants du défunt. »

La même loi a ainsi modifié l'article 205 du Code civil : « Les enfants doivent des aliments à leurs père et mère ou autres ascendants qui sont dans le besoin. La succession de l'époux prédécédé en doit, dans le même cas, à l'époux survivant. Le délai pour les réclamer est d'un an, à partir du décès, et se prolonge, en cas de partage, jusqu'à son achèvement.

« La pension alimentaire est prélevée sur l'hérédité. Elle est supportée par tous les héritiers, et, en cas d'insuffisance, par tous les légataires particuliers, proportionnellement à leur émolument.

« Toutefois, si le défunt a expressément déclaré que tel legs sera acquitté de préférence aux autres, il sera fait application de l'article 927 du Code civil. »

Tels sont les avantages particuliers résultant de la loi du 9 mars 1891.

Rentrons maintenant dans le droit commun. Quelle va être la situation de la femme survivante, d'après son contrat de mariage ou d'après le Code civil, en dehors de la loi spéciale que nous venons de rappeler ?

Cette situation variera suivant le régime adopté lors du mariage.

Est-ce le régime de la communauté ? Est-ce le régime exclusif de la communauté, dans lequel rentrent le régime de la séparation des biens et le régime dotal ?

La communauté est le droit commun du mariage ; de sorte que s'il n'y a pas de contrat de mariage, c'est le droit commun qui en régit les effets ; et, lors même que cet acte substitue une communauté conventionnelle à la communauté légale, les diverses conventions matrimoniales doivent être interprétées d'après les principes qui régissent la communauté légale. (Massé, *Droit commercial*, n° 1268.)

395. — Communauté légale. — Or, d'après l'article 1401, l'actif de la communauté se compose de tout le mobilier que les époux possédaient au jour de la célébration du mariage, et de tout le mobilier qui leur échoit pendant le mariage à titre de succession et même de donation, si le donateur n'en a disposé autrement. De même, la communauté comprend tous les revenus, intérêts et arrérages, de quelque nature qu'ils soient, échus ou perçus pendant le mariage, et provenant des biens qui appartenaient aux époux lors de la célébration, ou de ceux qui leur sont échus pendant le mariage, à quelque titre que ce soit.

Enfin tout mobilier acquis à titre onéreux, ou provenant tant de l'industrie que des économies faites sur les revenus des biens des deux époux, entre dans la communauté. (Dalloz, *Nouveau Code civil annoté*, art. 1401, n° 100.)

396. — **Meubles et immeubles.** — Il en est de même d'un fonds de commerce, soit qu'il ait appartenu avant le mariage à l'un ou à l'autre des époux, soit qu'il ait été acquis pendant le mariage, soit qu'il ait été formé avec leur industrie ; et il tombe dans la communauté, non seulement quant aux marchandises, mais aussi quant à l'achalandage.

Cette doctrine, enseignée par Massé dans l'ouvrage que nous venons de citer, a été acceptée par la jurisprudence et n'est plus discutable aujourd'hui.

Ainsi, dans la plupart des cas, nulle difficulté. Mais il peut arriver qu'un fonds de commerce, représenté par l'achalandage, l'enseigne et les marchandises, ait un caractère immobilier, s'il comprend l'immeuble spécialement bâti pour son exploitation et le matériel immobilisé pour cet usage.

C'est dans ce sens que la cour de Toulouse a décidé, le 4 août 1883, que : doivent être considérés comme immeubles par destination, les meubles garnissant un hôtel meublé où ils ont été placés par le propriétaire, lorsque le bâtiment dans lequel ils se trouvent a été construit et aménagé dans le but exclusif de faire un établissement devant servir d'hôtellerie, et que son appropriation à une destination autre nécessite des transformations matérielles graves qui en modifieraient sensiblement la nature et la valeur. (Lèbre, *Fonds de commerce,* p. 11.)

Alors il faut appliquer les principes relatifs aux immeubles.

Ceux qui ont été acquis pendant le mariage tombent dans la communauté. (Code civil, art. 1401.)

En sont exclus : ceux que les époux possèdent au jour de la célébration du mariage ou qui leur échoient, pendant son cours, à titre de succession. (Code civil, art. 1404.)

C'est sur ces bases générales que la liquidation de la communauté sera établie, en l'absence de toutes conventions matrimoniales et de toutes dispositions testamentaires.

397. — Inventaire. — Et d'abord, dans de pareilles circonstances, la femme doit, dans les trois mois du jour du décès du mari, faire faire un inventaire fidèle et exact de tous les biens de la communauté, contradictoirement avec les héritiers du mari, ou eux dûment appelés. (Code civil, art. 1456.)

A défaut d'inventaire dans le délai ci-dessus fixé, et à moins de faits tout exceptionnels, la femme se trouve, par là même, obligée au payement de la moitié des dettes de la communauté.

L'article 1456 ajoute :

« Cet inventaire doit être par elle affirmé sincère et véritable devant l'officier public qui l'a reçu. »

C'est donc un notaire qui fera cet inventaire.

Dans le cas où la veuve et les héritiers du mari sont divisés sur le choix de ce notaire, à qui appartient le droit de décider? A la veuve, selon nous, sous la condition qu'elle soit commune en biens et qu'elle ait des droits à exercer contre la succession. Elle agira ainsi, le plus souvent, tant en son nom personnel que comme tutrice de ses enfants mineurs. C'est devant le notaire qu'elle prêtera serment, dans le cas où elle est restée en possession des biens, qu'elle n'en a détourné, vu détourner ni su qu'il en ait été détourné aucun. (Code de procédure civile, art. 943.)

La veuve qui a pris ou recélé quelques effets de la

communauté est, par cela seul, déclarée commune et obligée aux dettes. (Code civil, art. 1460.)

Elle devra donc agir avec une loyauté parfaite et suivre l'avis du notaire pour toutes ces formalités.

398. — Nourriture et logement de la femme survivante. — Sa situation est d'ailleurs précisée, durant cette période, par l'article 1465 :

« La veuve a droit, pendant les trois mois et quarante jours qui lui sont accordés pour faire inventaire et délibérer, de prendre sa nourriture et celle de ses domestiques sur les provisions existantes, et, à défaut, par emprunt au compte de la masse commune, à la charge d'en user modérément.

« Elle ne doit aucun loyer à raison de l'habitation qu'elle a pu faire, pendant ces délais, dans une maison dépendante de la communauté ou appartenant aux héritiers du mari ; et si la maison, que les époux habitaient à l'époque de la dissolution de la communauté, était tenue par eux à titre de loyer, la femme ne contribuera pas, pendant les mêmes délais, au payement dudit loyer, lequel sera pris sur la masse. »

La masse est justement établie par l'inventaire, qui contient, entre autres renseignements, la déclaration des titres de créance et des valeurs de toute sorte, la description et l'estimation des effets mobiliers. Le fonds de commerce y est nécessairement décrit et estimé.

399. — Estimation de l'hôtel. — Le notaire peut se faire assister par des experts et gens du métier, quand il s'agit d'objets dont l'estimation exige des aptitudes spéciales. Il a donc le droit, avec l'assentiment des intéressés, de faire appeler un ou plusieurs hôteliers pour donner leur avis sur la valeur du fonds de commerce et des marchandises et matériel à son usage.

Les experts prêtent serment, entre les mains du notaire, de bien remplir leur mission. Il n'y a pas lieu de recourir au juge de paix, lorsque les scellés n'ont pas été apposés. Cependant, même en ce cas, suivant une autre opinion, les experts doivent prêter serment devant le juge de paix. (Dalloz, *Nouveau Code de procédure civile annoté*, art. 943.)

Si quelques difficultés s'élevaient sur l'expertise, le choix des experts, la prestation de serment ou tous autres objets, le notaire laisserait les intéressés se pourvoir en référé devant le président du tribunal de première instance, qui rendra son ordonnance ainsi qu'il est dit en l'article 944 du Code de procédure.

Il est bien entendu que si tous les ayants droit sont majeurs et d'accord entre eux, ils pourront arriver à cette estimation sans toutes ces formalités.

Supposons même que l'hôtel appartienne à deux associés. L'un des associés meurt. L'autre a l'intention et le droit, d'après son traité, de garder l'établissement, en payant aux héritiers la somme représentant la part du défunt.

Comment, d'après l'usage, cette somme sera-t-elle calculée?

L'estimation se fait généralement ainsi : on additionne les bénéfices nets de chaque année, pendant les derniers cinq ans. On prend la moyenne. On multiplie cette moyenne par cinq, et l'on obtient, de cette manière, la valeur totale du fonds de commerce. La moitié de cette valeur représentera la somme due par l'associé survivant aux héritiers du prédécédé.

Une fois l'inventaire exact et fidèle, selon l'expression de la loi, établi par le notaire, celui-ci procède au partage de la communauté et en fixe l'actif et le passif selon les principes édictés par les articles 1482 à 1491 du Code civil. La succession est ensuite liquidée d'après ces mêmes bases.

Nous avons supposé jusqu'ici l'absence de toute conventions matrimoniales et de toutes dispositions testamentaires.

400. — Communauté conventionnelle. — Le plus souvent, cependant, l'avenir de l'époux survivant a été assuré par les termes du contrat de mariage; et, comme nous l'avons dit plus haut, selon les stipulations faites, le fonds de commerce lui restera sans indemnité à payer; d'autres fois il le gardera, si bon lui semble, moyennant un prix à rapporter à la masse de la communauté et qui sera fixé, à dire d'experts; ou bien, si l'estimation ne lui convient pas, il sera libre de laisser vendre aux enchères publiques. (Dalloz, *Dictionnaire pratique de Droit*, v° *Fonds de commerce*, n° 25.)

Le contrat de mariage est, en définitive, l'acte d'après lequel se fera le partage de la communauté, si elle a été adoptée; ou l'attribution des droits de l'époux survivant, si un autre régime a été choisi; et la liquidation de la succession sera modifiée selon les termes du même acte et suivant les donations qu'il renferme, ou les dispositions testamentaires prises ultérieurement.

Les questions les plus nombreuses et les plus difficiles naissent ici, à chaque pas. Mais nous faisons un traité spécial, et non pas un cours de droit commun.

401. — Conseil pratique. — Nous résumerons donc tous ces problèmes dans ce seul avis à l'époux survivant :

« Adressez-vous immédiatement à votre notaire, exposez-lui franchement et complètement la situation, et rapportez-vous-en à lui. Il sera le meilleur gardien de vos intérêts. »

402. — Enfants légitimes. — Nous avons dit que les droits des enfants étaient, le plus souvent, faciles à préciser.

Pour les enfants légitimes, le Code a déterminé leur situation d'une façon immuable.

La loi du 25 mars 1896 a modifié, en l'améliorant, l'état juridique des enfants naturels.

403. — Enfants naturels. (Dalloz, *Dictionnaire pratique de Droit.*) — Le droit héréditaire de l'enfant naturel, légalement reconnu, dans la succession de ses père ou mère est fixé ainsi qu'il suit :

Si le père ou la mère a laissé des descendants légitimes, ce droit est de la moitié de la portion héréditaire qu'il aurait eue, s'il eût été légitime.

Le droit est des trois quarts, lorsque les père ou mère ne laissent pas de descendants, mais bien des ascendants ou des frères ou sœurs ou des descendants légitimes de frères ou sœurs.

Enfin l'enfant naturel a droit à la totalité des biens, lorsque ses père ou mère ne laissent ni descendants, ni ascendants, ni frères ou sœurs, ni descendants légitimes de frères ou sœurs.

L'article 389 du Code civil a été modifié par les lois du 2 juillet 1907 et du 6 avril 1910 en ce qui concerne l'administration des biens des mineurs et la tutelle légale des enfants naturels, et cet article précise comment les fonctions, dévolues au conseil de famille des enfants légitimes, sont remplies, à l'égard des enfants naturels, par le tribunal du lieu du domicile légal du parent investi de la tutelle, au moment où il a reconnu son enfant, et par le tribunal du lieu de la résidence de l'enfant, s'il n'est pas reconnu.

Mais la loi du 7 novembre 1907 a facilité la légitimation des enfants, même adultérins, dans les conditions déterminées par le nouvel article 331 du Code civil.

Ne recherchons donc pas inutilement les difficultés, et revenons aux enfants légitimes.

Le père étant mort, il leur faut un tuteur.

404. — Tutelle. — D'abord la tutelle des enfants mineurs et non émancipés appartient de plein droit au survivant des père et mère. (Code civil, art. 390.)

Voilà donc la malheureuse veuve, tutrice de ses enfants, qui, au milieu de son deuil et de ses inquiétudes, doit requérir la réunion du conseil de famille. (Dalloz, *Dictionnaire pratique de Droit*, vº *Tutelle*.)

Ici encore nous venons lui dire : Évitez soigneusement tous les donneurs d'avis, allez directement au greffe de la justice de paix de votre arrondissement ou de votre canton ; expliquez au greffier le but de votre démarche, et donnez-lui les noms des plus proches parents des enfants.

405. — Conseil de famille. — L'article 407 du Code civil, en effet, dispose ainsi : « Le conseil de famille sera composé, non compris le juge de paix, de six parents ou alliés, pris tant dans la commune où la tutelle sera ouverte que dans la distance de deux myriamètres, moitié du côté paternel, moitié du côté maternel, et en suivant l'ordre de proximité dans chaque ligne. Le parent sera préféré à l'allié du même degré, et, parmi les parents de même degré, le plus âgé à celui qui le sera moins. »

Et l'article 409 ajoute : « Lorsque les parents ou alliés

de l'une ou l'autre ligne se trouveront en nombre insuffisant dans la distance désignée par l'article 407, le juge
de paix appellera, soit des parents ou alliés domiciliés
à de plus grandes distances, soit, dans la commune
même, des citoyens connus pour avoir eu des relations
habituelles d'amitié avec les parents du mineur. »

Dès que le greffier aura ces renseignements, il indiquera, au nom de M. le juge de paix, le jour de la
réunion et convoquera les personnes qui devront y
prendre part.

Les parents, amis ou alliés, ainsi convoqués seront
tenus de se rendre en personne ou de se faire représenter par un mandataire spécial. Le fondé de pouvoir ne
peut représenter plus d'une personne. (Code civil,
art. 412.)

Tout parent, allié ou ami, convoqué et qui, sans excuse
légitime, ne comparaîtra point, encourra une amende
qui ne pourra excéder 50 francs et sera prononcée sans
appel par le juge de paix. (Code civil, art. 413.)

406. — Subrogé tuteur. — Le premier acte sera
la nomination d'un subrogé tuteur.

Ses fonctions consisteront à agir pour les intérêts du
mineur, lorsqu'ils seront en opposition avec ceux du
tuteur. (Code civil, art. 420.) Il devra également, lorsque
la tutelle deviendra vacante, provoquer la nomination
d'un nouveau tuteur, et ce, à peine des dommages-intérêts qui pourraient résulter, pour le mineur, d'une administration défectueuse. (Code civil, art. 424.)

Aussitôt la réunion du conseil de famille et la nomination du subrogé tuteur, le tuteur commence sa gestion.

407. — Administration du tuteur. — Il doit
prendre soin de la personne et des biens du mineur,

25 — Code de l'hôtelier.

représenter celui-ci dans tous les actes civils et administrer sa fortune en bon père de famille.

Tels sont ses devoirs généraux.

Comme procédure de détail, il doit, dans les dix jours qui suivront celui de sa nomination, requérir la levée des scellés s'ils ont été apposés, et faire procéder immédiatement à l'inventaire des biens du mineur, en présence du subrogé tuteur.

Les meubles doivent être vendus, à l'exception de ceux que le conseil de famille aurait autorisé à garder, et à moins que le tuteur ne soit le père ou la mère.

Dans ce cas, le tuteur est dispensé de vendre les meubles, s'il préfère les garder pour les rendre en nature. Il devra seulement en faire faire une estimation par un expert qui sera nommé par le subrogé tuteur et prêtera serment devant le juge de paix. A la fin de la gestion, le tuteur rendra la valeur estimative de ceux des meubles qu'il ne pourrait représenter en nature. (Code civil, art. 453.)

Le tuteur, même le père ou la mère, ne peut emprunter pour le mineur, ni aliéner ou hypothéquer ses biens immeubles sans y être autorisé par le conseil de famille.

Cette autorisation ne devra être accordée que pour cause d'une nécessité absolue ou d'un avantage évident.

Ainsi s'exprime l'article 457, qui, avec les suivants, impose, sur ce sujet, des conditions et des formalités spéciales.

Nous devons nous borner ici à garantir le tuteur contre toute imprudence et tout acte qui ne rentrerait pas dans l'administration dont il est chargé.

Ainsi, il ne peut accepter ni répudier une succession échue au mineur, sans une autorisation préalable du conseil de famille.

La même autorisation lui est encore nécessaire pour

accepter une donation faite à son pupille, pour plaider sur les droits immobiliers de celui-ci ou pour acquiescer à une demande relative à ces droits, enfin pour provoquer un partage.

Dans le cas où il y aurait lieu à faire une transaction au nom du mineur, il faudra, outre l'autorisation dont nous venons de parler, l'avis de trois jurisconsultes désignés par le procureur de la République près le tribunal de première instance ; et cette transaction ne sera valable qu'autant qu'elle aura été homologuée par ce tribunal, après avoir entendu le procureur de la République. (Code civil, art. 467.)

Nous signalons cet article à l'attention du tuteur, qui souvent sera sollicité d'arranger un différend, de transiger sur une contestation. On fera valoir l'intérêt du mineur, l'économie d'un procès, l'inutilité de ces formalités ; il n'a, lui assure-t-on, qu'à se porter fort pour son pupille, et l'on traitera ainsi comme entre majeurs.

408. — Compte de tutelle. — Le tuteur qui accepterait de tels arrangements engagerait gravement sa responsabilité vis-à-vis des tiers, avec lesquels il a fait un traité nul, et vis-à-vis du mineur lui-même.

En effet, d'après l'article 469, tout tuteur doit compte de sa gestion quand elle finit.

Si donc la transaction irrégulière dont nous venons de parler a causé un préjudice au mineur, celui-ci, devenu majeur, pourra réclamer une indemnité.

Le tuteur devra donc s'entourer toujours d'avis éclairés. C'est la recommandation qui domine tout ce chapitre, et nous ne pouvons que la répéter en finissant :

Pour le testament, pour les dispositions à prendre immédiatement après la mort de l'un des époux, pour l'inventaire, la liquidation, la vente ou la conservation du fonds de commerce, adressez-vous à votre notaire ;

Pour tout ce qui se rapporte à la tutelle et aux réunions du conseil de famille, adressez-vous à votre juge de paix.

Les questions varient trop avec les faits, les régimes matrimoniaux, le texte des testaments, pour que nous puissions préciser davantage la marche à suivre en pareilles circonstances.

Les principes généraux de procédure sont plus faciles à établir ; nous allons les étudier en terminant ce quatrième livre.

CHAPITRE VI

Pour mieux assurer à l'hôtelier l'existence paisible que nous lui souhaitons, nous devons l'éclairer pratiquement sur les difficultés professionnelles qu'il peut rencontrer.

409. — Difficultés avec les voyageurs. — Ce dernier cas étant le plus fréquent, c'est par lui que nous commençons.

L'article 2 de la loi du 12 juillet 1905 s'exprime ainsi :

« Les juges de paix prononcent sans appel jusqu'à la valeur de trois cents francs (300 francs) et à charge d'appel jusqu'au taux de la compétence en dernier ressort des tribunaux de première instance sur les contestations :

« 1° Entre les hôteliers, aubergistes ou logeurs et les voyageurs ou locataires en garni, leurs répondants ou cautions, pour dépenses d'hôtellerie et pertes ou avaries d'effets déposés dans l'auberge ou dans l'hôtel. »

Mais cette compétence est soumise à certaines conditions que Dalloz examine dans son *Nouveau Code de procédure civile annoté*, t. I, L. du 12 juillet 1905, art. 2, n°s 75 et 76.

Ainsi, dit-il, cette compétence des juges de paix est subordonnée à la condition que la valeur de la demande soit déterminée ; ainsi encore, l'action formée par un voyageur contre un hôtelier, en représentation d'effets volés, sans fixation de leur valeur, ne rentre pas dans les attributions de la justice de paix ; et, quelque minime que paraisse le prix des effets réclamés, l'action devrait être renvoyée devant le tribunal de première instance dans l'arrondissement duquel se trouve le domicile de l'hôtelier. (R. *Compétence civile des tribunaux de paix*, 202.)

Celui-ci, dans l'espèce, est défendeur, et les principes du droit commun reçoivent leur application.

Or les articles 2 et 59 du Code de procédure civile sont formels sur ce point : en matière personnelle, le défendeur sera assigné devant le tribunal de son domicile.

Mais, par les mêmes motifs, c'est devant le juge de paix ou le tribunal du domicile du voyageur que devra être portée la demande de l'hôtelier pour dépenses d'hôtellerie.

Les difficultés peuvent donc être fort grandes, si le voyageur demeure très loin ; elles deviennent inextricables s'il est étranger. Mais l'hôtelier a un moyen de maintenir la compétence du tribunal de son domicile, à lui : c'est de retenir les effets du voyageur et de faire procéder, par un huissier, à une saisie-gagerie.

Le voyageur sera alors forcé de plaider devant le juge du domicile de l'hôtelier ; car la saisie est attributive de juridiction, et c'est devant le juge de paix que, dans ce cas, doivent être portées les saisies-gageries. (V. Agnel et Carré.)

La disposition de l'article 2 de la loi ci-dessus ne s'entend pas des difficultés qui auraient le caractère commercial, c'est-à-dire des fournitures faites par un aubergiste ou hôtelier à un commerçant pour les besoins de son commerce. Celles-ci sont de la compétence des tribunaux de commerce.

410. — Fournitures commerciales. — Il en est ainsi spécialement, dit Dalloz, de l'action formée par un aubergiste en payement des fournitures qu'il a faites à un marchand pour la nourriture des voituriers et des chevaux que ce marchand emploie. (Caen, 25 mars 1846, D. P. 46. 4. 81. — Lyon, 21 août 1858, D. P. 59. 2. 81.)

Pareillement, la demande intentée par un aubergiste contre un entrepreneur de travaux, en payement de dépenses faites dans son auberge par les ouvriers de celui-ci pour leur nourriture, et que l'entrepreneur s'est engagé à payer, est de la compétence du tribunal de commerce. (Caen, 2 février 1858, *Sirey*, 59. 2. 160.)

« Toute la difficulté, en pareil cas, consiste, dit Agnel, à savoir si le fait des fournitures est un acte de commerce entre deux commerçants.

« Or il n'est pas douteux qu'un aubergiste est commerçant et qu'il fait acte de commerce, soit en achetant, soit en vendant au public les fournitures de son auberge. Seulement, quant à la vente de ces fournitures et pour le règlement de la compétence, il y a à distinguer si elle a été faite à un commerçant ou à un non-commerçant.

« Si les fournitures ont été faites à un non-commerçant, il est certain que l'aubergiste ne pourra le traduire devant la juridiction commerciale. Si elles ont été faites à un commerçant, alors une seconde distinction devient nécessaire : il faut examiner si ces fournitures lui ont été faites pour son usage particulier ou pour son commerce.

« Dans le premier cas, il ne pourra pas plus que tout autre particulier être traduit devant la juridiction commerciale. Si, au contraire, elles lui ont été faites pour son commerce, alors il y a évidemment, de la part de ce commerçant, acte de commerce, et cet acte de commerce étant réciproque de part et d'autre, on ne saurait mettre en doute la compétence de la juridiction commerciale. Telle est, au reste, la jurisprudence généralement admise en cette matière. »

Il est impossible d'exposer plus nettement la thèse qui nous occupe. Rappelons à ce sujet les dispositions de l'article 420 du Code de procédure en matière commerciale :

Le demandeur pourra assigner à son choix :

Devant le tribunal du domicile du défendeur ;

Devant celui dans l'arrondissement duquel la promesse a été faite et la marchandise livrée ;

Devant celui dans l'arrondissement duquel le payement devait être effectué.

Mais en dehors des cas que nous venons d'étudier, si, par exemple, les difficultés entre hôteliers et voyageurs ont d'autres causes que les fournitures faites ou les avaries causées aux effets déposés, le droit commun doit être simplement appliqué.

411. — Difficultés entre hôteliers. — C'est par le même principe que les procès entre hôteliers seront portés devant le tribunal de commerce.

En effet, les hôteliers sont certainement commerçants, car ils achètent des denrées pour les revendre à leur clientèle.

La cour de Paris a même jugé, le 27 février 1846, que le propriétaire d'un hôtel garni, qui lui-même n'était pas commerçant, faisait acte de commerce en y établissant un gérant patenté.

On a cependant discuté le point de savoir si le maître d'un hôtel garni, qui ne fait que louer des chambres, sans donner à manger, était commerçant.

Il n'achète point, dit-on, de denrées pour les revendre; il ne fait donc point acte de commerce.

Mais il est absolument rare que le voyageur ne prenne point, dans l'hôtel, au moins un léger repas et quelques rafraîchissements; qu'il ne s'y fournisse point de lumière, de bois, de quelques denrées. Le principe général ne saurait donc être atteint par une telle exception.

La compétence du tribunal de commerce est également affirmée pour les discussions relatives aux ventes de fonds, lorsque vendeur et acheteur sont tous deux commerçants. Si l'un des deux est un simple particulier, il peut assigner l'autre valablement soit devant le tribunal de commerce, soit devant le tribunal civil. Mais, en général, la vente et l'achat ont le caractère commercial.

412. — Difficultés avec les agences de fonds de commerce. — La conséquence est que les difficultés avec les agences ou autres intermédiaires doivent être soumises au même tribunal de commerce. Il ne s'agit point, en effet, de salaire dû par un mandant à son mandataire, mais de commission réclamée par un intermédiaire à raison des soins qu'il a pris pour une vente commerciale.

Il y a cependant quelques décisions opposées, qui veulent rendre ces procès à la juridiction civile.

Celle-ci, il faut le reconnaître, est la juridiction générale; si bien que, même dans une opération commerciale, les intéressés peuvent valablement déclarer qu'en cas de désaccord, on en référera au tribunal civil.

Toutefois, dans la pratique, c'est le tribunal de commerce qui jugera la plupart des questions : garantie, revendication, payement, nullité de la vente, réduction de prix.

413. — Difficultés avec les fournisseurs. — Quant aux difficultés entre l'hôtelier et ses fournisseurs, aucun doute n'est possible. Ils sont tous commerçants comme lui, et, d'après l'article 631, les tribunaux de commerce statuent sur toutes contestations relatives aux engagements et transactions entre négociants, marchands et banquiers.

Arrivons maintenant aux différends qui peuvent exister avec l'Administration.

414. — Difficultés avec l'Administration. — Supposons d'abord que l'hôtelier soit assigné devant le tribunal de simple police et condamné pour une contravention.

L'article 172 du Code d'instruction criminelle déclare que les jugements rendus en matière de police pourront être attaqués par la voie d'appel, lorsqu'ils prononceront un emprisonnement; ou lorsque les amendes, restitutions et autres réparations civiles, excéderont la somme de 5 francs, outre les dépens.

Cet appel, dit l'article 174 du même Code, sera porté au tribunal correctionnel; il sera interjeté dans les dix jours de la signification de la sentence à personne ou domicile.

Enfin l'hôtelier peut se pourvoir en cassation.

S'il est assigné, pour un délit ou pour un fait assimilé à un délit, devant le tribunal correctionnel, il peut appeler, du jugement qui le frappe, à la cour d'appel, dans les dix jours depuis celui où ce jugement a été prononcé.

Il peut également se pourvoir ensuite devant la Cour de cassation.

Mais il ne devra parcourir ces divers degrés de juridiction qu'après avoir pris l'avis sérieux de son avoué ou de son avocat. Sans quoi il s'exposerait à de nombreux ennuis et à des frais inutiles.

D'autre part, l'hôtelier ayant des réclamations à faire au sujet de ses impôts directs, les adressera au conseil de préfecture, qui statuera sur les demandes de remise ou de réduction. C'est encore la même juridiction qui tranchera les difficultés qui pourraient s'élever en matière de grande voirie et fixera les indemnités dues aux particuliers à raison de terrains pris pour les chemins, canaux et autres ouvrages publics.

La loi du 12 juillet 1865 a fixé la procédure à suivre.

Le réclamant présente sa requête avec un mémoire et les pièces à l'appui. Il dépose le tout au greffe du conseil de préfecture.

Le préfet désigne un rapporteur à qui le dossier est remis dans les vingt-quatre heures.

Le rapporteur fait l'instruction, vérifie si toutes les pièces utiles sont jointes à ce dossier, recueille les pièces en réponse à celle-ci, en donne communication aux intéressés et leur accorde un délai pour fournir leur défense.

Dans les cas où ils sont autorisés à présenter des observations orales, ils sont invités par lettre à se trouver à l'audience. Ils s'expliquent alors personnellement.

ou se font assister d'un avocat, ou sont représentés par un mandataire.

L'appel, s'il y a lieu, doit être porté devant le Conseil d'État par requête signée d'un avocat au Conseil d'État et à la Cour de cassation.

415. — Difficultés avec les héritiers. — Mais il est d'autres difficultés, malheureusement moins exceptionnelles; nous voulons parler de celles qu'amène trop souvent l'ouverture d'une succession.

Quel sera, dans ces circonstances, le tribunal auquel il faudra s'adresser?

Le tribunal civil, cette fois, sans aucun doute.

De quel lieu?

Du lieu où la succession est ouverte :

Pour les demandes entre héritiers, jusqu'au partage inclusivement;

Pour les demandes qui seraient intentées par des créanciers du défunt, avant le partage;

Pour les demandes relatives à l'exécution des dispositions à cause de mort, jusqu'au jugement définitif, c'est-à-dire jusqu'au règlement définitif des droits respectifs des héritiers et des légataires.

Passé ces délais, nous retrouvons les principes généraux applicables en tout procès civil ordinaire.

Le défendeur sera assigné devant le tribunal de son domicile, s'il s'agit d'un droit personnel.

S'il y a plusieurs défendeurs, le tribunal de l'un d'eux sera choisi par le demandeur.

S'il s'agit d'un droit de propriété, l'assignation sera donnée devant le tribunal de la situation de l'objet litigieux.

S'il s'agit d'un droit personnel et d'un droit de propriété, le demandeur pourra adresser sa réclamation, à son choix, soit au juge de la situation de l'objet litigieux, soit au juge du domicile du défendeur.

Et maintenant, un conseil en finissant : Plaidez le moins possible. N'oubliez jamais le bon vieux proverbe : Mauvais accommodement vaut mieux que bon procès.

FORMULAIRE

FORMULAIRE

———✦———

DÉCLARATION PRÉALABLE A L'EXERCICE DE LA PROFESSION — BON
DE COMMISSION — ENGAGEMENTS AVEC LES INTERMÉDIAIRES POUR
LA VENTE DE L'HOTEL — ACTE DE VENTE AMIABLE — CESSION DE
BAIL — LOCATION EN GARNI — LOCATION A L'ANNÉE D'APPARTE-
MENT MEUBLÉ — LOCATION SANS DURÉE FIXÉE A L'AVANCE —
CONGÉ — REMISE DES CLEFS — CLAUSE RÉSERVANT LE FONDS DE
COMMERCE A L'ÉPOUX SURVIVANT.

Il nous a paru nécessaire de compléter cet ouvrage
par l'indication de certaines formules pratiques qui
pourront être employées au cours de la profession.

416. — Déclaration préalable. — Et d'abord,
Brayer, dans son *Dictionnaire de police*, page 314, nous
indique comment doit être faite la déclaration préalable
à l'exercice de l'industrie :

Le soussigné (*nom, prénoms, profession*) a l'honneur
d'informer M. le (*préfet* ou *maire*) qu'il a l'intention d'ouvrir, à partir du (*date*), une maison à usage d'hôtel située
rue ..., n° ..., à l'enseigne de ..., priant M. le (*maire* ou *préfet*) de vouloir bien lui donner acte de sa déclaration.

A ..., le ... 19.. (date).

26 — Code de l'hôtelier.

Il est donné acte de sa déclaration au signataire dans les termes suivants :

Le (*maire* ou *préfet*) de ... donne acte au sieur (*nom, prénoms, profession* de la déclaration faite le ... (*date*), par laquelle il annonce l'intention d'ouvrir, à partir du ... (*date*), etc. (*comme ci-dessus jusqu'au mot :* priant).

Le déclarant devra observer tous les règlements et lois de police qui régissent sa profession.

A ..., le ... 19..

417. — Bon de commission. Engagement envers l'intermédiaire. — Nous avons, à plusieurs reprises, appelé l'attention de nos lecteurs sur les bons de commission ou engagements qu'ils prennent avec les intermédiaires pour la vente de l'hôtel.

Le *Traité des fonds de commerce*, par M. Lèbre, nous donne, page 321, la formule de ces engagements :

Je soussigné (*nom, prénoms, profession, domicile*), tenant fonds d'hôtel meublé rue ..., à ...

Promets payer à M. ... ou à son successeur, pour le cas *seul* où mon hôtel serait vendu par son intermédiaire ou sur son indication, une commission de ... francs à forfait (ou de tant pour cent) sur le prix de la vente.

Si mon hôtel est vendu sans son concours, je n'aurai rien à lui payer.

Il est souvent d'usage de donner à l'intermédiaire, pour le rémunérer de ses démarches et frais, lors même que le fonds de commerce n'aurait pas été vendu par ses soins, une indemnité débattue. Dans ce cas, il y a lieu de remplacer la dernière phrase de la formule ci-dessus par la suivante :

Si l'opération se réalise en dehors de M. ..., je lui paye-rai seulement pour correspondance, renseignements, insertions, honoraires et frais quelconques, la somme de ... francs à forfait (ou tant pour cent) sur le prix qu'aura atteint la vente de mon hôtel.

Fait en deux originaux, à ..., le ...

(*Signature.*)

Si, comme nous l'avons toujours conseillé, la vente ou l'achat de l'hôtel se fait par acte notarié, il n'y aura qu'à s'en rapporter à l'expérience de l'officier public après que les intentions des intéressés lui auront été nettement précisées.

A titre d'indication cependant, voici la formule que nous trouvons dans le *Manuel théorique et pratique du notariat* d'Édouard Clerc, Dalloz et Vergé, édition de 1913, tome I, page 230.

418. — Vente amiable de fonds de commerce.

Par-devant Me ..., notaire à ...

A comparu :

Mme Louise-Juliette Rochet, maîtresse d'hôtel, demeurant à ..., rue ..., n° ..., veuve de M. François Novel.

Laquelle a, par ces présentes, vendu en s'obligeant aux garanties ordinaires de fait et de droit :

A M. Pierre-Ernest Buguet, cuisinier, et Mme Jeanne-Antoinette Picard, son épouse, demeurant ensemble à ..., rue ..., n° ...;

M. et Mme Buguet, mariés sous le régime de la communauté réduite aux acquêts, aux termes de leur contrat de mariage reçu par Me ..., notaire à ..., le ..., ne contenant aucune clause restrictive de la capacité civile de l'épouse;

Acquéreurs solidaires, ici présents et qui acceptent, Mme Buguet, sous l'autorisation de son mari, le fonds de commerce dont la désignation suit :

DÉSIGNATION

Un fonds de commerce d'hôtel et restaurant, connu sous le nom d'hôtel du Lion d'Or, exploité à ..., rue ..., par Mme veuve Novel, et consistant en :

1° L'enseigne, et la clientèle et l'achalandage y attachés ;

2° Les ustensiles, outillage et matériel servant à son exploitation ;

3° Les marchandises garnissant ledit fonds, décrites et estimées, article par article, en un état dressé par les parties aujourd'hui même, certifié sincère et véritable par elles et qui est demeuré ci-annexé après mention ;

4° Et le droit au bail des locaux où s'exploite ce fonds et qui sera ci-après énoncé.

ORIGINE DE PROPRIÉTÉ

La venderesse déclare qu'elle est propriétaire du fonds vendu, comme l'ayant acquis de M. ... et Mme ..., demeurant à ..., suivant contrat reçu par M^e ..., notaire à ..., le ... Cette vente a eu lieu moyennant le prix principal de ... francs, qui a été payé tant comptant que depuis, sans constatation authentique, ainsi déclaré.

ÉNONCIATION DU BAIL

Suivant acte sous signatures privées en date à ..., du ..., dont l'un des doubles originaux porte cette mention : enregistré, etc... M. Lucas, propriétaire, demeurant à ..., a fait bail et donné à loyer à Mme Novel susnommée, pour une durée de ... ans, expirant le ..., les locaux ci-après ... (*désignation*). Ce bail a été fait sous diverses charges et conditions, sous celles suivantes littéralement rapportées (*reproduire les conditions relatives aux charges et conditions qui ne sont pas de style, comme, par exemple, la faculté et l'interdiction d'exercer un autre commerce, de sous-louer, etc.*).

En outre, il a lieu moyennant un loyer annuel de ... payable ..., sur lequel loyer, Mme Novel a versé au bailleur ... pour six mois de loyer d'avance imputables sur les six derniers mois de jouissance.

PROPRIÉTÉ-JOUISSANCE

Les acquéreurs auront la pleine propriété du fonds de commerce vendu à compter de ce jour, et ils en auront la jouissance à compter de demain matin. En conséquence, ils auront droit, à partir de cette dernière date, à la jouissance de tous les droits et prérogatives attachés à ce fonds, et de prendre le titre de successeurs de Mme Novel.

CONDITIONS

La présente vente est faite sous les conditions suivantes, que M. et Mme Buguet s'obligent solidairement entre eux à exécuter et à accomplir :

1° Ils prendront le fonds vendu avec les objets mobiliers, matériel et marchandises le garnissant, dans l'état où le tout se trouve actuellement, sans pouvoir réclamer aucune indemnité ni diminution du prix ci-après fixé, pour cause de vétusté ou de dégradation des objets, matériel et marchandises.

2° Ils acquitteront, à compter du jour de l'entrée en jouissance ci-dessus indiqué, les contributions, patente et autres charges de toute nature, auxquelles peut et pourra donner lieu l'exploitation du fonds ;

3° Ils exécuteront, à compter de la même date, tous abonnements souscrits par Mme Novel pour les eaux et le gaz, et toutes assurances contre l'incendie, le bris des glaces, les explosions et autres risques, que ladite dame aurait pu contracter avec quelque compagnie que ce soit ; ils continueront notamment l'assurance du matériel et des marchandises ainsi que des risques locatifs et du recours des voisins faite à la Compagnie ..., dont le siège est à ..., suivant police, n° ..., en date à ..., du ..., pour un temps ... et moyennant une prime annuelle de ... ; ils devront maintenir et renouveler cette assurance jusqu'au payement intégral du prix de la présente vente et jusqu'à l'expiration du bail cédé, et en payer régulièrement les primes, de manière que la venderesse ne soit jamais inquiétée ni recherchée à ce sujet ;

4° Ils exécuteront, au lieu et place de celle-ci, à partir

du jour de leur entrée en jouissance, toutes les charges et
conditions du bail sus-énoncé ; et ils en payeront exactement
les loyers, aussi de manière qu'il ne puisse être exercé aucun
recours contre elle à cet égard ;

5° Enfin, ils acquitteront tous les frais, droits et honoraires des présentes et leur suite , ainsi que le coût d'une
grosse pour la venderesse et les frais et honoraires de tous
renouvellements d'inscription pour conserver les droits et
privilèges de ladite venderesse.

De son côté, Mme Novel s'interdit expressément la faculté
de créer ou faire valoir directement ou indirectement aucun
fonds de commerce similaire, en tout ou en partie, à celui
vendu, comme aussi d'être associée ou intéressée dans un
commerce de cette nature, dans un rayon de ... à vol d'oiseau du siège du fonds vendu, et pendant ... années à
compter de ce jour, à peine de tous dommages et intérêts
envers les acquéreurs ou leurs ayants cause, sans préjudice du droit qu'ils auraient de faire cesser cettte contravention.

PRIX

En outre, la présente vente est consentie et acceptée
moyennant le prix principal, savoir :

Pour le fonds proprement dit comprenant l'enseigne,
la clientèle, l'achalandage et le droit au bail de
12 000 francs, ci. 12 000

Pour le matériel, de 8 000 francs, ci. 8 000

Et pour les marchandises, de 5 000 francs, ci. . .   5 000
                                                       ____

Soit ensemble, le prix total de 25 000

Sur lequel prix, et en déduction des prix des marchandises,
les acquéreurs ont à l'instant remis à la venderesse, qui le
reconnaît et leur en consent quittance, la somme de
4 000 francs, en bonnes espèces comptées et délivrées à la
vue du notaire soussigné.

Quant aux 21 000 francs de surplus, M. et Mme Buguet
s'obligent solidairement entre eux à les payer à la vende-

resse dans ... ans de ce jour, et, jusqu'à leur entière libération, à lui en servir les intérêts au taux de ... par an, qui
commenceront à courir demain et seront payables ...

Il est expressément convenu :

Que tous les payements en principal et intérêts auront
lieu à ..., au domicile de Mme Novel, venderesse, en bonnes
espèces de monnaie ayant cours, et non ailleurs ni autrement;

Que, soit avant, soit après le terme ci-dessus fixé, les
acquéreurs pourront se libérer, même par fractions, du solde
du prix de la présente vente, mais à charge par eux de prévenir la venderesse au moins ... mois d'avance et par écrit
de leur intention à cet égard, et encore à la condition que
chaque payement partiel ne soit pas inférieur à ...;

Qu'à défaut de payement exact à son échéance d'un seul
terme d'intérêts et un mois après un simple commandement
de payer contenant déclaration par la venderesse de son
intention d'user du bénéfice de la présente clause et demeuré
sans effet, le montant du solde du prix deviendra immédiatement et de plein droit exigible, sans qu'il soit besoin de
remplir aucune autre formalité judiciaire;

Que le montant du solde du prix deviendra de même
immédiatement et de plein droit exigible, si bon semble à la
venderesse, en cas de revente par les acquéreurs du fonds de
commerce dont il s'agit ou de sa mise en société;

Et qu'en cas de décès des acquéreurs ou de l'un d'eux, il y
aura solidarité et indivisibilité pour le payement de ce qui
resterait dû sur le prix de la présente vente, en principal,
intérêts et acccessoires, entre leurs héritiers et représentants,
comme entre le survivant et les héritiers et représentants du
prédécédé, lesquels supporteront, en outre, les frais de la
notification prescrite par l'article 877 du Code civil.

Pour l'inscription, les charges imposées à l'acquéreur sont
évaluées approximativement et sous toutes réserves à la
somme de ...

ACTION RÉSOLUTOIRE — PRIVILÈGE

Indépendamment de l'action résolutoire établie par l'article 1654 du Code civil, le fonds présentement vendu avec tous
ses éléments corporels et incorporels, demeure affecté par pri-

vilège au profit de la venderesse pour sûreté de payement du solde du prix de la présente vente en principal, intérêts et accessoires, et de l'exécution des conditions de la vente.

FORMALITÉS

Les acquéreurs rempliront, dans les délais voulus, les formalités de publicité prescrites par la loi du 17 mars 1909 ; et si, lors ou par suite de l'accomplissement de ces formalités, il existe ou survient des inscriptions ou des oppositions sur le prix de la présente vente, la venderesse sera tenue d'en rapporter les mainlevées et certificats de radiation dans les ... de la notification qui lui en sera faite au domicile ci-après élu.

REMBOURSEMENT DES LOYERS D'AVANCE

A l'instant, M. et Mme Buguet ont remboursé à Mme Novel, qui le reconnaît et leur en consent quittance, la somme de ..., montant des six mois de loyer versés d'avance, sur les six derniers mois de jouissance du bail.

SUR L'INDEMNITÉ DE SINISTRE

En cas de sinistre total ou partiel des éléments corporels du fonds vendu avant la complète libération des acquéreurs, la venderesse exercera sur l'indemnité les droits résultant à son profit de la loi du 19 février 1889. Pour faire notifier le présent contrat à toute compagnie d'assurances, tous pouvoirs sont donnés au porteur d'une expédition ou d'un extrait.

DÉCLARATION D'ÉTAT CIVIL ET SUR LA SITUATION DU FONDS

Mme Novel déclare qu'elle est veuve, non remariée; et que le fonds vendu n'est grevé d'aucune inscription de privilège ou de nantissement.

ÉLECTION DE DOMICILE

Pour l'exécution des présentes, les parties font élection de domicile en leur demeure respective, et spécialement pour la validité de l'inscription à prendre au greffe du tribunal de commerce ... et pour l'effet des oppositions, à ..., en l'étude de Me ..., notaire.

Dont acte, fait et passé à ..., le ...

Et à l'instant, Me ..., notaire soussigné, a donné lecture aux parties des articles 12 et 13 de la loi du 23 août 1871 et de l'article 7 de la loi du 27 février 1912 sur les dissimulations de prix, en matière de vente de fonds de commerce (ou de la clientèle).

Et Me ..., notaire soussigné, a, en outre, affirmé qu'à sa connaissance, le présent acte n'a été ni modifié, ni contredit par aucune contre-lettre contenant une augmentation de prix.

Et après lecture des présentes, les parties ont signé avec le notaire.

Nous avons tenu à donner cette formule dans son texte complet, car il s'agit de l'acte le plus important dans la profession. Les intéressés l'étudieront avec fruit et pourront éviter ainsi bien des ennuis.

Pour les questions de détail sur le nombre de lits, de chambres, etc., pour les garanties spéciales, nantissement et autres, l'acquéreur suivra l'avis de son notaire ou d'un conseil expérimenté.

Les trois formules suivantes nous ont été fournies par Agnel, dans l'édition de 1887 de son *Code-Manuel des propriétaires et locataires*. Elles n'ont pas été reproduites dans les éditions plus récentes, mais cela ne leur enlève rien de leur valeur.

419. — Location à l'année d'appartement meublé. — Agnel, dans son *Code-Manuel des pro-*

priétaires et locataires, édition de 1887, page 677, nous donne ainsi qu'il suit le modèle d'un bail pour appartement meublé :

Entre les soussignés,
M. ... (*prénoms, nom du propriétaire*), d'une part ;
Et M. ... (*prénoms, nom du locataire*), d'autre part ;
Ont été faites les conventions suivantes :
M. ... donne à loyer pour ... (*durée*), qui commenceront à courir du ..., pour finir le ..., à M. ..., qui accepte, un appartement garni de meubles dont l'état est ci-annexé, lequel appartement situé au ... étage dépendant d'une maison sise à ..., rue ..., n° ..., et composé de (*désignation*).

Ainsi que ledit appartement se poursuit et comporte, sans exception ni réserve, et sans qu'il soit fait une plus ample désignation, le preneur déclarant le bien connaître pour l'avoir vu et visité.

Ce bail est fait aux charges et conditions suivantes, que le preneur s'oblige d'exécuter fidèlement, savoir :

1° D'entretenir ledit appartement et ses dépendances en bon état de réparations locatives, et de les rendre à la fin du bail conformes à l'état qui en sera dressé par les soussignés sans frais (ou à frais communs), avant la prise de possession par le locataire ;

2° De tenir en bon état les meubles et effets mobiliers compris dans la location et de les rendre à la fin du bail sans autres détériorations que celles qui résultent de l'usage ordinaire, à peine de les remplacer par des objets neufs ;

3° De ne pouvoir céder à qui que ce soit son droit au présent bail ni sous-louer ledit appartement en tout ou en partie ;

4° De laisser, pendant les ... mois qui précéderont l'expiration du présent bail, voir et visiter ledit appartement par les personnes qui se présenteraient pour le louer.

En outre, le présent bail est fait moyennant un loyer (*annuel*) que le preneur s'oblige à payer au bailleur en la demeure de ce dernier, ou, pour lui, au porteur de ses pouvoirs, en quatre payements égaux, les ...

A défaut de payement d'un seul terme du loyer, et huit jours après un simple commandement demeuré sans effet, le présent bail sera resilié de plein droit, si bon semble au bailleur, sans préjudice de tous dépens, dommages et intérêts.

De son côté, le bailleur s'oblige à tenir l'appartement clos et couvert selon les lois et usages.

(Quittance des loyers d'avance, s'il en a été versé, à compte sur les derniers mois du bail.)

Fait double, à ... , le ... .

Approuvé l'écriture ci-dessus :

(*Signatures.*)

(Si l'acte est écrit en entier de la main du bailleur, il n'a qu'à signer, et le preneur seul devra faire précéder sa signature des mots : « Approuvé l'écriture ci-dessus... » Cette mention devra précéder les deux signatures, si c'est un tiers qui a rédigé l'acte.)

420. — Location sans durée fixée à l'avance.

— Le même auteur nous donne un autre modèle qui peut être employé lorsque la location en garni est faite sans déterminer le temps de sa durée. (Agnel, *Code-Manuel des propriétaires*, édition de 1887, page 678.)

Entre les soussignés,
M. ... (*prénoms, nom du propriétaire*), d'une part ;
Et M. ... (*prénoms, nom du locataire*), d'autre part ;
Ont été faites les conventions suivantes :
M. ... donne à loyer à M. ..., ce acceptant, un appartement garni de meubles, dont l'état est ci-annexé, lequel appartement est situé au ... étage d'une maison sise à Paris, rue ..., nº ..., et composé de ... (*désigner complètement l'appartement*).
M. ... (*locataire*) s'oblige : (*Voir modèle précédent pour les obligations du preneur et du bailleur.*)
La présente location est faite au mois (*ou à la quinzaine ou à la huitaine*), pour commencer le ... et moyennant le

prix de ... francs par mois *ou par quinzaine ou par huitaine*), payable d'avance.

Il est expressément convenu que les soussignés auront réciproquement le droit de rompre le présent engagement au moyen d'un congé donné, au plus tard, quinze jours avant la fin du mois (ou huit jours avant la fin de la quinzaine, ou quatre jours avant la fin de la semaine) en cours d'exécution.

Pendant cedit délai de quinze jours, ou de huit jours, ou de quatre jours, le preneur s'oblige à laisser visiter son appartement par ceux qui se présenteraient pour le louer.

M. ... (*le bailleur*) reconnaît, par le présent, que M. ... (*le preneur*) lui a payé comptant la somme de ... francs pour prix d'un mois ou de ... jours de location, acquitté d'avance.

Fait double, à ..., le ...

421. — Congé. — Enfin le même *Code-Manuel des propriétaires et locataires,* édition de 1887, page 687, nous fournit la formule suivante :

Entre les soussignés :

M. ..., propriétaire d'une maison (ou principal locataire d'une maison) sise à ..., rue ..., n° ..., d'une part ;

Et M. ..., locataire d'un appartement à tel étage, d'autre part ;

A été convenu ce qui suit :

M. ... (*propriétaire*) donne, par ce présent, congé à M. ... (*locataire*) de l'appartement qu'il occupe dans ladite maison, pour sortir de cet appartement le ..., à ... heure de midi.

De son côté, M. ... (*locataire*) accepte ledit congé, promet et s'oblige de sortir de l'appartement à ladite époque, d'acquitter les loyers qui seront alors échus, de faire les réparations locatives, de remettre les clefs.

Fait double, à ..., le ...

422. — Fonds de commerce réservé à l'époux survivant. — Nous avons, à plusieurs reprises, signalé l'importance de la clause relative à la conservation du fonds de commerce par l'époux survivant.

Tout contrat de mariage entre commerçant doit renfermer ces dispositions.

Voici une des formules indiquées par Édouard Clerc, Dalloz et Vergé, dans le *Manuel théorique et pratique du notariat,* édition de 1913, tome 2, page 43. Elle fera comprendre au lecteur l'intérêt de la question :

« Le survivant des futurs époux aura expressément la faculté de conserver, pour son compte et à son profit, le fonds de commerce qu'ils pourront faire valoir, lors du décès du premier mourant d'eux, ensemble les marchandises en dépendant et tous les effets mobiliers servant à son exploitation, sous la condition de prendre le tout, d'après la prisée de l'inventaire, quant aux marchandises et effets mobiliers, et d'après l'estimation qui sera faite dudit fonds par deux experts choisis par les intéressés, avec faculté de s'en adjoindre un troisième, en cas de désaccord.

« Le survivant imputera la valeur dudit fonds, marchandises et effets mobiliers sur les sommes qui lui reviendront en propriété ou en usufruit dans la communauté et dans la succession du prémourant, et, pour s'acquitter, envers les héritiers de celui-ci, des sommes qu'il pourrait encore leur devoir, il aura terme et délai de deux années, depuis le décès du prémourant (*avec ou sans intérêts*).

« Le survivant, exerçant la faculté dont il s'agit, aura seul droit au bail des lieux dans lesquels s'exploitera ledit fonds de commerce et où les époux auront leur habitation, à la charge d'en payer seul les loyers et d'en exécuter les conditions à compter du premier jour du terme qui suivra le décès, et de manière que les héritiers du prédécédé ne soient pas inquiétés ni recherchés à ce sujet.

« Et si le commerce est exercé dans une maison dépendant de la communauté ou de la succession du prédécédé, les héritiers de celui-ci seront tenus, si le survivant l'exige, de lui passer bail des lieux nécessaires à l'exploitation de ce commerce, pour neuf années, aux prix, charges et conditions qui en seront fixés par experts, et en lui laissant, par une clause expresse, la faculté de transporter ce bail, en demeurant seulement garant de son exécution. »

Le notaire modifiera ces formules selon les circonstances de fait et l'intérêt des époux ; car il ne faut pas oublier que ces diverses conventions matrimoniales doivent être notariées, la loi l'exige.

Elles entraîneront quelques frais de plus, mais elles assureront les droits de l'époux survivant et la sécurité de la famille.

TABLE DES MATIÈRES

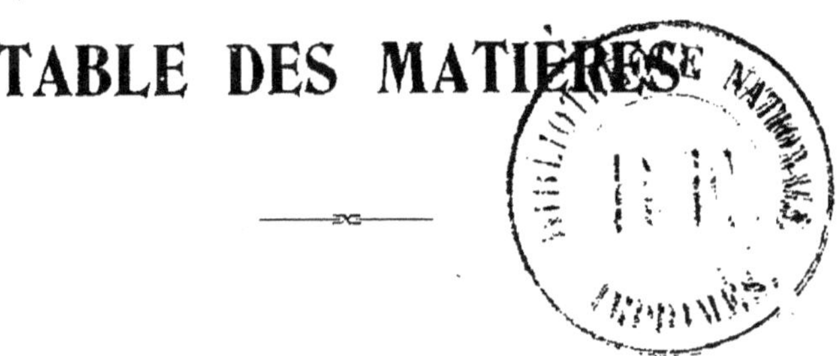

LIVRE PREMIER

INSTALLATION DE L'HOTEL

CHAPITRE V

CHAPITRE VI

LIVRE DEUXIÈME

ARRIVÉE DU VOYAGEUR

CHAPITRE PREMIER

CHAPITRE II

CHAPITRE III

CHAPITRE IV

LIVRE TROISIEME

SÉJOUR ET DÉPART DU CLIENT

CHAPITRE PREMIER

CHAPITRE II

CHAPITRE III

CHAPITRE IV

CHAPITRE V

CHAPITRE V

CHAPITRE VI

———×———

FORMULAIRE

———×———

TABLE ALPHABÉTIQUE

OU

DICTIONNAIRE

———— ✼ ————

**Les chiffres indiquent le numéro du paragraphe même
où le lecteur trouvera la solution de la question cherchée.**

A

Accidents de droit commun; assurance, 48; — accident causé par le cocher ou chauffeur de l'hôtel, 133; par les chevaux de l'hôtel à des tiers, 135; aux préposés de l'hôtel, 136; à d'autres chevaux, 137; — accident mortel, 236.

Accidents de travail, loi sur les accidents de travail, 49; — définition légale de l'accident du travail, 50; — assurance, 52.

Accouchement à l'hôtel, 242; — déclaration de naissance, 243; — délai, 244; — énonciations lé-

gales de l'acte de naissance, 245; — enfants jumeaux, 246; — enfants légitimes, 247; — enfants naturels, 248; — responsabilités à éviter, 249 et 250; — enfant mortné, 251; — présentation à l'officier de l'état civil, 252; — témoins, 253; — décès de la mère, 254 et 255; — enfant resté seul au monde, 256.

Acheteur de l'hôtel, précautions à prendre, 11; — obligations de l'acheteur vis-à-vis du vendeur, 20; — acheteur mis au courant de l'exploitation par le vendeur, 343; — solidarité entre acheteurs, 348.

Acquisition de l'hôtel, précautions à prendre, 11; — éviction partielle, 12; — situation légale de l'acheteur devant cette éviction, 13; — caractère juridique du

F

G

R

W